# 天皇と日本の近代

大濱徹也

同成社

# 目次

装丁：吉永聖児

カバー写真：大正天皇の大嘗祭を描いた絵

# 天皇と日本の近代

**明治天皇・皇后の肖像**（「皇国貴顕之像」明治 22 年 5 月印刷出版）

# プロローグ
# 歴史の読み方

## 調理人として

歴史家という存在は、林達夫が『精神史』のなかで問い語っているように、「常に臨機応変、時代・時間を逆行したり、横すべりしたりして時にはちょっと時計の針を止めたりして、自在にとび廻っている人間」のことです。時間を自在に飛び回ることで、素材である過去のさまざまな記録資料を自由に操作し、時代を描くのが歴史家の努めといえましょう。

歴史を語るときに問われるのは、どのような素材を使い、どんな料理に仕上げるか、ということです。料理人の資質は、ある素材を見たとき、どのような料理をイメージできるかに表れますが、これは「想像力」の問題でもあります。歴史家には想像的な構想力が必要であり、過去の何かを思い描こうとするとき、素材をどのように調理するかに歴史家としての資質が表れるといえます。ここで言う歴史とは大学の史学科で学ぶ「歴史」とは違います。

江戸時代の儒者荻生徂徠は、学問とはどのようなものかという問いかけに対して、「惣じて学問は飛耳長目之道」と答えます（『徂徠先生答問書』）。そして「此国に居て、見ぬ異国之事をも承候ば、耳に翼出来て飛行候ごとく、今之世に生れて、数千載の昔之事を今目ニみるごとく存候事は、長き目なりと申事ニ候。されば見聞広く事実に行わたり候を学問と申事ニ候故、学問は歴史に極まり候事ニ候」と語っています。現在《いま》ここにいる己が、かつてそこにあった世界を「見ぬ異国之事をも承候ば」というように思い描くこと、すなわち想像力です。歴史家には、ある時代を描こうとするとき、諸記録や資料を読むなかでその時代を生きた人間と併走し、その思いをどのように追体験できるかが問われます。

『ローマ帝国衰亡史』（岩波文庫　昭和十八年）を書いたギボンは、ローマの遺跡に立って、カエサルが暗殺されたときのようすを思い描き、ある種の陶酔感に浸ります。ギボンは、「時恰も一七六四年十月十五日、折から裸足の修道士たちがユーピテルの神殿内で晩祷を誦んでる声を耳にしつゝ、カピトールの遺跡の（つまりローマの遺跡の）真中に座つて瞑想してゐた時」そうだ、このような体験を基に『ローマ帝国衰亡史』を書こう（『ギボン自叙伝』）と決めます。ギボンは、そこに生きていた人間がその場所でどのように思ったかを想像しながら記録を読み、その時代を思い描きつつ、『ローマ帝国衰亡史』を書いたのです。

清水三男の『日本中世の村落』は長塚節の紀行文「漁村の能」のことに触れています。「漁村の能」は、長塚が二十八歳の頃に佐渡を旅して書いた「佐渡が島」の一部ですが、能を楽しむ牛飼いや博労が大勢いる漁村の姿を描いた作品です。赤泊の村では、石工や大工、博労、漁師などが能を演じているのですが、彼らが実によく能の中身を知っていることに長塚は感心しています。こうした光景は現在でも佐渡の各所に見られることです。清水は、このエッセイを読んだときに、なぜ荘園文書の中に田楽免とか猿楽給田と呼ばれるものが出てくるのか、田楽や猿楽を行うための田はなぜ税金が免除されるのかに思い当たります。つまり、中世の猿楽や田楽は、神に捧げるものであるだけでなく、神とともに自分たちも楽しむためのものでもあった。つまり佐渡の村で営まれている能の世界に中世荘園の農民たちの暮らしを想起する、想い描くことにより、荘園の営みが生きているという事実に出会うことによって、清水の内に中世村落のイメージが一気に浮かび上がってきた。あるいは資料に記された中世の運送業者である「馬借」を当時の博労に重ねて読むことによって、中世世界のイメージが浮かび上がってきたことで、中世村落を描くことが可能となりました。

こうした歴史家の作業を考えてみると、ある時代の記録を「このようなことが書いてあった」と読むだけではなく、そこにあった世界が、その時代に生きていた人間にとってどのようなものだったのかを想い描くことが、歴史を描く上では重要なのではないでしょうか。卵とひき肉とタマネギがあっただけではオムレツになりません。卵とひき肉とタマネギをしかるべく調理する。すなわち、素材をどのように扱い、どのような世界を描こうとするかによって歴史という料理が出来るのです。歴史を書くということは、ある時代を追体験し、時代を想起し、ある歴史像を想像的に描いていくことなのです。いわば歴史を描く、造る営みは、素材を前にした調理人がどのような料理として仕上げるかをイメージしたとき、初めて美味しい料理が可能となる作業に通じるものがあります。

## 時空の旅人

こうした歴史家の営みは「時間と空間の旅人」であるとも言えるでしょう。

山路愛山は、過去の出来事を読みとることは、単に過去が過去としてあるのではなく、現在を場として過去を読み直す、問い質していくことであり、そういう意味では歴史は常に書き換えられる世界だと論じています。愛山は「足下は横に現時を旅し、余は縦に過去に旅せり。（略）余は旧き歴史の中に新しき生命あるを見たり。（略）過去の事は自ら過去にして今日の事と交渉なしとして歴史を見んとする今日の学風は余の最も嫌ふ所なり。若しも過去の歴史が現在の問題と全く絶縁し得可くんば、余は学問の中の最も乾燥無味にして最も倦み易きものは歴史学なるべしと思ふなり。古は猶今の如く、今は猶古の如く、人生は同じ法則に因りて動き、国は同じ運命を循環して盛衰する者なりてふ道理を会得してこそ史学は初めて人間の命に触るるものとなるなり。歴史は始めて呼吸を有し熱を有する活物となるなり」（「戦国策とマキャベリを読む」）と語りかけ、「歴史の目的は事実の穿鑿ばかりではないのです。此国民が如何に成長し、如何に発達したるかと云ふ大体の事を観察するのも歴史家のすることです。世を益し、社会を利することは寧ろ此方の歴史家にあるのです。そして斯云ふ観察をするには史局も銭も入らない。坊間に或りふれた本でも材料は可なりあります」（「歴史の話」）と喝破します。

ここでの史局とは、今で言えば東大の史料編纂所にあたり、帝国大学の考証史学を指弾したものにほかなりません。彼は歴史の叙述にあたって、歴史学で言う一次史料なるものに拘泥しませんでした。そのような史料を使ったからといって、そこに書いてあることが本当にその時代のことなのか、というのが愛山の言いたいことです。まさに愛山の魅力は、過去の記録からかつてあった世界を読み直すことを通して、現在生きている時代を問い質している点だといえます。

田口卯吉も『日本開化小史』の中で、「歴代あまたの状態を蒐集するにあらず」と語りかけています。すなわち歴史家は、古来よりさまざまなものを集めるけれども、さまざまなものを収集するだけではなく、その状態の基となるところを究め尽くすことが歴史なのだ、収集してこうしたものがあるよと提示するだけではなく、それがなぜ残されているのか、あるいはなぜそういうことが描かれているのかという根源のところを究明しないと意味がないのだ、ということです。田口は「単なる資料の集積が歴史となるのではなくて、資料を歴史として描いたときに初めて意味を持ってくるのだ」という言い方をしています。素材とした過去の出来事を究め尽くすこと、つまり歴史家の目が素材を読みとることによって過去が再現され、過去が描き出されてくるのだということです。

いわば過去が過去として存在するのは、現在ある私がある「過去」を選択し、想起して時代に位置づけたことによります。過去の出来事、過去の世界は、想起され、想い描かれたとき、その過去を問い語ることが可能となり、過去が物語られるときに歴史として造形され、ひとつの歴史となります。ここに歴史は、物語られた過去であり、語らせられた過去として現在まさに再現されるのです。

この問題については、文学者のほうが鋭く歴史家を批判しています。石川淳の「歴史と文学」には、「歴史家は自分の史眼を信じ、選び取つた資料を信じ、書かれた歴史の内容に真実性があると思ひこんでゐるであらう。都合よく、時代がそれを支持するであらう」という記述があります。たしかに戦後の歴史学は、都合よく時代が支持したから人民闘争史になったのです。石川はさらに「しかし、本当と思はれる断片をいくつも組み立てていきさへすれば、出来上つた全体がかならず本当だとは限らない。かりにある断片が本当だとしても、組み立てられたものは別物である。過去の人間の社会はまさしく実在したものには相違なからうが、歴史家がその像をことばで再現しえたと信じたとき、ありやうは空虚な枠の中に手製の図式を嵌めこんでみただけかも知れない」と言います。たとえば人民解放の歴史というと、大抵はいかに民衆が搾取されていたかという話になるのですが、優れた歴史家はそうは考えない。しばしば歴史研究者にみられるのは、己の現代に対する自己的利害から歴史に注文をつける、自己の胸中にわだかまる鬱憤や怨念を晴らすためのカタルシスとして、科学を僭称する「学術論文」を書く行為です。そのような営みは、林達夫に言わせれば、「歴史との取引」以外のなにものでもありません。

石川は、こうした作法を歴史はリアリティから嘘を書き、文学は嘘からリアリティを書く、とも言っています。歴史家は、しばしばあるイデオロギーにはめ込んで過去を解釈しがちですが、そこに落とし穴があります。自分がある鋳型にはめ込んで解釈しているという自覚がある人はまだいい。あるいは、その鋳型を自分で提示するならば、それは一つの歴史の描き方になりますが、あまりそのような問題が起きたことはありません。そのために歴史に参入する手段である道具が歴史の顔をし、かつて存在した歴史が失われているのだとも言えます。

このような点で「客観的歴史の世界」を語る歴史家を軽蔑したのは小林秀雄です。小林は「歴史について」で、死んだ子の年を数える母親の悲しみに託し、「僕等は与へられた歴史的事実を見てゐるのではなく、与へられた史料をきっかけとして、歴史的事実を創ってゐるのだ」(『ドストエフスキーの生活』昭和十四年)と断言します。そして、あらゆる史料は「生きてゐた人間の蛻《もぬけ》の殼《から》に過ぎぬ」のだから、歴史を描くうえで必要なのは死せる子の「さゝやかな遺品と深い悲しみとさへあれば、死児の顔を描く」母親の技術だと述べます。幼くして子どもを失った母親は、そこで時間が止まります。歴史研究者には、ある時代の出来事を歴史として描こうとするとき、この「時間が止まっている」ということをどれだけ自覚し、引き受けて書けるかが問われます。

## 歴史を生きる作法

歴史を読みとる、または過去を再現する上で求められるのは、かつて存在していた「現存在」の把握です。マルティン・ハイデガーは、『存在と時間』の「歴史学の起源」の中で、歴史と時間について「現存在としての存在は現存在」と言っています。「現存在」とは人間が人間であることを考える場と考えればいいでしょう。時間性と歴史性の中で、歴史学が主体をなす研究が可能になるのは、かつて人間が人間であって、そして今も人間が人間であるという在り方を、どれだけ読みとれるかどうかなのではないでしょうか。それが「歴史を生きる作法」なのだと思います。

現在の学生は十六世紀の戦国時代も、明治維新も、大東亜戦争も、みんな同じ戦争だぐらいに思っていると嘆く教師がいます。当世の若い人にすればこれは当然のことで、彼にとって戦争は何なのかというリアリティを持たせたときに、彼らは初めて過去と向き合えるのです。

そうしたことを私たちは日常的にさまざまなところで見聞きします。古代日本における誄歌《るいか》（天皇を送る歌）は天皇との関係性を強調しながら自分の位置づけを保とうとするものですが、今日葬儀で読まれる弔辞はまさに同じ営みといえます。会社では、社長や会長が亡くなったとき弔辞をだれが読むかが、次のステータスを決定します。その弔辞は、歴代の会長や社長が為した仕事の中に故人を位置づけながら、その仕事に自分たちがいかに関わってきたのかを再確認し、それを通して全社員が会社の歴史に関わるかたちで、会社という一つの協同体のまとまりを作り上げるのです。

歴史を書くという行為は、まさに現在ある場を過去との関係の中に位置づけ、過去との距離関係を明らかにする作業なのです。歴史は、螺旋階段のように見るとよいのではないでしょうか。歴史を螺旋階段的に見たとき、ある断面を切り取ると似たような時代像があります。そのような見方で歴史をとらえられるかどうかが肝要です。さらにそのような歴史を動かしているのは何なのかに思いいたるかどうかが問われましょう。

毛沢東が南京を占領して国民党を追撃していくときに読んだ詩「人民解放軍占領南京」の中に「天若有情天亦老、人間正道是滄桑」とあります。革命は正道だから、その革命を達成するためには、同じ民族であっても国民党軍を徹底的に殲滅しなければならない。もし天に心があったとしたら天も老いるだろう、しかし天は動かない、というのです。彼は、歴史の決断をするときに、常に天を意識していた。天というのは確固たるものなのです。

劇作家木下順二は、この詩に出会うことによって、行き詰まっていた戯曲『子午線の祀り』を完成させることができます。この作品は、壇ノ浦の波の動きを通しながら平家滅亡を描いたものですが、木下が中国に行ったときに何気なく買った毛沢東の詩集の中にこの詩を見つけてはっとしたと語っています。毛沢東は、「天もし心あらば天また老いん」と、歴史の非情さを問い語ります。革命の遂行は天の意思なのです。いかに同胞が相撃つ戦争であろうとも、天の命に従い、反革命派を撃滅せねばなりません。歴史の勝者と敗者は、天が定めた法則を読みとる、一瞬の何かが運命の岐路を決したことによります。木下は、毛沢東の詩に出会うことで、この天の意思に想いをはせ、潮の流れに天を読みとり、『子午線の祀り』を描きました。毛沢東は、まさに天を意識して革命を遂行したのだと、問い語ったのです。このことから思いいたるのは、キリスト教的には神の摂理ですが、何か大いなるものという上に向かった垂直の思考を意識したときに初めて人間の営みが想い描ける、歴史を書くことができるのだということです。

## 記憶の場

私たちは、ある体験を語り伝えたいという人間の意思が作り上げた物語として、歴史をとらえもします。その物語は、「進歩」とか「解放」を目ざす物語として、あらゆる出来事がこの物語の流れにそって「合理化」され、「進歩」という嵐のもとに「記憶」を封印しています。この嵐にあらがう記憶は、ある枠組み、鋳型にはめ込む、当てはめるのではなく、よみがえらされた記憶として新たに意味づけられることで蘇生し、魂を賦活させます。しかし記憶が生のままの素材として暴走するならば、歴史という物語にはなりません。そこでこの記憶をある歴史の物語に作り替えていく、「進歩」「解放」「愛国」とか「平和」という言葉の地図にはめ込むことで、記憶の回路を造る、ある筋書きに支えられ、再構成されることで歴史となったのだといえましょう。

それぞれの記憶、生きた証は、「封印された時間」として、忘却の淵に放置されもします。そのため、この記憶を噴出せしめる器こそは、たとえば凱旋門とか革命記念碑とか、日本で言えば忠魂碑とか、そのような記念碑の世界です。忠魂碑は、あるときには村の出征兵士たちにとっての記憶の場であるし、その記憶を通してその村で生きていた人間の思いを描くことによって、村や町からの国家への回路が用意されるのです。あるいは平和という問題で言うと、漢字の「広島」「長崎」は固有の地名ですが、「ヒロシマ」「ナガサキ」と片仮名で記されると抽象化され、「原爆の被害」という筋書きに沿って物語化されます。そのようなものを通して物語を追体験させる器が記念館です。中国では革命教育を重視しているので、档案館（文書館）も革命博物館も革命教育拠点となっています。革命を追体験させ、革命精神を教育する場なのです。いわば博物館・文書館・記念館や記念の場といわれる世界は、個人の記憶を国家の記憶の中に封じ込める回路であり、個人の記憶が流出、紛失するのを妨げる器なのです。日本の軍国少年たちもそうしたなかで育てられました。

第三期国定教科書にある「記念の木」という物語は、日露戦争で戦死した子どもの父親が小学校にやって来て、あの落葉松《からまつ》は息子がこの学校ができたときにうちの畑から持ってきて植えた木なのだ、あの子は戦争で死んだけれども、木はあんなに大きくなっている、という話です。名誉の戦死をした息子が木を植えたという話を今の子どもに伝えることは、その記念の木が成長する過程は日露戦争に行った子どもが成長する過程であり、それに併せて日本の国の栄光を語り継ぐ場になるのです。

個々の記憶は、紛失しないように、ある会社の記憶、地域の記憶、国の記憶という枠の中に封じ込められることで、新しい意味を付与され、読み直されていくものだとも言えます。そのために郷土館や記念碑などがあり、そうした中で歴史は描き直されていくのです。

いわば記憶とはきわめて個別的かつ具体的であり、空間や身振りやイメージはそれぞれ深く結ばれていますが、生のままの素材だと歴史という物語にはならないので、これに進歩や解放などと意味づけがなされます。そのためにその記憶を封じ込めていく場が、歴史を作るときには必要なのでしょう。

この封印された時間は忘却させられていきます。民衆の記憶は、そのように抹消されていくことがあります。国家はある国民の共通項を創造していくために、記憶を媒介にしながら過去を国家という枠組みに位置づけていこうとします。明治以降で言えば「靖国」があります。ここで国家が靖国というかたちに封じ込めた記憶と、一方で靖国に寄せる遺族たちの記憶の間には、かなり落差があります。その亀裂をふさぐために国家は靖国を歴史に位置づけるための営みを必要とするのです。

戦争未亡人たちにとっては、夫と過ごした時間、封印された時間が、唯一よみがえる場が靖国だったのです。そういう女性たちの封印された世界が靖国でしか癒されない、追体験できないという問題をどう解くかが、靖国問題の一番難しいところです。戦死者の封印された時間が、日本の場合は靖国、あるいは村の戦没者を刻した忠魂碑にしかなかったのです。戦後の歴史は、こうした戦争の痛み、傷痕を負うた人びとの想いを一緒になって引き受けるのではなく、「軍国主義」なる名の下に一瀉千里に切り捨ててしまったところに、彼女たちの哀しみの深さがあります。そのような戦争の問題を語るには、彼女たちが止まっている閉ざされた時間、暗い闇をともにみつめ、その心を開かせるにはどうすればいいか、彼女らが共感しうる世界を持つ歴史がどうすれば描けるのか、ということを真摯に問うべきだったのではないでしょうか。

しかしながら、そういう営みはありません。だから記憶の場が、どういうものとして存在していたかを見なければいけないのです。この記憶の場を位置づけた一つの枠組みが、日本の場合、文明、あるいは進歩という枠組みでした。

## 文明という枠組み

明治時代には「文野の闘争」という言葉が盛んに使われました。「文野の闘争」とは「文明と野蛮の闘争」ということです。そこでは文明＝進歩という語りが一般的になされています。明治日本は、開国和親を高く掲げ、文明開化を大義となし、文明への道を求め、文明と進歩のために旧物破壊をしました。村の地芝居をはじめ、村人たちの習俗や信仰を破壊し、新しい文明の世界の中に自国を位置づけようとしたのが、近代日本の歴史です。

久米邦武は、岩倉使節団に随行してヨーロッパ世界を見聞し、「ヨーロッパで文明とは旧物を大事にすることだ。日本は文明の名で旧物をみんな破壊してしまった」と嘆きました。フランスで図書館などに行くと、そこには日本では見たこともないキリシタン版の「イソップ物語」や「平家物語」が陳列されているのを見て驚いたのです。ヨーロッパでは大金をかけてこのようなものを収集しているのに、日本はただそのヨーロッパ文明の論理に乗って過去を捨てようとしていたのです。このような作法は、文明という枠組みのなかで描かれた「文野の闘争」という大義によるものです。

たしかに明治時代には文明という枠組みの中で一つの大きな歴史像が作られました。福沢諭吉は『文明論之概略』で、第一が食住定まらず、器械の工夫を知らず、自然を恐れ、「偶然の禍福」に身をまかせている野蛮の段階。第二が農業の発達で、衣食備わり、都邑ができたが、「工夫」をする想像力に欠けている半開の段階。第三が「旧慣に惑溺せず」、自己管理をなし、未来に向かって進み、自然を克服した文明の段階、と世界を三段に区別します。野蛮がアフリカ、半開がトルコ・中国・日本で、文明がヨーロッパとなし、文明に進むには、「衣服飲食器械住居より政治法律等」の「外形の事物」でなく、「国俗又は国論」ともいうべき「文明の精神」が問われている。日本は、人民が強き独立心をもって、「古習の惑溺を一掃」して文明の道を邁進し、西洋の文明精神を取り入れて文明国になることができる。今は半開から文明をめざしている進歩の時代と位置づけています。福沢は、このように文明とは人間の生活と精神の進歩であり、国民の独立心に支えられたものだと説き聞かせたのです。

このような文明と進歩という論理は、当時翻訳されたギゾーの『フランス文明史』やバックルの『英国文明史』などの中に見いだせます。それらの影響で日本の歴史のひとつの枠組みができるのですが、それを日本列島に当てはめた歴史の構造でいうと、京が文明で、それ以外のところは鄙＝野蛮であり、最も野蛮なのは蝦夷や熊襲の世界、ということになります。それゆえ「文化は伝播する」というのが、日本の歴史の枠組みの一つなのです。

ギゾーやバックルの影響を受けた田口卯吉も『日本開化小史』で福沢と同じようなことを言い、三宅米吉も『日本史学提要』の中で「文明というのは気力の発達であるし、さらに国民に愛国の念を持つことが文明なのだ」と説きます。『文明論之概略』が明治八年（一八七五）、『日本開化小史』が明治十〜十五年、『日本史学提要』が明治十九年の刊行ですが、これが日本の歴史の最初です。というのは、明治維新以来日本の学校で教えられていたのは万国史であって、日本の国史が求められたときに日本の歴史の枠組みが形成されたとするなら、このときになって初めて日本の歴史が始まったといえましょう。

その前にはそれぞれの王朝が作った歴史がありました。天皇家でいうならば「六国史」、鎌倉幕府には「吾妻鏡」、徳川幕府には「徳川実紀」があります。これらを見ると、たとえば「吾妻鏡」なら各御家人の家がいかに幕府との間に密接な関係があり幕府に忠誠であったかが書かれており、「六国史」や「徳川実紀」にしても、いかに王朝に忠誠であったかが書かれているのであって、国の歴史を記したようなものではありません。

翻って考えてみると、日本の歴史の一つの特徴は、「奉仕の歴史」ともいえるのではないでしょうか。戦前の国史は天皇に奉仕する歴史でしたし、進歩的な歴史学者に主導された戦後の日本史は、長いこと「人民に奉仕する歴史学」でした。「文明」という枠組みと「奉仕」という枠組みをどう問い質すかが、これから歴史を読む上で問われることなのです。

### 勝手口—辺境という視座

歴史家には切れ味のいい包丁と素材を見抜く目が必要です。そして、どこから見るかによって歴史は変わってくるわけで、その視座となるのは、日常の生活の場がある「勝手口」だと思います。文化とは日常の暮らしのかたちですから、日常の暮らしのかたちからもう一度歴史を読み解いていくことが重要です。権力の中枢から見るのではなくて、権力から疎外された場から歴史をとらえるとどうなるかを考えることです。

戦後、日本近代史研究会を主宰した服部之総は、優れた歴史への感性とともに日常的な感覚を持った歴史家でした。服部は、戦争中に花王石鹸に入社して広告課に入り、花王の創始者・長瀬富郎の伝記を編纂しています。この伝記は世界化粧史にもなっています。思うに、歴史家に問われるのは、自分の専攻と称するものにかかわる研究論文なるものを書くのみでなく、与えられたテーマを自分の世界でどう調理するか、その技ではないでしょうか。

服部之総が、ある大会に寄せたメッセージで「歴史とは、けっしてただ過去をいじくり、現在から人の心を奪いさるような、そんなものではありません。現在のなかに無限の過去がある」「過去はけっして完了していない。先祖代々の汗とねがいとかなしみを、あの土いろににじませて、目に、はだに、感覚させているのです」と述べます。彼は、土にまみれた人間の皮膚感覚を資料から読みとり、そういう体臭のこもった歴史をとらえようとしました。このように日常の暮らしの場から資料を読み直せるかどうかが問われるのです。清水三男がした作業もそうでした。ただ単に資料をいくらつなげてみても、石川淳が批判したようなものにしかならないでしょう。

そのようなことを踏まえた上で、日本列島の歴史はどのようにとらえられるのでしょうか。

日本列島は、亜寒帯から亜熱帯まであり、この日本列島を一つの文化だと思い込むのはおかしいのではないでしょうか。札幌の位置する北緯四三度線を西へ行くと、長春から中央アジアを通り、カスピ海を渡り、カフカース山脈を通って、黒海、バルカン半島、地中海を抜け、イタリア半島の中部、フランスの南部を通って大西洋に達します。大都市であるロンドン、パリは、これより北に位置します。北海道には歴史がないといわれます。たしかに日本帝国としての歴史は短いかもしれませんが、アイヌの歴史をはじめとする世界があります。

　大和王朝が天平宝字六年（七六二）に対蝦夷の最前線基地に造営した多賀城碑には「京から千五百里」「蝦夷国界から百二十里」「常陸国界から四百十二里」「下野国界から二百七十四里」とあり、さらに「靺《まつ》鞨《かつ》国から三千里」と書いてあります。今の中国東北には、三世紀前半に挹婁《ゆうろう》、五世紀に勿吉《もっきつ》が出て、それが靺鞨になり、さらに渤海になります。多賀城をめぐる世界は、現在の北海道から中国東北・沿海州につらなる世界が射程に入っていたのです。江戸時代には沿海州との交易でもたらされた蝦夷錦が和人に珍重されます。蝦夷地は、近世にあっても沿海州から中国につながる特有の世界だったわけで、このことを視野に入れて歴史を問い質さねばなりません。

　そのような日常の場は、まさに「勝手口」といえます。列島の住民には、京都と靺鞨国が対比されているように、熊襲にしても蝦夷にしても、大和からなる日本に取りこまれていたとはいえ、その意識のなかには大和とは違うという想いがあったのです。『日本書紀』の「神功皇后」の物語は九州の熊襲を征服するには朝鮮の新羅を討伐しなくてはならないとしており、東北の蝦夷は一つの国のような統一機構を持っていました。そこには、大和の王権に対峙しうるような、一つの固有の文化地帯があったわけです。

　そうした目線でそれぞれの地域から日本列島の歴史を読み直すとどうなるか。それは、現在で言うならば、辺境から国家を読むという問題になるでしょう。十八世紀、十九世紀の歴史哲学は、文明という集権化された都市という大社会から歴史を読みとってきました。そういう集権化された知の論理は、分散化された地域の個別的な文化の差異を認めず、その歴史を否定し、無化していくことで、これらの固有なる別個な存在を同化し、「国民」の歴史に組み込んできました。そこでは、アイヌの人たちは疎外された少数者であり、彼らの文化は未開のものだと位置づけられたのです。それを位置づけ直す、問い質す歴史の読み方が必要なのではないでしょうか。つまり、国家や国民という枠組みを当たり前のものとして見るのではなくて、国家とか国民が造られていく過程のなかで、疎外され、辺境に置かれ、あるいは小さな民として位置づけられた、そういう人たちにとって近代とは何だったのか、文明はなにをもたらしたかという視点から国民国家に封じ込められた歴史の構造を問い質す読み方が現在まさに求められているのではないでしょうか。

近代国家は、常備軍とか議会、官僚、教育、衛生、そのようなフォーマットに合わせて人間を造形していきます。たとえば今日、なぜあれほどにも健康談義がなされるのか、なぜメタボリックシンドローム云々を喧伝し国家が健康管理に熱心になるのかを考えれば、それは容易に理解できます。しかしそういうフォーマットにはめるのではなく、暮らしの場を視点として、自明とされてきた近代の価値体系自体をもう一度問い直してみてもいいのではないでしょうか。

ある造形されている「国民国家」という世界が描き出した歴史を問い質すには、こうした大きな国家や国民の歴史を、もう一度小さなそれぞれの地域や民族を場とした物語の中から読み直す作業が必要になってくるのではないでしょうか。この営みは、自らの生活の場、自らの生活の糧、暮らしのかたちとしての文化から、あらためて文明の論理、普遍の論理を問い直していくことが、歴史を読みとるときに求められる課題だと思われます。こうした努力を積み重ねたとき、単線的な歴史、切ってみると断面はすべて金太郎飴といった歴史は、少しは変わってくるでしょう。そのような意味で、一人ひとりが自分の歴史像を持ち、私はこのように日本列島の歴史を読みとり、世界を見る、という見方が出てきたときに、時代を読む目がもっと鋭くなるはずです。

現在、かつての日本の在り方を批判すると、しばしば「自虐史観」と言われます。一方で日本はいかに美しかったかと喧伝されます。何が美しいのかという説明もなく、ただ「美しい国を造ろう」などと言われると、言われているうちに本当に日本は美しい国だと思ってしまう人がどんどん増えていく。そういう「自己愛史観」はわびしい限りです。

一人ひとりが、自分にとっての日本の歴史、さらにそこから見た世界の歴史を、どのように思い描けるか。私は日本の歴史をこのように考えるがそれはこのような日本を作りたいからだ、という思いの中で歴史が描き出されたときに意味があるのではないでしょうか。日本の歴史像を描くのが難しいのは、どのような明日を思い描くかという問いが本質的になされない限り歴史は描けない、ということが自覚的に問われてこなかったことにも一因がありましょう。「日本の歴史はこうであった」というのではなく「こういうかたちの歴史にしたいが故に、このように過去を読んでみたらどうだろうか」という問いかけが必要なのではないでしょうか。

さらに言うならば、歴史は非情であり、毛沢東流に言うと「天」、キリスト教的に言うと「摂理」のような何か大きなもの、上に向かって世界を思い描きながら地上の人間の営みを見る垂直型の思考が、歴史を見る上で必要なのだと思います。人間の歩みは、明日はどうなるかわからない。わからないだけに、自分の歩みを他者との関係において水平に測るのではなくて、何らかの垂直な関係をもって測る必要があるのではないでしょうか。その問題をどこか頭の片隅に置きながら、描かれた歴史を読んでみる。そのときに「どれが正しいか」ではなくて、「なぜこの人はこういうかたちの歴史像を提示しようとするのか」という読み方が問われてくるのだと思います。

歴史を読むときに問われるのは、単線的に過去があるのではなく、己の現在生きている実体験を踏まえながら、過去に参入していくことによってその中をボーリングする作業、過去と併走することで明日をみつめ、現在を創造していく営みなのではないでしょうか。

# 第一章
# 復古革命の世界

**皇居前広場の楠木正成銅像**
住友家が明治30年1月に別子銅山の産銅を用いて完成、33年に献納が許可されて、現在地に設置。製作は高村光雲ら東京美術学校の教授陣。

日本の歴史学界は、明治維新がブルジョワ革命だったのか否かについて、繰り返し議論をしてきました。明治国家は絶対主義であり、ブルジョワ政府やブルジョワ国家ができたわけではないという立場からブルジョワ革命説を否定する主張に対し、明治維新は未成熟ではあるがブルジョワ革命である、という主張がなされました。この論争は、コミンテルン—日本共産党が提起した日本革命の方向性をめぐる政治路線と結びついたものとしても展開し、カール・マルクスなどが書いたものなどを手がかりとした概念規定をめぐるスコラ学的様相を帯びたものとなりました。そこでは、唯一のプロレタリアの党たる日本共産党の正当性を守護するか否かという党派性が競われました。

そのため戦後の歴史学界では、神聖無謬なる日本共産党という馬鹿げた党派的神話に呪縛されたがために、歴史の実態を具体的に解き明かす作業を怠り、「科学的歴史学」の名のもとに、ある党派性を概念の枠組みとした鋳型に当てはめた歴史の造形が競われました。ここには、歴史をある種の鋳型にはめこんで解釈し、どのような「過去」を過去として説き語ることで歴史を造形するか、という意識が希薄でした。

明治維新に始まる日本の近代は、神武創業の始めに基づくかたちで王政復古を主張し、復古をめざすなかで旧体制から新体制に大きく変わったという意味において、一種の革命でした。私は、御一新—維新をして、「神武復古」を掲げた「復古革命」と位置づけて見ていくことこそ、「明治の革命」に始まる日本の近代が創出した世界を解き明かす作法として最も有効ではないか、と考えています。

この革命をめざす綱領は、慶応三年（一八六七）十二月九日の宮廷クーデターで出された「王政復古の大号令」で、「癸丑（嘉永六年一八五三年のペリー来航）以来、未曾有の国難」に対処すべき、摂関・幕府を廃絶し、総裁・議定・参与を置き、「諸事、神武創業始めに原つき」、身分の別なく、「至当の公議」を高く掲げ、天下を休んじようとの天子の御心であるから、「各勉励し旧来、驕惰の汚習を洗ひ、尽忠報国の誠を以て奉公致す」るようにと呼びかけ、当面の課題を提示しています。そこには、幕府の失政を批判し、近年、物価が格別に騰貴し、如何ともなしがたく、「勢富者」はますます富を重ね、貧者はますます「窘急《きんきゅう》」、すなわち行きづまっている。これは「政令不正」がもたらしたものである。「民は王者の大宝、百事御一新の折柄」、天子の御心をなやませている。「智謀、遠識、救弊の策」がある者は、誰彼なく申し出るように、と問いかけています。

ここに天子は、徳川王国に対し、上から全てを「一新」するのだと、革命宣言ともいうべき「御一新」を高らかにしました。

開国がもたらした「近年物価格別騰貴」という状況は、徳川宗廟が所在する日光山領の村々にまで及んでおり、山村の名主関根矢作が認めた万延二年（一八六一）一月二十六日の日記に読みとれます。

> 此節神奈川横浜にて交易に付、諸品高値なり皆人畏多くも、公儀の御取扱を悪しく申者世間に多く有之候得ども、公儀にても斯く被遊度事は無之候へ共、打払て乱を求め玉ふよりは穏に成り太平を祈所也。（『老農関根矢作』大正六年）

関根矢作は、「公儀の御取扱を悪しく申者」をもっての外のこととなし、「三年の飢饉に会ふとも、一年の乱世に逢ふな」との申し伝えを述懐し、「農は万物の元」だと説いています。しかし開国にはじまる状況は、関根の想いを超え、民百姓を「世直し」に向かわせたのです。

まさに「神武創業」の世をめざす御一新は、民衆の世直しを求める声に応じたもので、「復古革命」への奔流となっていきました。この奔流は、明治元年（一八六八）九月八日の「改元の詔」において、「親万機之政乃改元、欲与海内億兆、更始一新」と、一新への決意表明ともなります。しかし「御一新」の声は、やがて明治三年（一八七〇）正月三日の「大教宣布詔」が「今や天運循環百度維れ新なり宜しく治教を明らかにし、以て惟神の大道を宣揚すへきなり、因て新たに宣教使に命し天下に布教す」と、「維新」にとって代わられました。歴史家服部之総は、この「一新」を「維新」にすりかえ、「惟神」に通じさせるという「ごろ合わせ」のような芸当がここでなされたのだと指摘しています。ここには、御一新に期待した世直しの声を「維新の大業」に封じ込め、天朝政府を天皇の国として強化していこうとの意思がありました。西郷隆盛は、こうした政府にあって、死ぬまで「御一新」にこだわり、手紙に「御一新」の文字をのこしています。

今日、皇国史観の権化と目される平泉澄は、若き日にヨーロッパに留学してフランス革命を勉強し、帰国後の東京帝国大学でフランス革命史を語ったそうです。その平泉が後に皇国史観の喧伝者となったのは、フランス革命のようなことが日本に起こることを危惧したが故です。同じ国史の同僚には『尊皇論発達史』(昭和十六年)の著者三上参次がおり、三上は東京帝国大学教授にして貴族院議員として、日本国の君主の称号を「天皇」となし、日本の国号は「大日本帝国」にすべし、と主張した一人でした。

また「大東亜戦争」に対しては、いまだに日本人の間に防衛戦争だったという認識があり、ある種の肯定論が根強く残っています。大東亜戦争はやむをえなかったのだ、という考え方もあります。ABCDラインの包囲網の結果、日本は戦争せざるをえなかったのだという想いです。

何故そのような論理のみが一人歩きし、現実の戦争を見る目がにぶるのか。そこには、日本の復古革命とも言うべき明治維新が深く影を落としているのではないでしょうか。日本は、維新革命によって「万国公法」という西洋的な世界秩序に入り、そこに場を占めることで、中華的な華夷秩序に代わるアジアの秩序を担いうる盟主たる場の構築をめざします。その想いこそは、大アジアへのロマンであり、大東亜共栄圏という見果てぬ夢を生み育てたものにほかなりません。

プロローグで「歴史とは、その時代の中で書き換えられていく世界だ」と述べましたが、「歴史を書き換える」とは、現在ある己の立場を問い質し、現在よりもいくらかでも良き明日をどのように築くかを考えることです。そこで明治日本を生きた人びとは、日本の歴史をどのように想い定めることで、どのような日本を求めていたのかを、時代と併走するなかで探ることとします。

## 第一節　歴史の発見——神州という自覚——

### 頼山陽の歴史認識

日本では幕末期になって初めて「日本はどのような国なのか」という意識が芽生えてきます。たしかに『愚管抄』や『神皇正統記』などがありますが、それは当時の人たちが共有しうる歴史にはなっていませんでした。したがって、ペリー来航による危機感こそは、藩という枠組みを超えた日本という記憶を広く共有しうるものとして、はじめて「歴史の発見」をもたらしたものといっていいでしょう。

明治二十七年（一八九四）、日清戦争が始まった年、箱根で開催されたキリスト教青年会の第六回夏期学校において、内村鑑三は「後世への最大遺物」という講演を行いました。この講演は明治三十年に一書となって刊行されますが、同時代の青年たちにこれほど大きな衝撃を与えた本は他にないのではないかと思われます。

そこで内村は頼山陽について次のように問い語っています。

山陽といふ人は勤皇論を作つた人であります。先生はドウしても日本を復活するには日本をして一団体にしなければならぬ。一団体にするには日本の皇室を尊で夫で徳川の封建政治をやめて仕舞つて、夫で今日謂ふ所の王朝の時代にしなければならぬといふ大思想を持て居つた。併ながら山陽は其を実行しやうかと思つたけれ共、実行しない。山陽程の先見の無い人は夫を実行しやうと思つて戦場の露と消た。山陽はコスかつた。迚も今日は出来ないと思つたから、自分の志を日本外史に述べた。そこで日本の歴史を述べ、殊に王室を保護する為に今日の歴史は書かなかつた。外家の歴史を書きまして其中にハツキリと云はず只勤王の精神を以て源平以来の外家の歴史を書いて我々に遺して呉れた。今日の王政復古を持来したものは何であるかならば外の多くの人が云ふ通り、山陽の日本外史が日本を拵へたのであります。山陽は其思想を遺して日本を復活さした。

内村はここで山陽について語り、青年たちに「あなた方は、後の世に何を残したいのか」「後の世に何かを残す人生とは、どのような人生か」と問いかけます。そして思想を残した人として頼山陽を例にあげました。金を残すのも、思想を残すのも、文学を残すのも、誰にでもやれることではない。しからば、誰でもやれることは何か。それは、明日を少しでも良くしたいという思いを持ち、それをめざして生きること。それでいいのではないかと内村は問いかけます。人生いかに生きるかは、内村だけではなく、明治という若い時代を生きた青年キリスト者の多くが考えていたことでした。

桜井ちかから託された桜井女学校を新栄女学校と合併して女子学院とした宣教師ミセス・ツルーも若い日本に想いを託した一人で、明日をどのように豊かにしていくか、現在よりもすこしでも良い社会にしていくには人生をいかに生きるか、と女生徒たちに問いかけました。その問いかけは、女生徒たちが人生を生きる指針となり、その生涯を支えています。

明治二十年代は明治維新時に生を受けた人が二十代を迎える年代であり、その青年たちは、欧米列強の圧力から距離をおいた上で、どのような新しい日本をつくっていこうかという意気込みを持っていました。それだけに明治の青年は、国家の課題を己の内に問い質し、いかに生きるかを自らの問いとなし、内村の問いかけを己の身体に刻み込まれた棘として受けとめ、人生を生きようとしたのです。

こうした風潮の中で、内村の問いかけに応じ、発奮した青年が大勢いました。たとえば岡山県津山の呉服屋の森本慶三は、内村の本を読むことによって新しい生き方を模索し、私財を投じて津山基督教図書館を設立し、無教会キリスト者として生涯を貫いた一人です。東京帝国大学を卒業した土木技師青山士《あきら》はパナマ運河の開削に参加し、帰国後は内務省に勤めて、荒川の岩淵水門工事や信濃川の大河水分水の補修工事に力を注ぎました。あるいは、内村門下生でなく、信仰を異にした、茨城県真壁郡上野村（のち明野町、現筑西市）出身の赤城宗徳（戦後に自民党代議士、農林大臣など歴任）は東京帝国大学を出たのち村に帰って村長となり、長年の懸案であった小貝川の治水に従事します。また大賀ハスで知られる大賀一郎は、古代の蓮を復元することで人びとに勇気を与えることができるのではないかという想いから、蓮の研究に心血を注ぎました。

彼らがこの本から受けたものは、「今より少しでもいい世の中を」という内村の問いかけでした。その内村は、頼山陽の『日本外史』を読むことによって日本という国を認識できると考えていたのであり、山陽が日本という国のかたちを知らしめたのです。

内村はさらに、山陽の優れていた点は「先見の明」だとも言っています。もし山陽が倒幕運動に身を投じていたら、他の多くの志士と同様に倒れていたであろうが、山陽は「コス」く、そうはせずに思想を書き残し、その時期が来るのを待っていた。しかも明確に王室保護の論を述べるようなことはせず、ただ勤皇の精神を以て、源頼朝以来の武家の歴史を書いた。つまり、徳川につながる新田義貞をそれなりに評価し、表面上は徳川を評価するように見せながら、実際は日本の歴史の中で武家政治が間違っていることを示唆し、勤皇という国のかたちを歴史として論じた、と言うのです。

この『日本外史』は文政十年（一八二七）、松平定信に献上されたのですから、山陽はたしかに「コスかった」といえましょう。

大川周明は、『日本二千六百年史』（昭和十五年）で、そのあたりを明確に記し、次のように評価しています。

仏蘭西革命に於けるヴォルテールの如く、将また伊太利建国に於けるマジニの如く、最も重要なる役割を勤めた者は、往年の年少改革家伊藤博文が、洋行の笈中にも携帯せしと云ふ日本政記の著者頼山陽其人である。漢学の改革的原理によりて日本歴史を批判せる彼れの政記、不忠不信なる徳川氏を反語的に尊皇忠臣と称揚し、而して其の端を拓ける鎌倉幕府を乱臣賊子と筆誅する事によりて、倒幕改革を暗示せる彼れの日本外史は、実に海内一般に勤皇の意義を知らしめ、志士をして靡然《びぜん》之に嚮《むか》ふの気を発揮せしめたる点に於て、真に絶群の改革文学であつた。

大川は日本の維新をフランス革命やイタリア建国

に並ぶものとして位置づけ、その立役者の一人伊藤博文が洋行時に携行したほどの頼山陽の『日本政記』などの著作があたえた影響力の大なることに言及し、山陽が徳川を持ち上げながら、尊皇忠臣がどれほど重要かを主張することによって、徳川の全体制を否定していると語っています。

黒船をはじめ外国船が次々と日本に来航する中で、いわゆる幕末の志士たちはこの日本という国は何なのかを考えざるをえなくなりますが、彼らはそのよりどころを尊王に求めます。その尊王によりどころを求める謂われを指し示したのが『日本外史』だったのです。

### 会沢正志斎の『新論』

日本とは何かということを頼山陽とは違うかたちで示したのが、会沢正志斎の『新論』でした。『新論』が著された時期には日本をゆるがす出来事が次々と起こります。文政七年（一八二四）五月にイギリス人が常陸の大津浜に上陸し薪や食料の供給を求め、それに対応するなかで、翌八年に「異国船打払い令」が出されます。黒船来航という事態が間近に迫ったかのような危機感がひしひしと押し寄せていたのです。特に会沢の仕えた水戸藩にとってイギリス人が藩内の大津浜に上陸し鶏や薪や水を求めてきた事件は、大変な衝撃でした。そのような衝撃の中で翌文政八年に『新論』が書かれ、藩主に治世の指針たらしめるべく提出されました。『新論』は、日本の国について次のように述べています。

> 謹んで按ずるに、神州は太陽の出づる所、元気の始まる所にして、天日之嗣《てんじつのし》、世宸極《よよしんきょく》を御し、終古易らず。固より大地の元首にして、万国の綱紀なり。誠によろしく宇内に照臨し、皇化の曁《およ》ぶ所、遠邇《えんじ》あることなかるべし。しかるに今、西荒の蛮夷、脛足の賤を以て、四海に奔走し、諸国を蹂躙し、眇視跛履《びょうしはり》、敢へて上国を凌駕せんと欲す。何ぞそれ驕れるや。

会沢は日本という国のかたちを論じ、日本は太陽の出るところで、元気（万物の根本）を成すところだと言っています。「天日之嗣《あまつひつぎ》」とは日の神の正当な系譜を受けた者という意味で、天皇を指します。天皇は天子として皇位を継ぎ、「大地の元首」すなわち世界の頭首だというのです。頭首はすべての国々を統括する。日本は神州で、太陽が出るところで、天皇は万世一系の皇統、世界を統御する存在であって、世界の根本なのだと。それゆえ、日本は他の国々と全く違う国なのだ、ということになります。

ここに会沢は、『新論』において、日本がいかに他の国と違うかを論証することから、夷狄たる外国の侵略に対抗するための防衛論を展開していきます。この『新論』の論理こそは、水戸の学問の根拠となり、後にいわゆる「水戸学」を生み出すこととなります。

水戸の学問所たる弘道館は当初、江戸小石川の後楽園にありましたが、江戸後期に水戸に移ります。それまで水戸藩の学問は水戸の御国の学という意味で「国学」と称されていましたが、これ以後水戸の学問ということになって「水戸学」と呼ばれます。開国をめぐる危機意識は、吉田松陰をはじめとして日本とは何か、神州の神州たるゆえんは何かと問う者が増え、水戸を歴訪して会沢らの道統につらなる水戸の学者の意見を聞く者たちが出てくるなど、水戸学への期待をうながしました。

副島八十六が編修発行した『開国五十年史』（明治四十・四十一年）という本があります。大隈重信が監修の労をとって冒頭の「開国五十年史論」を書き、伊藤博文が帝国憲法について、山県有朋が陸軍史について、山路愛山と本多庸一がキリスト教について書くなどしていますが、大隈は冒頭の「史論」で「世界の人口の過半は東洋の民族であるが、国家的に滅亡に瀕している国ばかりで、日本帝国だけは興隆している。わずか五〇年の間にヨーロッパに並ぶようになってきた」となし、さらに「日本は神国として健存す」と論じます。この論理は、いわば日本の近代史に刺さった棘のようなものといえます。最近では「神国」とは言わず「美しい国」などと言いますが、「美しい国」と聞いて、自然が美しいという意味にとる人はいないでしょう。反射的に「美しい国、天皇の国」となるのであり、「神国」ととらえるわけです。かくほどに万世一系の皇統の国たる神州日本という言説はいまだに日本人の心を呪縛し、国のかたちを規定しています。

## 第二節　攘夷という問い――自己確認の場――

### 竹尾正胤の『大帝国論』

竹尾東一郎正胤は三河の舞木（現愛知県岡崎市）の山中八幡宮の社司で、平田篤胤の没後門人です。竹尾は、『大帝国論』を文久元年（一八六一）三月十八日に書き上げ、同三年十二月に再訂しています。この年は、三月十一日に孝明天皇が攘夷祈願で賀茂神社に行幸し、四月二十日に天皇の強い意向を受けて幕府が五月十日を攘夷決行の日と奉答し、この日に長州藩は下関海峡でアメリカ商船を砲撃、ついで二十三日にフランス艦、二十六日にオランダ艦を砲撃（下関事件）したのに対し、五月に英・米・仏・蘭の四国連合艦隊が下関砲台を攻撃占拠、七月二日に薩英戦争、八月十七日に大和五条に挙兵した天誅組の乱と、攘夷の嵐が吹きすさんだ年です。ついで幕府は、八月十八日に三条実美らの攘夷派公卿を朝廷より追放し、ヘゲモニーを取りもどします。さらにこの年、こうした状況下で、平田派門人が古史伝上木の資金募集に名をかりた攘夷に向けたオルグ活動を展開しています。

まさに竹尾は、攘夷という時代の風を一身に受け、夷狄たる外国に脅かされている日本がよるべき場を万国の歴史―世界史のなかで問い質し、あらためて己が位置を確かめる作業として、文久三年に再訂して世に問うたのです。この書は、会沢が『新論』で提示した歴史認識を、世界史の中でより広く具体的に展開しています。ちなみに会沢は、攘夷でゆれる声に唱和することもなくこの年の七月に没しました。

『大帝国論』は、まずノアの箱舟から始まる聖書物語を記し、ギリシャ・ローマ史が続き、さらにヨーロッパの王朝交代史を延々と書いていますが、記述されている年代にはほとんど間違いがありません。竹尾は、「大帝国」として日本を描くことで、何を問いかけようとしたのでしょうか。その冒頭には世界を次のように解説しています。

凡斯一地球の中にて、西夷等が帝国と称する国六あり。所謂亜細亜洲にて、　皇国・支那・欧邏巴洲《ヨウロッパ》にて、独逸《ドイツ》・都児格《トルコ》・魯西亜《ロシア》・仏蘭西《フランス》、すなはち右の六国にて、其外は、王侯、或は共和政治等の国柄なれば、英吉利《イギリス》国の如は、近来万国に縦横して、兵威甚盛なりと云ども、未帝号を云ず、其他は、大概是に擬て知べきなり。（略）

然れば此六帝国は、物に精西洋人が、千万の国より抜出て、かくえらび定たる国にし有ば、いづれも正統の帝国而已《のみ》にて、更に間然する所なき国なるかと云に、然有ず。独わが　大皇国ばかり、全世界に貫通せる確乎たる　大帝爵国にして、支那・独逸・都児格・魯西亜・仏蘭西の如は、私に僣称せる偽帝国になむ有ける。（略）

天統の　神代以来万古に貫て、日月と共に明光を並て栄させ給ふ其美事を主張し、　天皇命は則一地球中の　大君主に大座坐し、　天朝は則全世界の大帝国たる事を知らしむべき也。（天皇などの上のあきは欠字）

「西夷」とは西のえびす、すなわちヨーロッパの人びとのことですが、彼らが帝国と呼ぶ国は、アジアでは皇国（日本）と支那、ヨーロッパではドイツ、トルコ、ロシア、フランス、合わせて六カ国。そのほかは、王政の国もあれば、共和政治の国もあります。イギリスは多くの植民地を抱えて兵威を誇っているけれどもいまだに帝号は名乗らない程度の国で、だからその他はたかが知れていると言います。

それならばこの六つの帝国はいずれも正統の帝国であり、ゆるぎなき国かといえば、そうでもない。独りわが大皇国日本のみが、全世界に確固たる大帝爵国であって、支那、ドイツ、トルコ、ロシア、フランスは勝手に帝国を名乗った偽帝国だとみなしたのです。何故に日本が大帝国でほかの国が偽帝国かというと、日本だけが万世一系の皇統の国であるからだ、と書いています。

この本は、世界の歴史を禅譲放伐であったと問い語ることで世界の王位簒奪史を描き、日本という国のかたちが万国に類のない万世一系の皇統の国であることを証明しようとした作品です。各国の王位簒奪を延々と説明し、「我皇国は万世一系の皇統」であることを主張するのは、圧倒的な軍事力を誇示する夷狄たる西洋列強に対し、日本のみが世界で唯一の大帝国であることの自己確認をすることで精神的優位性を確立しようという想いです。いわば日本が世界に船出するには世界に冠たる日本という精神のよりどころが必要であり、その確認をすべく『大帝国論』は書かれたのです。まさに「日本」が日本であることを自己確認することによって、日本の立つべき場を見出し、はじめて開国に向かうことができたのです。

## 新島襄の危機感

こうした幕末の危機感については、新島襄が書き残したものを見るとよくわかります。

新島襄は上野（群馬県）の安中藩江戸詰め家臣で、幼名を七五三太《しめた》といいます（襄はアメリカに渡ったのちヨセフから取って付けた名前）。篠崎小竹の門下に育ちますが、篠崎は頼山陽や藤田東湖、渡辺崋山と親しい人でした。青年期の文久二年（一八六二）十二月、兵庫に寄港した際に湊川に赴き、楠木正成の墓に詣でました。このときの感慨を『玉島兵庫紀行』に記しています。

新島は、高梁藩の船で兵庫へ向う途中、備前（岡山県）下浅井港に立寄ります。港では、その洋式船を一目見ようと、好奇心をみなぎらせた近辺の漁民や村人が、乗せてくれと周りに群がってくる光景を目の当りにしました。新島は、それを見ながら、このような「土民」たちは、もし外国船がやってきて彼らに親切にされ、いろいろと教えてもらえば、すぐにそれに乗ってどこにでも行ってしまうのではないか、と危惧の念を抱きます。次いで兵庫に入り、上陸し、湊川に楠公の廟を訪れたとき、「手洗ひ口そそき、廟前に拝すれば、何と無ク古を思ひ起し、嗚呼忠臣楠子之墓と記したるを読みて一拝し、又読みて一拝、墓後に廻り朱氏の文を読めば益感し涙流さぬ計なり」と感極まり、「寒風吹来」るに応じて、「幾とせも尽ぬ香を吹きよせて袖にみたす松の下風」という歌を「吐出」します。楠木正成の墓を拝みながら、「嗚呼忠臣楠子之墓」と刻んであるのを読んで涙を流している。

現在、京都御所の横、寺町通（京都市上京区）にある新島襄の旧宅が公開されています。その書斎には若き日に新島が感極まった「嗚呼忠臣楠子之墓」という湊川神社の拓本がかけてあります。新島襄は終生、日本のキリスト教信者はいかにあるべきかを考えた人でしたが、忠臣楠木正成に想いを寄せることこそが日本人たる己の根拠でした。「嗚呼忠臣楠子之墓」の拓本をかけた書斎で聖書を読む、それが新島襄なのです。頼山陽の『日本外史』の世界に重ねて聖書を読んだ内村鑑三も同様です。

内村の初夢には、「恩恵の露」が富士山頂に降り、東西に流れ出て世界を覆うという、八紘一宇につながるような想いが語られています。内村は、後に八紘一宇を喧伝した連中のように、アジア侵略主義者であったわけではありません。富士山は日本人たることの一つのシンボルなのです。内村の弟子の矢内原忠雄は昭和二十年八月十五日の敗戦を知り、山中湖畔にたたずみ、「富士の神山」を仰ぎ見て、「親米的媚態を呈する」ことなく明日の日本をいかに生きるかに想いをはせます。そういう感覚が本質的には攘夷なのです。

新島は、外国に対抗し、攘夷を果たすためには外国を知らなくてはいけないと思い、元治元年（一八六四）四月に開港場である箱館（現函館）に行きます（吉田松陰は下田沖から密航しようとして捕えられたが、新島もことによったら松陰と同じ道をたどったかもしれない）。箱館で海外への脱出をめざす新島は、ロシア領事館付き司祭ニコライ・カサートキンに「古事記」を教える代わりに、英語を習います。新島の資質を見抜いたニコライは彼がハリスティアン（ロシア正教徒）になることを期待し、ロシア行きを勧めますが、新島はその誘いにのらず、箱館から密航してアメリカに渡ったのです。

当時の箱館には梅毒患者が多く、ロシアはここに病院をつくりました。それに対して箱館奉行所も病院をつくりますが、日本人はほとんど誰もそこには行きませんでした。新島はそのロシア病院を見に行って驚愕します。新島の『函館紀行』には、そのとき見聞したロシア病院のことが記されています。病院内の見取り図を書き、病室の配置なども細かく書いています。病人の食事は、病気によって違いはあるが、煮込んだ牛肉をはじめ牛肉をたたいて丸めたものを豚の脂で揚げたもの、そして鶏卵スープ（牛の骨を十分な水で煮て、卵や刻んだニラなどを入れ、そこにわずかな塩を加えたもの）などと、じつに丁寧に記しています。病室を医者は毎日回診し、容態書を病人のベッドのところに置いておくと、午後にロシア人の通辞が来てその容態書を見て薬を与えていると、現在の病院と同じような看護の在り方に驚嘆しています。そして最後に、これにくらべて日本の病院がいかにお粗末かを記し、このままでは日本がロシアの領土と化すのでは、と危惧の念を記します。そのようすは『箱館紀行』で次のように紹介されています。

日本政府立置きし病院は、魯の病院とハ相反し、喰物宜しからす（俗吏是ニ依而糊口をなす）、病人第一要する所の薬宜しからす（医者是ニ依而糊口をなす）。其はさて置、薬を調合し病を視察す肝心なる医者は竹林より来るゆへ、院中甚寥々の由（掃除行届かす、衣類も時々変へず、施しの主意何にあるや）、其レに相違し魯の病院には、病人院に満充し、通病人は凡五六拾程なり。予切に嘆ず、函楯の人民多年魯の恵救を得ば、我か政府を背にし却て汲々として魯人を仰かん事を。嗚呼魯の長久の策を我政府察せさるは何ぞや。茲に堤堰あり、水是を破る事少許、然し少許なるを以て早く是を収めされば、水遂に全堤を破り、田地を荒らし、人家を流かし、人民を害するに至らん。嗚呼我政府早く函楯の少しく欠けし堤を収めされば、遂に魯国の水全堤を潰ヤし、人民水に順ひ流れ、百万其レを塞ぐ能わさるに至らん（嗚呼我の嘆息はゴマメの切歯と同し事か）。

（ちなみに「魯」はロシアのことで、明治十年代後半に、魯鈍の「魯」であるという理由で、「露」と表記するようになった）

日本の病院は役人や医者が治療費の上前をはねるので食べ物や薬は粗悪で、しかも肝心な医者が少なく、掃除も行き届かず衣類もあまり替えない。そのため病院は閑散としている。それに対しロシアの病院には患者が充満し、通院してくる病人も多い。もしこのまま箱館の人たちがずっとロシア病院の恩恵をうければ、彼らは日本の政府に背をむけてロシアになびくのではないか、と新島は危惧した。川の堤に開いた小さな穴を放置すれば、やがて水が堤を破壊し、さらに田地を荒らし、ついには村が水浸しになる。もし日本政府が、箱館の堤に少し開いた穴を早く収めなければ、ロシアの水は全堤を壊し、もはや塞ぐことはできなくなる。ロシアの慈恵策に箱館の人民がなびいていったら、取り返しのつかないことになるのではないか、という恐れを彼は感じたのです。外国人と通商や交易をして居留地を開くと、その居留地の外人たちの親切さに人民は流されて、いつの間にか外国びいきになり、日本政府の存在が忘れられ、気づいてみたら日本が乗っ取られていたということになりかねない、という危機感にほかなりません。

こうした危機感こそは新島をして、日本を何とかしなければならないとの想いをつのらせ、アメリカへ密出国させます。これこそが新島の攘夷の志なのです。まさに攘夷への想いこそは、近代日本の底流をなしたもので、国家が閉塞感に覆われると、「国体」という言説にたくして感情の激発をうながし、時代をある種の「狂喜」の坩堝に投じる起爆力ともなったものです。

## 奸民狡夷と夷情探索

こうした間接侵略の恐れをはっきり言葉にして幕府に献策したのは、浦賀奉行所与力の中島三郎助です。中島は「奸民狡夷」と幕府に書き送ります。すなわち「よこしまな民が、ずるがしこい異人にたぶらかされている」と言うのです。浦賀の住民たちが来航した米国船の周りに小舟で行き、さまざまなものを売ったり、もらったりしている。ちなみに下田では、もらったシャボンを銭湯にもっていって使い、みんな泡だらけになってびっくりして逃げ出したともいわれています。外国船と出会うことで住民の心がたぶらかされている、と夷狄の侵略を憂うる報告をしています。そうした奸民狡夷に対して、幕府は「行くな、付き合うな」という禁令しか出せませんでした。

幕臣中島三郎助は、新島同様に攘夷の心を持った幕臣でしたが、最後は五稜郭で「官軍」と戦い死にます（函館の中島町という町は中島が戦死した所である）。

まさに「夷情探索」の志こそは、新島のように、攘夷を実現するためには外国の実情を知る必要を感じた人たちの行動をささえた想いでした。そこには、なぜ道義に優れている日本が、道義のない野蛮な夷狄にすぎない外国に後れをとるのか。この道義とは身分秩序がきちんとあることです。道義のある日本がなぜ敗れるのか、という想いが彼らにはあります。精神的には自分たちのほうが優れているが、物質的に優れている夷なる外国人に負ける。その物質力の背景には何があるかを探ろうとの想いが「夷情探索」というかたちで出てきたものです。

仙台藩士の玉虫左太夫は、万延元年（一八六〇）に日米修好通商条約の批准書交換使節団に正使新見正興の従者として乗船します。船上での見聞で彼はあることに気づきます。日本では上下の身分関係が厳しく、本来武士であっても従者としての自分は最下位の身分であるため、もし正使の新見に何かを進言しようとしても、いくつかの段階を経なければなりません。また身分の高い連中は船の食事が悪いと文句ばかり言いますが、アメリカ人たちは船にいる限りは船長も水兵と似たような食事を一緒に食べて、文句も言わない。そうしたことを見ながら、自分たちがこだわる道義とはいったい何だろう、と疑問を持つようになる。あるいは船が暴風雨に遭ったときアメリカの乗組員は船長も水兵も一緒に闘って危機を乗り越え、終わったあとには船長が水兵一人ひとりに褒美を出す。日本側では偉い人たちは部屋の中に籠もったままで、従者たちが手ひどく波に洗われても何もしません。日本では、褒美にしても出すまでにやたらと段階を踏むので、下っ端がもらうまでには一年もかかります。そうした中で、彼は日本における一致団結のかたちは考え直さなければならないと思いはじめ、ヨーロッパ的な社会秩序の、開かれた部分に惹かれるようになります。夷狄である外国の強さは、単に物質的なものだけではなくて、上下一体になるシステムにあることに気づいていくのです。

「夷狄」を支えている精神を見抜いた玉虫ですが、そのように開かれた精神にふれながらも、中島三郎助と同じように主君への主従道徳に殉じ、仙台藩主伊達家に忠誠を尽くし、戊辰戦争のときには官軍と対決し、「官軍」に抗した仙台藩の責めを負わされて斬首の刑になります。

このような攘夷をめぐる気分とは何なのでしょうか。たとえば「亀遊」をめぐる話があります。横浜の遊廓岩亀楼の亀遊という女郎が、アメリカ人のアボットなる男に買われますが、亀遊はこの男を拒否し喉を裂いて死にます。その辞世に詠んだのが、「露をだにいとふ倭《やまと》の女郎花ふるあめりかに袖はぬらさじ」という歌です。

この物語は大橋訥庵かその門下の椋本京太郎によるる創作だと言われていますが、フィクションではあっても、それが巷に広がり、「女郎でもこんな気分を持ってるのだ。いわんや、われわれは」というかたちで、攘夷の気分が盛り上がっていきます。この物語は、亀遊伝説として語り継がれ、日本人の反米・嫌米感情を代弁するものとみなされ、現在にいたるまで広く流布しています。ちなみに文学座の杉村春子主演の『ふるあめりかに袖はぬらさじ』は、この物語を有吉佐和子が狂言にしたもので、日米関係が微妙なときに上演されている節があります。それは、十一谷義三の手になる唐人お吉物語と同様に、日本民衆の鬱屈した対米感情を吐露したものといえます。

## 第三節　楠公という記憶――文化大革命への道――

### 楠公祭という世界

革命は、ある種のイデオロギーがあって起こるというものではありません。革命を起こしていくためには、革命を起こし、支える気分を呼び起こす雰囲気が必要です。だから中国では、毛沢東革命を完成させるために文化大革命が必要でした。あの革命のとき、全国の辺境から北京に集結した紅衛兵たちは北京を見、あるいは上海に行って、自分の故郷とのあまりの違いに驚きます。そうした体験を通じて中国というものを新たに認識し、中国人民としての一体感を持つようになります。まさに文化大革命のような嵐があったがゆえに、その雰囲気の中で革命を完成させようという意識が生まれてきたのです。

明治維新を実現したのは、日本が侵略されるとの志士たちの強い攘夷であり、そうした気分を広く世間に醸成した亀遊伝説、ええじゃないかというアナキーなエネルギーの噴出が奔流していくなかで、御一新へとひた走る熱気が人びとを取り込んでいきます。こうしたエネルギーを方向付け、時代の人心を取りこんだのが「楠公祭」だと思われます。

楠公祭は楠木正成を追悼する祭りですが、これを藩として最も早く営んだのは長州藩です。討幕にかかわった志士は、京都東山で楠公祭に託して、幕府によって殺された同志の追悼祭を営みました。幕末の京都では、寺田屋事件をはじめとした討幕運動に参加して殺された、いわゆる志士が多くいました。長州藩では、彼ら幕府に殺された殉難の士を、楠木正成の命日の楠公祭にかこつけて追悼したのです。それは政治的な倒幕の大キャンペーンでもありました。そこにあるのは、湊川で無惨に亡びた楠木正成であるが、その勤皇の志が歴史として蘇生し、現在評価されているように、討幕の虚しき死も後の世で歴史の場で評価されるとの強き想いです。長州を中心に行われるようになったこの楠公祭は、やがて広く流布し、十津川をはじめ各地に南朝顕彰運動を生み出していきます。それは、幕府に対する対抗心をそれらの地域に育てることになります。さらに、当時流行した「太平記語り」(これは後の講談の源流になる)の演題に楠木正成をのせる中で、その動きは民衆の心に強く埋め込まれたのです。

かくて楠公祭は楠木正成の復権をうながしていきますが、この楠木正成について竹越与三郎は『二千五百年史』(明治二十九年)の中で「一族郎党、五十余人と共に自殺す。此の如くして京軍(足利軍)は其の曾て有したる最も謀略に富み、最も純潔、誠忠、味方に用ひらるゝよりも、深く敵軍に畏敬尊重せられ、殆んど理想に近き将軍を失したりと雖も、彼の高尚なる人品は、詩に入り、歌に存じ、歴史に刻まれて長く国民の胸中に生き、当年の敗北者は、歴史の上に於ては赫々たる光栄を以て百千歳の人心を制す」と記しています。

楠木正成は、味方に重んじられるよりも敵から尊敬されるような将軍でしたが、湊川での戦いを避けて機を見て引くべきだと主張します。しかし、後醍醐天皇の周りにいた公家たちは戦うべきだと反論し、公家の意見に従った正成は湊川で死にます。湊川出陣を前に、正成は摂津国島上郡桜井（現大阪府三島郡島本町）で子の正行と別れるにあたり、「自分は湊川で死ぬが、おまえは生き残って天皇のために働け」と言い残します。これが後に文部省唱歌で「青葉茂れる桜井の」と歌われた「桜井の別れ」（落合直文作詞）として歌いつがれます。

この歌に詠みこまれた楠公の精神こそは、まさに日本国民の身体に埋め込まれ、楠公楠木正成という記憶が日本の危機に想起され、時代を突破する精神の活力となったのです。その相貌は、大東亜戦争下の特攻攻撃では、正成が湊川で討死せんとするに当たり、弟正季に死して何をなすかと問うたとき、正季が七度人間と生まれて国賊を亡ぼさんと答えた楠公精神を表す「七生報国」の鉢巻きを締め、楠木家の家紋である菊水の旗を掲げ、死地に赴いた姿に、現在も生きる楠公信仰の根深さが読みとれましょう。

ここには、竹越が「彼の高尚なる感情は、詩に入り、歌に存じ、歴史に刻まれて長く国民の胸中に生き、当年の敗北者は、歴史の上に於ては赫々たる光栄を以て百千歳の人心を制す」と述べたように、当面の敗北者は歴史においては光栄をもって百年後、千年後にも生きるのだ、と歴史を生きる強き想い、亡びの美学に身を投じることで明日を生きんとした者のみがもちうる残影があります。まさに楠公祭というかたちで志士を顕彰することは、政治的な死がその時点では無駄死だが、何年か後には歴史のうえで復権することを訴えたのです。ちなみに革命運動や反体制運動にとっては、犠牲者をどのように神話化し、持続のエネルギーを作りだすかが重要な課題といえましょう。いわば政治的・国家的な死を運動のエネルギーにする作法こそは、革命とか戦争の熱気を持続させ、大衆動員の要ともなるものです。

楠公祭に見られるこうした動きは、アメリカ合衆国の公民権運動におけるキング牧師の死が政治的なモニュメントになっているように、現代においても政治的神話を形成します。神話にすることによって公民権運動を繰りひろげていくバネとなるのです。楠公祭も、そのような装置の一つにほかなりません。

**神武復古と御陵修復**

こうした幕末の動きの一つが「神武復古」です。攘夷の風潮とともに神武天皇が人びとの間に浮上し、その御代を「平等」な世であったと理想視する神武天皇信仰が盛んになります。当時の豪農の日記を見ると「このごろ神武天皇の親筆が値上がりした」なアど書いてありますが、当時の人たちは本当に神武天皇の親筆だと思っていたのです

さらに御陵（天皇の陵墓）や古文化財、天平古文書、正倉院文書などが値打ちをもつようになります。天皇陵に対する関心は、すでに、元禄期に松下見林が保存修復を訴えて以来ありましたが、皇紀二五〇〇年に当たる天保十一年（一八四〇）に、水戸の徳川斉昭が荒れ果てている御陵の復興を主張していま

す。また、河内の国学者伴林光平は応神天皇陵や仁徳天皇陵が荒れ果てているのを憂い、御陵が荒れているためそこから天皇霊が出てきて、荒ぶる魂となって世の中を乱している。開国による物価騰貴はそれが原因で起こっているのであって、その荒ぶる天皇霊に静かにしてもらうためにも、御陵を修補する必要があると説きました。御陵をはじめとする古文化財の保存への眼は、すぐれて政治的意味をもち、権力の在り方を問い質す課題と意識されたのです。

こうした潮流こそは、「攘夷」という風浪に連動していくことで、自己の存在の場を確認する動きをうながします。それは、日本が万世一系の皇統の国であり、他の国とは違って強い道徳心を持った道義の国家なのだ、という認識をうながし、新しい国家の到来への強き期待となっていきます。

## 第四節　御一新の設計図

**維新後の動き**

かくて復古や革命をめざした運動は、「神武創業の

初めに基づき」とのスローガンが提示しているように、神武復古の世をめざします。多くの平田門の国学者、庄屋・名主として村に住み、村の明日を模索していた在地に生きる草莽の国学者は、この運動に夢を託しました。その一人が島崎藤村の『夜明け前』（昭和十一年）に登場する中山道馬籠宿の本陣当主青山半蔵のモデルである、島崎藤村の父親、島崎正樹です。青山半蔵は、維新の夢に敗れ、「おてんとさま」を見ることなく、座敷牢で死んだ国学者の一人でした。

ちなみに島崎藤村は、フランスに行って日本を改めて認識し、『夜明け前』を書きました。そこに描かれた復古のイメージの背景には、ジャン・ジャック・ルソーの「自然に帰れ」が想起されていたのではないでしょうか。そこに描かれた平田篤胤像は本居宣長像に近いといえます。討幕運動がめざした神武復古は明治維新で成就します。

慶応四年（一八六八）一月三日に鳥羽・伏見戦争があり、ここからいわゆる「戊辰の内乱」が始まります。この内乱は翌明治二年五月十八日の五稜郭開城まで続きます。

二月三日に「親征の詔」が出され、三月二十一日に親征のための大坂行幸となります。親征とは天皇自らが大将となって賊を討つということです。

四月十一日には江戸城が開城し、将軍慶喜は水戸に移り、翌五月に宗家の徳川家達が七〇万石の一大名として駿府に移封されます。七月に江戸は東京と改称され、九月八日に明治と改元され、以後一世一元の制となります。ひきつづき東京行幸があって、江戸城は皇居とされます。

この「東京」とはあくまでも東の都であって、それまでの王城の地である京の都は、これに対して「西京」と言われるようになります（同志社大学の創立時には「西京同志社」と表示しています）。東京遷都で東京が政治的首都になろうとも、明治の皇室典範第一一条が即位の礼と大嘗祭は京都で行うと規定しているように、京都は皇都と位置づけられています。二都と認識していたのです。

ちなみに、この後にもう一つ北の都、北京《ほっきょう》を北海道の旭川に造営することで、開拓の進展をはかり、北の脅威に対処しようとの構想が具体化しようとしました。しかし、都とは人がいるところであり、人がいないところに都を作るのはおかしいとの反対論のため、北の離宮ということになります。この離宮案は、日清戦争と皇居造営の出費が多くて、幻となりました。この離宮の予定地は旭川の神楽岡で、上川神社がある辺りです。

その間、三月十四日に五箇条御誓文と「億兆を安撫し、国威を宣布」する宸翰、ついで十五日に「五榜の掲示」が出されます。五箇条御誓文は新政府の基本方針を神々に誓ったものです。また五榜の掲示には、永久の法としてキリシタン禁令が書かれています。

この五箇条御誓文は、「日本の国是たる維新の精神」ですが、いまだに日本の民主主義の基盤ともみなされています。敗戦後の昭和二十一年（一九四六）正月に出された「新日本建設に関する詔書」は、五箇条をそのまま用いて、「叡旨公明正大、又何をか加へん。朕は茲に誓を新にして、国運を開かんと欲す。須らく、此の御趣旨に則り、旧来の陋習《ろうしゅう》を去り、民意を暢達《ちょうたつ》し、官民挙げて平和主義に徹し、教養豊かに文化を築き、以て民生の向上を図り、新日本を建設すべし」と記されています。すなわち五箇条御誓文にのっとって現在の日本を築くと宣言したわけです。その意味ではいまだに帝国日本は続いていることになります。五箇条御誓文は日本デモクラシーの原点と見なされてきました。

## 東西の招魂社と楠社の造営

慶応四年（一八六八）三月二十八日に神仏混淆の禁止が布告され、五月十日には「嘉永癸丑以来の国事殉難者の霊を京都東山に祀る」とされて官祭招魂社が初めて営まれました。これが東山招魂社で、現在の霊山護国神社となります。

天皇は、同年十月二十七日に、武蔵一宮、すなわち埼玉県大宮の氷川神社に行幸し、十一月五日には山中献を高輪泉岳寺の大石良雄の墓に遣わして多額の寄付をします。大石良雄は主従の義に固執し、死をもって復讐し万世の人々を感服させた、というのが追賞の理由です。忠臣蔵に描かれた大石良雄は、この天皇の言葉で、名実ともに義士となったのです。

ここで維新政府が強調したかったのは「固く主従の義を執り、仇に復して法に死す」ということでした。いまだ天皇という存在が確固としたものとして国民の中に根づいていないときに、天皇と臣下の主従関係を、まさにこの大石的なものの中に見いだそうとしたわけです。臣下の者は天皇に主従の義に厚く仕えろという想いが、泉岳寺に詣でしめた行為には込められていたのです。

日本の国民文化の根はここにあると言えます。だから、今でも年末になると忠臣蔵が繰り返し取り上げられているのです。明治以来、全国津々浦々で「忠臣蔵物語」が演じられ、武士道がこのようなかたちで語られ、天皇への忠義心を鼓吹する。その意味で、この「大石良雄の墓に遣わして金幣を賜う」という行為は、重要なことだったのです。泉岳寺には岩倉具視や三条実美らがこの後に詣でています。

この泉岳寺への参詣前後には、官軍と戦って負けた米沢をはじめとする奥羽越列藩同盟の諸大名の処分が検討されます。その後、十二月七日に会津藩主の処分がなされ、明治二年十一月三日に会津藩は陸奥に移され、斗南《となみ》藩となります。「斗南」なる称には皇城の守護者であった会津藩の烈々たる想いが託されています。このように幕府方に立った諸藩を処分しつつ、一方では天皇に従って「義士」になった諸大名には褒美を与えるという政治状況を演出したのです。

ついで明治二年（一八六九）の三月には東京に再び行幸し、この道中に歴代天皇で初めて伊勢神宮に親閲（自ら参拝すること）します。天皇は、この二十八日に東京に到着して以降、東京が政治の中心となり、東京遷都ということになります。さらに五月十八日に内乱が終結し、翌六月二十九日に東京九段に招魂社を創建します。

江戸に入った官軍は、江戸城西の丸で招魂祭を営みます。この後、日本の軍隊は一つの戦闘が終わると、戦場で倒れた者たちの招魂祭を行い、それから次の戦闘に赴きますが、これは日清・日露戦争でもそうでした。一戦闘ごとに戦死者の慰霊をしなければ次の戦闘が行えなかったわけです。

政府はこうした招魂場を永久的な招魂社にします。前年五月に京都に創建された東山招魂社を京都招魂社とし、嘉永癸丑（一八五三年）以来の倒幕運動で倒れた人、さらにこれに連座して殺された妻や子どもを祀りました。そして、東京招魂社には鳥羽・伏見以降、戊辰内乱をはじめ戦争で死んだ人たちを祀るようにし、明治十二年（一八七九）六月四日に靖国神社と改名したとき、京都招魂社と一つにします。いわば靖国神社は、戊辰内乱の戦死者を祀った東京招魂社の展開であるのみならず、嘉永癸丑以来の国事のために斃れた者を祀った京都招魂社を取りこむことで、国家の安泰を支える神社となりえたのです。

すでに明治二年八月には蝦夷地が北海道とされ、三年一月には大教宣布を布告し、四年七月には郷社定則・大小神社氏子取調規則が制定されます。郷社定則というのは村や町の郷社を決めることですが、当時はその郷社に戸籍を管理させせようとしました。寺請制度の寺の代わりを郷社にさせようとしたのです。ここに大小神社氏子取調が行われますが失敗し、結局、戸籍は内務省が管理することとなります。寺には専門職業人としての僧侶がおり戸籍を管理することができましたが、神社にはそのような人がいなかったからです。明治政府がこのような神社を中心とする統治システムをめざしたのは、江戸時代の寺檀的なシステムを断ち切ろうとしたがためです。

明治政府は、復古革命たる御一新への潮流を醸成した楠公信仰を新権力の下におくべく、楠社造営を手がけます。楠社造営は御三家である尾張藩主徳川慶勝が慶応三年十一月に建白したもので、翌年の四月二十一日、いまだ戊辰内乱が終結を見ないうちに、薩長の新政府は楠木正成に神号を授与し楠社造営を広く呼びかけました。この布告は、近在の村々に対し、一本の木でもわずかな金でもいいから持ち寄り楠公の社を作ることに合力すべきと村触れを発し、民衆の参加を呼びかけました。ここには、幕末の「文化大革命」ともいうべき流れに沿うことで権力基盤を確かなものとすべく、民衆の記憶に蘇生していた楠公信仰を結実させていこうとの具体的な営みが読みとれます。さらに、そうした潮流は、翌二年には鎌倉に幽閉されて殺害された大塔宮護良親王を祀る鎌倉宮をはじめ、宗良親王らの後醍醐天皇に加担した南朝関係者を祀る神社が関係する地域で造営され、南朝顕彰をうながしていきます。

　こうしたかたちで楠公信仰は楠社に結実し、明治五年五月二十四日に楠社は湊川神社とされて別格官幣社となり、別格官幣社の筆頭となります。さらにこの年の十一月十五日には、神武天皇即位の年をもって紀元元年とし、即位日を祝日とすることが決定されました。その一八年後の明治二十三年（一八九〇）四月二日、皇紀二五五〇年を期して神武天皇を祭神とする橿原神宮が創建されます。楠公信仰、また神武天皇信仰は、こうしたかたちで国家に取りこまれ、国家の要石と位置づけていったのです。かつ神武天皇の肖像画の顔は明治天皇の肖像画の顔と同じに描かれました。竹内久一の神武天皇立像は、皇紀二五五〇年、明治二十三年の第三回内国博覧会に出品され「妙技二等賞」となります（現在、東京芸術大学大学美術館で観ることができる）。この年は、皇紀二五五〇年ということで、神武天皇を祀る橿原神宮が創建され、金鵄勲章が創設されたように、神武復古が眼に見えるかたちで完結した年といえます。そこで神武復古への道程を時系列的に概観しておきます（次頁表参照）。

## 『献芹詹語』に読む維新の設計図

　明治新政府の基本方針は、祭政一致と開国和親でした。その意味で矢野玄道が慶応三年十二月に提出した『献芹詹語』は注目すべきものです。「献芹詹語」とは「野人の私のつまらない献策ですがご覧ください」との意味で、謙譲の想いで認められて提出されたもので、そこに書かれた建策の多くが新政府で具体化します。

　矢野は、祭政一致と仁政、恵撫慈養、さらに威武を説きます。皇祖天神の本教に従う惟神の大道を確立するために御大祖《おおみや》たる神武天皇を奉り、伊勢の神々の祀りを大切にし、功臣を旌表、ほめたたえて神社に奉祀し、オオミタカラたる人民を慈しみ、人材の登用、孤児院・教護院・病院などを設立し、貧しい老人、鰥寡《かんか》孤独の者たちを保護する施設を作ることなど、さまざまな献策を記しています。威武と

## 神武復古への道程

慶応3年（1867）12月　王政復古の大号令発せら
4年1月3日　鳥羽・伏見戦争（戊辰内乱）始まる
2月3日　親征の詔
3月14日　五箇条の御誓文・国威宣布の宸翰／15日　五榜の掲示／21日　親征のため大坂行幸／28日　神仏混淆の禁止
4月11日　江戸開城
5月3日　奥羽越列藩同盟結成／10日　嘉永癸丑（嘉永6）以来の国事殉難者の霊を京都東山に祀る（官祭招魂祭の初め）／24日　徳川家達が駿府70万石の大名に
7月17日　江戸を東京と改称
8月26日　天長節執行を布告
9月8日　明治と改元（一世一元の制）
明治元年（1868）9月20日　東京行幸／22日　会津落城、天長節執行
10月13日　江戸城を皇居と治定し東京城と改称／27日　氷川神社行幸
11月5日　権弁事山中献を高輪泉岳寺に遣して大石良雄らの墓を弔せしめ金幣を賜う
2年3月7日　天皇の東京行幸（12日　伊勢神宮参拝／28日　東京着御）
5月18日　五稜郭開城（戊辰内乱終結）
6月17日　版籍奉還／29日　東京九段に招魂社創建（明治12年6月4日靖国神社（別格官幣社）と改称）
8月15日　蝦夷地を北海道と改称
3年1月3日　大教宣布の詔
4年7月4日　郷社定則・大小神社氏子取調規則制定
5年5月23日　天皇の近畿・中国・九州巡幸（～7月12日）／24日　楠社を湊川神社と改称（別格官幣社）
11月15日　神武天皇即位日を紀元とする
6年1月4日　五節句を廃し神武天皇即位日と天長節を祝日とする
2月5日　大教院設置／24日　切支丹宗禁制の高札撤去
2月11日　金鵄勲章創設
3月7日　神武天皇即位日を紀元節と改称
23年4月2日　橿原神宮創建（皇紀2550年）

しては農兵の制を提案します。村や町においては人民がいつでも兵になれるよう準備するとともに、国民皆兵にも触れています。

また、北の要地である蝦夷の地には、藩を移して行政的機能を果たせしめるとともに、犯罪者や諸国の賤民を移して開拓の業に当たらせることなどを提言しています。実際に明治政府はこうした案にちかい政策を北海道の地に実施したのでした。集治監を設置して囚人たちに、今日「囚人道路」と呼び習わされる道路の建設に当たらせたのも、そのひとつです。さらに国内の被差別部落の人びとも北海道に移住していますが、彼らは移されたのではなく、自ら移住することによって差別から逃れようとしたのです。そうした意味では、北海道は内国植民地そのものだったといえましょう。

矢野が『献芹詹語』においてなした数々の提案が、まさに維新政府の設計図となったのです。

## 第五節　天皇という器

### 文明をめぐる相克

維新政府は王政復古、すなわち神武復古をめざすとともに、開国和親を基本方針のひとつに掲げました。しかし、開国和親の実現、就中欧米諸国と外交するには、文明の振興が伴わねばなりません。それゆえ蛮風一掃につとめ、旧物を否定し、文化の改造がなされました。

こうした流れの中で、大久保利通、伊藤博文らが主導した進歩功業の歴史が始まり、西欧に追い付け追い越せの風潮が生まれます。しかし、西郷隆盛はそのような文明の在り方を批判しました。『西郷南州遺訓』（昭和十四年）には次のような文明批判が語られています。

> 文明とは道の普く行はるるを賛称せる言にして、宮室の荘厳、衣服の美麗、外観の浮華を言ふには非ず。世人の唱ふる所、何が文明やら、何が野蛮やら些とも分らぬぞ。予嘗て或人と議

論せしこと有り、西洋は野蛮ぢやと云ひしかば、否な文明ぞと争ふ。否野蛮ぢやと畳みかけしに、何とて夫れ程に申すにやと推せしゆゑ、実に文明ならば、未開の国に対しなば、慈愛を本とし、懇々説諭して開明に導く可きに、左は無くして未開矇昧の国に対する程むごく残忍の事を致し己れを利するは野蛮ぢやと申せしかば、其人口を莟めて言無かりきとて笑はれける。

西郷は、未開の国に対して残忍な行為に及び自国を利するようなヨーロッパの植民地支配がはたして文明なのか、と問いかけます。そこにあるのは、まさに西郷なりの王道論であり、現今の進歩功業は覇道ではないかというのが西郷の弁でした。しかし、日本の歴史とは進歩功業の歴史でもありますから、西郷は敗れざるをえなかったのです。したがって、西郷の中には敗者の美学があり、言い方を変えれば、攘夷とは敗者の美学といえるのかもしれません。

　また「今と成りては、戊辰の義戦も偏へに私を営みたる姿に成り行き、天下に対し戦死者に対して面目無きぞとて、頻りに涙を催され」るとも西郷は語ったそうです。これが西郷の想いだったのです。西郷隆盛を、征韓論を唱えたがゆえに侵略主義者とするのはあまりにも単純な話でしょう。日本人の中でおそらく西郷は最も人気のある人物でしょうが、人びとが西郷に託した想いは、まさに西郷なりに唱えていた王道的なもの、言い換えれば慈愛を基とし、政治から取り残された人びとへの共感だったのではないでしょうか。

　しかし明治政府は、「開国和親」を掲げ、「文明開化」の道をひた走ります。その道は、西欧が説く万国公法たる国際法の秩序に参入していくことです。この万国公法は、木戸孝允が喝破したように、「キリスト教国たる白皙人種のヨーロッパ州」の「特権掌握的国民」の「家法」であり、弱国を奪う道具でした。日本は、こうした万国公法の秩序に主体的に参入すべく、井上馨が語ったように、「欧州的帝国」になる道を選択したのです。

我帝国を化して欧州的帝国とせよ。我国人を化して欧州的人民とせよ。(略)欧州的新帝国を東洋の表に造出せよ。我帝国は只だ之を以て独

立し、之を以て富強を致す事を得べし。(『世外井上公伝』昭和四十三年)

「欧州的帝国」への道は、「文明」を大義となし、日々の暮らしを規定していた文化を「野蛮」な営みとして文明化していくことでした。この文明と文化の相克は「文野の闘争」と称され、文明の世が謳歌され、政府は「蛮風一掃」の名の下に暮らしのかたちである文化を滅ぼすことに熱意を傾けました。それは、村や町の社稷《しゃしょく》を亡ぼし、鎮守と村や町の協同体の営みをつぶすことでした。村にあった地舞台はじめ地芝居、盆踊りを禁止し、さらには祭りを改変していく。

ちなみに開国後に来日したキリスト教の宣教師は、キリスト教こそ「文明の宗教」だと説き、日本の野蛮を告発し、撃ち続けたのです。そのメッセージは、仏教や回教(イスラム)が野蛮な劣った宗教であることの証として、それらの国が植民地であるという指摘をなし、キリスト教の文明的優位性を強調しております。ここには万国公法的秩序でアジア・アフリカの植民地化を進めた「欧州的帝国」の論理が貫徹しています。そのため民衆は、政府が「耶蘇」にのっとられたとなし、「文明開化」の施策に反発します。

民衆の想いこそは、負け戦ではありますが、敗者の論理としての西郷的なものへの共鳴であり、そのロマンに己を託さしめたのだといえましょう。まさに御一新に夢を描いた民衆は、このような復古革命の波に飲み込まれ、文明化の隘路にもがいたのです。

## 行幸と御真影の下付

天皇の存在は、神武復古と開国和親を掲げる新政府にとり、その矛盾をのみこむ大きな器でした。それだけに天皇という存在を広く世間に知らせねばなりません。日本列島の住民、藩などという領域に封じこめられている民衆は、天皇なるものを具体的にみることで、その存在を通して、徳川将軍に代わる天朝政府の登場、葵から菊に時代が動いたことを理解していくこととなります。

大久保利通は、天皇という存在を新たに意味づける方策として、大坂遷都を主張しました。巷のことを知らない雲の上の存在たる天皇が権力を奪取したのですから、すべからく町に出ていき民衆の前に顔をさらさねばならないというのです。大久保はその一つとして行幸を進言し、それには軍旅、すなわち兵隊を従えて行くべきだと主張します。これはきわめてヨーロッパ的な王の在り方を天皇に求めたもので、遷都論として提起されました。

それはやがて六大巡幸のかたちで実現します。天皇は行幸し、行く先々で学校・工場等々のさまざまな世界を見聞し、親孝行などの行為に対して褒賞を与えるなどの営みを繰り返すことで、民のなかにその存在を植え付けたのです。

そうした営みのひとつとして、明治元年（一八六八）九月の東京行幸において、旧江戸の町の住民たちに酒を振る舞いました。いわば、引っ越し祝い酒です。武蔵一宮である現在の埼玉県大宮の氷川神社に行ったときも、大宮の住民に同様に酒を配ります。人びとはこの振る舞い酒を「天杯」と称して喜びました。こうした作法には、東《あずま》エビスの地である東国支配への、天皇の気配りがうかがえます。それは、天朝政府を「薩長幕府」とみなして抗戦した東国統治こそ、新国家にとり最大の課題であったからにほかなりません。

新国家の主人と位置づけられた天皇は、しばしば周りの者たちに「忠臣とは何か」と問うて歌を詠ませ、それによって忠臣度を計ろうとしています。ここには、いまだ股肱の臣と頼める「忠臣」を見出せない、若き天皇の苦衷がうかがえるのではないでしょうか。ちなみに維新創業を指導した者のなかで、若き君主が心を寄せたのが西郷隆盛でした。天皇は西南戦争で西郷が城山に斃れた報に深く悲しみ、皇后に追悼の歌を詠ませます。

このような天皇の存在を民衆はどのように理解しようとしたのでしょうか。当時の民衆に文明開化を説いた「開化本」のひとつ『開化問答』（明治七・八年）には「この頃、芸者だとか娼妓だとか役者にまで税が掛かるが、維新になって天子様はゼイゼイと喘息になったのか」と文句を言う人に対し、「そうではない。天子様は請負人の棟梁のようなものだ。家を建てるときは、大工や左官や屋根屋などを呼ぶが、請負人はその人たちにお金を払ってやらなければならない。天子様は日本の国を造る請負人だから、みんなから税金を取って、それをそれぞれのところに配り、政治を行っているのだ」という説明がなされています。この話は今でも納税の奨励に有効と思われるほど、みごとな説明です。

かつ民衆に天皇の存在を知らしめる施策の一環として、天皇の御真影が下付されるようになります。御真影が配られるきっかけとなったのは、明治四年に岩倉特命全権大使が欧米に視察に行ったとき、各国の大使館にその国の大統領や君主の写真を掲げてあるのを目にし、日本でも必要と考えたからです。まさに、ヨーロッパが説く文明の論理に乗って天皇の写真が配られ、天皇の存在が眼に見えるものとなります。天皇の写真が最初に撮られたのは横須賀行幸のときで、内田九一によって撮影されました。

明治六年に奈良県県令（知事）四条隆平は、新年・天長節等の祝日に県庁に奉掲し、県民に広く「瞻拝《せんぱい》」させたいとして「御写真」の下付を申請し、六月四日に下賜されました。これが国内で下賜された最初です。翌六年、十月八日には宮城内写真場で、新制のフランス式軍服を着した洋装姿が撮影されています。十一月三日の天長節祝宴で右大臣以下の勅任官ら三五人に、同七日に各府県に下賜されました。

奈良県では、天長節のときに県庁前に白い砂を敷いて、下賜された「御写真」を掲げました。こうした営みは、高知県・栃木県・山梨県などに広がり、「庁内清浄の地」で奉拝させるようになり、老若男女が参拝し、なかには写真に賽銭を投げる人も出てきます。このようにして天皇の写真拝礼が始まったわけでが、賽銭などを投げて稲荷社のような「淫祠」と同一視する行為が厳しく戒められたのです。この写真を民衆に拝礼させるという作法はロシアの皇帝礼拝のシステムを取り入れたものといえましょう。

さらに、文明開化の下「天皇が牛乳を飲んだ」「洋服を着た」といった喧伝がなされ、開化の先陣をはせる範例として紹介されております。天皇は開化の啓蒙者としてもふるまったわけです。

新時代の宮中儀礼はイギリス王室をモデルに造形されていきます。その様式は現在もあまり変わりなく営まれています。毎年皇室が主催する園遊会では、天皇・皇后、そして皇太子と皇太子妃がスーツであっても、その後に付き従う皇族や侍従は全員フロックコートにシルクハット、白い手袋を持っています。これはまさにイギリス王室で行われる儀礼そのままなのです。

その一方では、記紀神話をもとに、皇后が養蚕をします。矢野玄道は蚕織を皇后の務めと位置づけていました。明治の宮中は、ヨーロッパ、特に大英帝国の儀礼構造に学びながら、日本の古典をたくみに活用した意味づけをなし、新しい宮中儀礼を創作していったのです。

服装に関しては、明治四年九月四日に侍従一同へ出された「服制更革の内勅」で、唐制模倣で軟弱になったとなし、「尚武の国体」をたてるべく、洋装採用をうながします。ついで明治十九年六月二十三日、天皇は皇后や親王の洋服の費用として一万円を下賜、翌月、皇后は華族女学校の卒業式に洋服姿で臨席しました。まさに天皇は、開化の皇帝として、西欧の王室を範とし、皇后をはじめとする宮中の女性を洋装へと導いたのです。こうした先導的営みは、大久保利通らの国家指導者がフロックコートをまとっていたように、上流階級をして外面としての洋服文化になじませていきます。

## 「赤子」平等論の下で

国家指導者は、このように率先して開化の気風を取りこみ、日本を「欧州的帝国」に近づけることに意を傾けています。しかし御一新を夢見た民衆は、天皇の「赤子」となることで、新しい時代が天皇のオオミタカラとして何人にも支配されない世をもたらすとの想いにとらわれていました。この想いを山路愛山は『日本人民史』の中で「反上抗官」として以下のように述べています。

今の歴史家が悪く心得て、抵抗の精神を鼓舞するは反上抗官と言ふ悪事なりなど云ひて人心を圧へ斥けんとするは正に日本人民の歴史と本能とを無視したるものなり。或は政府は天皇の政府なり。其政府に抵抗するは則ち天皇に抵抗するものにて不忠の至りなりなど云ふものあらん。

是れ甚しき愚論なり。成程、政府は天皇の政府に相違なし。さりながら人民も天皇の人民なり。天皇の億兆を子として養ふが日本の国体なり。其政府が天皇の赤子たる人民を悩ますとき、人民が起ツて抵抗するは何故に不忠なりや。其政府が天皇の信任に背き政府たる職務を尽さざる時に之を倒して聖鑑に協ひたる新政府を作ることは何故に不忠なりや。

この赤子は平等だという論理こそ、大正維新や昭和維新の原点にあるものであり、明治維新の中にあった「復古革命」を支えた精神です。この赤子平等論は、四民平等論の元素となり、「五箇条の御誓文」的民主主義をもたらし、日本の国を一つのかたちに成したものにほかなりません。その原点には、日本が神国であると自己確認し、攘夷というかたちで己の場を確認したときに、初めて開国に向かっていくことができた、というメンタリティがあります。

そのため日本は、閉塞状況になると、いつも攘夷の心に立ち返ることによって、日本のモラルと反する不義不当な世界を討つ、という論理が噴出し、状況の打開をはかろうとします。大東亜戦争の宣戦布告には、日清・日露・欧州大戦のときまではあった、「国際法に基づいて」という文言が消えています。それは、この戦争が欧米の白晳帝国主義ともいうべき「欧州的帝国」が掲げる秩序の打破に、攘夷の場を求めたものであったがゆえです。

まさに日本は、攘夷を場にすることによって、大東亜解放の論理をかざし、それが八紘一宇的なものと結び付き、「欧州的帝国」の万国公法―国際法秩序に代わるアジアの新秩序の構築をめざしたのです。そういう視点から、精神文化革命の原点、日本の原点にある尊皇の国という国の在り方、攘夷に託した人びとの思い、またそれに託さざるをえなかった日本の国のかたちとは何なのかを考えるべきなのではないでしょうか。

たしかに復古革命がもたらした日本という国は、天皇を器とすることで、「欧州的帝国」としてアジアの覇者となり、日本を盟主とする新たなる華夷秩序ともいうべき冊封体制の構築をめざしていきます。そこには、危機に立つと、「尊皇」「勤皇」を言挙げするしかない、ある精神の貧困さがうかがえます。いわば「尊皇」という言説にたよるしかないということは、天皇崇拝の強さを示すのではなく、むしろ弱さをあらわすものといえましょう。その弱さは、「帝国」が頂点に上りつめたとき、もろくも露呈してきます。

# 第二章
# 「国民」の造形

ス。
コレ ハ 今日 ハ、天長節ト イッテ、今 ノ 天子様 ノ 御生マレ アソバシタ 日 デ アル カラ、一家 コゾッテ、御祝 ヲ 申上ゲテ 居ル ノ デ アリマス。
コレカラ、親子 モロトモ ニ、天長節 ノ ウタ ヲ ウタヒ、ソレカラ 又 シンルイ トモダチ ヲ マネイ テ、此 ノ 日 ヲ タノシク クラス デ アリ マセウ。

**「天長節」の図**
金港堂が明治 33 年 9 月に出版した『尋常国語読本』巻 4 の第 6 課「天長節」の挿絵。（本文 74 頁）

明治6年6月4日　奈良県に天皇の写真下賜
10月14日　年中祭日祝日の休暇日を定む
8年2月　真宗各派・大教院より離脱
8年3月28日　神道関係教導職、大教院廃止に備えて神道事務局を組織
4月30日　神仏合併布教の差止め
5月3日　大教院解散
11月27日　信教自由保障の口達
9年6月2日　天皇奥羽巡幸（～7月21日）
11年7月15日　第1回日本基督信徒大親睦会（於東京新栄教会）
8月30日　天皇北陸東海巡幸（～11月9日）
12年6月4日　東京招魂社を靖国神社と改称（別格官幣社）
14年1月1日　新年朝拝の儀（妻を同伴しての拝賀のはじまり）／25日　内務省、勅命で神道大会議を招集。
2月23日　勅裁で祭神を天照大神と造化三神とし大国主大神を排除
7月30日　天皇東北北海道巡幸に出発（～10月11日）
15年1月4日　軍人勅諭発布／24日　神官の教導職兼補を廃し葬儀への関与を禁止
17年7月7日　華族令公布（公・侯・伯・子・男の五爵）
8月11日　神仏教導職廃止
18年2月23日　官国弊社保存金の儀。皇太神宮は帝室の根本国家の宗祀
7月26日　天皇山口・広島・岡山巡幸（～8月12日）
21年6月6日　宮中に御歌所設置
10月7日　造営中の皇居落成（10月27日より「宮城」と呼ぶ）
22年1月11日　天皇・皇后赤坂離宮より新宮城に移る
2月11日　大日本帝国憲法発布。皇室典範制定
12月28日　文部省、学生生徒の活力検査の実施を訓令
23年2月1日　『国民新聞』創刊／11日　金鵄勲章創設の詔
3月28日　愛知・京都・広島・長崎各府県行幸（～5月7日）
4月2日　橿原神宮創建
10月30日　教育勅語発布

### 新国家への道程

慶応4年(1868) 3月13日　祭政一致、神祇官再興
3月14日　五箇条の御誓文／15日　五榜の掲示
4月21日　楠木正成に神号、楠社造営に付き費金寄付を許す
明治2年(1869) 2月13日　護良親王（鎌倉宮）並宗良親王（井伊谷宮）の御社創営
6月10日　招魂祭執行に付き諸藩戦死者を開申せしむ
3年1月3日　大教宣布の詔
4年4月4日　戸籍法制定
5月14日　神社を国家の宗祀とする
7月4日　郷社定則（郷社は凡戸籍1区に1社）
8月8日　神祇官を神祇省とする
11月10日　岩倉具視らの遣外使節団出発（～6年9月13日）
12月22日　皇太神宮大麻が大宮司より頒布
5年2月18日　御岳行者10人が獣肉解禁は許し難いとして皇居に乱入
3月14日　教部省設置／27日　神社仏閣女人結界の場所を廃し登山参詣随意とする
4月25日　教導職を設置し、僧侶の肉食妻帯蓄髪を許可／27日　音楽歌舞の類を教部省の管轄とする／28日　三条教則
5月23日　天皇近畿・中国・九州巡幸（～7月12日）
8月3日　学制頒布／23日　能狂言を始め音曲歌舞の弊習を洗除
9月7日　伊勢両宮遥拝式
10月25日　教部省を文部省に合併
11月9日　太陽暦採用を布告（12月3日を明治6年1月1日とする）／9日　僧侶托鉢の禁止／15日　神武天皇御即位祝日例年御祭典（1月29日を相当日とする）／23日　元始祭式、孝明天皇・神武天皇遥拝式を定める／25日　森有礼「信教自由論」
11月　説教につき教導職に説諭（他宗排斥等を注意）
12月　島地黙雷教則三条を批判し信教の自由・政教分離の建白書
6年1月4日　改暦につき五節句を廃し祝日を定む／15日 梓巫・市子・憑祈祷・狐下け杯と唱える玉占・口寄等の人民をまどわす所業を禁止
5月26日　北条県（美作）で徴兵令・穢多非人の称廃止反対の一揆

川路利良は、薩摩藩出身で大久保利通の腹心、東京警視庁を設立して大警視となり、日本の警察行政の全体像を作り上げた人物です。川路が明治九年（一八七六）に出した『警察手眼《しゅげん》』は、俗称「警察論語」とも言われ、現在も日本の警察官たちがまずこれを読まされるそうです。この『警察手眼』に記されている「一国は一家なり。政府は父母なり。人民は子なり。警察はその保傅なり。我国の如き開化未だ洽ねからざるの民は、最も幼者と看做さざるを得ず。この幼者を生育するは保傅の看護によらざる可らず」という文言には、当時の為政者が人民をどのように見ていたかがよく表れています。

現在でも警察官は酔っ払いを保護するとき、通常、優しく遇し収容所に泊めてくれます。そうした行為は、実はこの延長戦上にあるものなのだといってもいいでしょう。これが明治以来のお上の民衆に対する目線です。

一方、民衆の側ではお上が自分たちをどのように見ているかということについて、小川為治『開化問答』は「官員様はまた人民を以て自己の家に畜へる犬猫同様に心得、これに対する時は恰も護謨《ゴム》の袋の如く脹たる面を慢に脹らかし、その威勢を示さんとする次第でござる」と述べています。役人は自分たちを犬猫同様に見ている、というのが人民側の役人像であり、民衆が向ける官僚たちへの目線でした。日本では、長い間そのように思いみなされていたので、現在でも新聞などで「官僚が悪い」という論調が張られると、その真否、実態を己の眼で確かめようとすることもなく、やみくもに多くの民衆がそうした言説に喝采し、納得してしまいがちです。

お上が保傅としてどのように人民を国民にし、どのように日本国民を造形していこうとしたかは、日本が近代国家になるための方向付け、国家のかたちをみきわめるうえで重要な課題となります。

## 第一節　開化の嵐

### 天皇統治の道

まず、時代の流れを前掲の略年表にたどってみます。

慶応四年（一八六八）の三月十三日、「祭政一致の制に復し、天下の諸神社を神祇官に所属せしむべき件」なる太政官布告が出され、「王政復古神武創業の始に被為基諸事御一新祭政一致之御制度に御回復」を宣言し、神祇官を復興し、政体を古代の制度に戻しました。この宣言は、二五〇年以上にわたり諸侯に君臨してきた徳川将軍家の権威を否定し、「御一新」の世であることを強調し、薩長の藩士を中心とした天下の浪士に支えられた新政府の政治を、「祭政一致」の政略で神聖なものと位置づけようとしたものです。

翌十四日には「広く会議を興し、万機公論に決すべし」と「公儀輿論」の尊重、開国和親を説く五箇条御誓文および「汝億兆を安撫し遂には万里の波涛を拓開し国威を四方に宣布し天下を富岳の安きに置んことを欲す」との「国威宣布の宸翰」で新政府がめざすべき方針を提示しました。ついで十五日には、旧幕府の高札を撤去しあらためて五条からなる禁令「五榜の掲示」を出します。その内容は、第一から第三札を「定三札」として永世の定法となし、五倫をすすめ、徒党・強訴・逃散とキリシタン・邪宗門を禁じており、第四から第五札を一時の掲示たる「覚」として万国公法に従うことを述べ、土民の本国からの脱走を禁じていました。いわば新政府の統治は「開国和親」を掲げていたものの、旧幕府における民衆統治の指針を継承し、旧幕時代と変わりありませんでした。

五箇条御誓文は、はじめ天皇の前に百官、すなわち官僚や公家が立ち天皇に向かって盟約をする、というかたちで出されると思われていました。そのため「簾前盟約」、すだれの前の盟約と呼ばれます。しかし木戸孝允は、それでは天皇と臣下との契約関係になるので不適当だと指摘し、百官が天皇に付き従い、天皇が皇祖皇宗の神々に誓約する「神前誓約」のかたちをとることとなりました。その結果、「万機公論」に決するとした五箇条の誓文は絶対的なものとなり、敗戦後にあっても昭和天皇は「五箇条御誓文の精神にのっとり」「日本はもともと民主国家」と言うわけです。

ついで、二十一日に天皇は親征をめざし大坂に行幸します。この行幸は大久保利通が倒幕をめざす方策として力説していたことですが、この時点になって初めて実現します。大久保は初め京都から大坂への遷都を主張しました。天皇は、京都に閉じ込められ、周りから「主上」と奉られて雲の上の存在となり、政治権力を奪われてきた。それだけに天皇に求められるのは、政治的君主として、民にその存在を知らせ、君主たる役割を果たす天皇になることが急務の課題でした。そのためにも大久保は、天皇が富国強兵をなし、外国と交際し、陸海軍を統べるならば地の利が良い大坂に行き、京都のしきたりから離れるべきだと言ったのです。しかしこの建言は、公卿らの反対が大きく、実現しませんでした。

この慶応四年八月二十六日には天長節制定の布告が出されます。九月八日に明治と改元されて一世一元の制が定められ、九月二十二日に会津が落城し、その日が新暦の十一月三日であり、第一回の天長節を執行します。会津が落城し東北平定の見込みが立ったときに天長節を執行したのは、薩摩・長州が主導した政府が勝利し、新しい王の存在を知らしめようとの意図でした。天皇の誕生を祝う行事は、政治性をきわめて強く帯びたもので、新国家の王が天皇であることを天下に示そうとしたものです。

天皇は、七月十七日に江戸を東の京として東京となし、九月二十日に京都を出立し東幸の途につき、十月十三日に江戸城に入り、東幸の皇居として東京城と改称します。この東幸は、「海内一家東西同視」の「叡慮」によるとなし、公卿の反対を押し切って決行されたものです。ここに江戸が東の京《みやこ》たる「東京」となったことで、平城京以来の京が「西京」と呼称されることとなります。

こうした天長節執行や会津落城という流れの中で、明治二年には戊辰の内乱で斃れた「官軍」戦死者の招魂祭が執行されます。こうした営みが靖国神社につながっていきます。なお天皇と戦死者の関係は、後に大元帥陛下として、御府を造営していく世界にも読みとれます。

明治三年には「大教宣布の詔」が出されます。この「大教宣布の詔」は天皇の道を説いたもので、その具体的な内容が、五年四月二十八日に出された「三条教則」です。「三条教則」は、「教憲」ともいわれますが、「敬神愛国」「天理人道」「皇上奉戴朝旨遵守」という三カ条を軸として、教導職が国民を教え諭すようにと、具体的に説くべき内容を述べたものです。ここに新国家は、そのよるべき規範を明示したわけですが、人民を国家としていかに把握していくかについては試行錯誤を重ねます。

### 神社による戸籍管理

天皇は、明治二年三月、東京に二度目の行幸に向かうおり、初めて伊勢神宮に参拝します。歴代天皇で自ら伊勢の内宮（皇大神宮）・外宮（豊受大神宮）の両大神宮に参拝したのは明治天皇が最初です。伊勢の神官は、明治天皇を神武天皇と景行天皇になぞらえ、「洋々然として万歳の声あり」と讃えました。ちなみに神武は建国の天皇であり、景行は日向の熊襲親征、皇子ヤマトタケルノミコトの東征伝説にみられる国土統一の天皇です。ここに伊勢神宮は、国家神として、新たな位置づけがされていくこととなります。

明治四年四月四日に戸籍法が制定され、五月十四日に神社は「国家の宗祀」と法的に規定され、国家の祀り場だと位置づけられました。このときに、官社以下定額、神官職制の規則が定められました。官社以下定額というのは、神社を官社と諸社に分けて格付けるということです。すなわち、国が幣帛料（祀りの費用）を出す官幣社・国幣社は官社となり、府県郷村社が諸社となりました。また、神官は代々世襲ではないという建前が定められます。こうした神社の頂点には伊勢神宮が君臨するというかたちになったのです。

神社が「国家の宗祀」とされたことこそは、後に「神社は宗教ではない」という論理につながっていきます。神社を崇拝する人たちは「崇拝」と言わずに「崇敬」と言いますが、この「崇敬」という呼称には、神社を国家の宗祀としたことで生まれたものではないでしょうか。宗教としての信仰ではないから、崇拝ではなく崇敬だという発想です。伊勢神宮を一神宮として崇敬する人たちが崇敬講として伊勢講を作るのはいいが、それはあくまでもその人たちのものであって、日本国民全体にとっては伊勢は国家の大廟だからこれを敬うのは当然のことだという論理になるのであり、そうした流れがここで始まったということです。

かくて全国の神社が官国幣社と諸社に分けられ、諸社は府県崇敬之社、郷社、村社に分類されます。ここで問題となるのは郷邑産土神である村社でした。それぞれの村にさまざまな神様がいるということでは困るのです。そこで政府はそれら産土神の社であるが社格がない多数の無格社の合併統一をはかります。しかしこれは当然のことながら至難の業でした。そのためか神社整理の試みは、このときを最初とし、日露戦争後にも行われますが成功はしていません。こうした郷邑産土の神社は、官国弊社のように国家の祀りを営む「官社」に対し、各郷邑村里の民が心を寄せる神社であるがために「民社」とも呼称されます。

政府が熱心に村里の神社整理を行ったのは、江戸時代の寺請に倣うかたちで、氏子を通じて神社を国民管理の器にしようと考えたからでした。政府は、明治四年七月四日に郷社定則を出し、郷社をおよそ戸籍一区に一社と定めます。一定区域に一つの郷社を指定し、その郷社に属する氏子を決め、郷社が氏子と認めた者に氏子札を出し、それに基づいて地域住民の管理をしようと目論んだのです。

しかし、それにはきわめて難しい実際上の問題点がありました。たとえば京都でいえば町全体としては八坂神社の氏子であり、東京でいえば日枝山王神社、さらにその下に赤坂氷川神社などいくつかの神社があります。だとすると、東京の場合、一社にまとめようとすると、日枝山王社が全東京の人間をカバーするぐらい膨大な数を管理しなければならないことになります。

さらに、村の神社では、祭りのときだけ村の炭焼きの親爺さんなどが神主になったりするわけで、定まった神主、いわば専門宗教人がいないという問題があります。寺には専門宗教人たる僧侶がいるので寺請の管理ができたのであり、神社ではそれは無理なのです。そのため明治の最初の戸籍（壬申戸籍）には、住居に屋敷地番号を付け、属地主義をとり、士族・平民等の族称と氏神社まで載せている町村もありますが、実際には載せていない所もあるように、神社が住民を氏子となし、その戸籍を管理するのは事実上なされませんでした。

かくて、神祇官を再興して祭政一致をめざす一つの方法として郷社定則を制定し、郷社を村落祭祀の軸にしようとしたのですが、実際上は政策的に破綻せざるをえなかったのです。維新当初の神祇官は、神武復古・祭政一致の旨により、太政官の上に位置づけられていました。それは国学者の神祇官復興という夢に応じたものですが、職員の官位は低く位置づけられていました。『夜明け前』の主人公青山半蔵の悲劇はここに胚胎していたのです。やがて八月八日、神祇官は神祇省に格下げされます。

**伊勢神宮と産土神**

新政府は、国家のよるべき精神の器を備える方策をとるとともに、国土と人民を天皇が取りもどすために、明治二年六月に版籍奉還をさせ、八月に蝦夷地を北海道となし、国境の確定に手をつけます。そして四年七月には廃藩置県を行い、十一月には岩倉具視の遣外使節団が条約改正のため出航し、六年九月まで、ほぼ二年余にわたり米欧視察の大旅行をします。この視察こそは国家の根幹を方向づけたものにほかなりません。このときに津田うめ以下五人の女子留学生がアメリカまで同行したわけです。

これらの女子留学生は開拓使が派遣した学生でした。黒田清隆開拓次官は、北海道開拓が白紙の上に絵を描くようなものだから、古い日本の女子教育を受けた人間に教育を担わせるのではなく、若い人材にアメリカの教育を受けさせ、彼女らを教育の任にあたらせようと考えたことによります。これは北海道開拓がアメリカ的な農法によってなされたことと結びついていたのです（帰国後、教育界に残ったのは津田うめだけだった。津田は六歳で留学したため、彼女だけがカルチャーショックによる挫折から免れることができたのである）。このような新国家の造形に向けた試行は、野心と猜疑心の坩堝をたぎらせ、時代の人心に混乱の渦をまきおこしていきます。

明治四年十二月、皇太神宮大麻（神札）が大宮司

より各府県を通して配布されます。それまで大麻は御師たちが配布していたのですが、この後は大宮司が配布することとなり、伊勢神宮が主体となり、地方政庁が各地域の配布に努めました。このことは各地でトラブルを引き起こします。

茨城県では、自分の家は伊勢信仰ではないとして大麻を拒否する例がみられたようです。県は、「このごろ、伊勢の大麻を祀ると火事になるという噂が出ているが、はなはだけしからん。そういう噂をする者が出たら知らせるように」という布告を出して取り締まっています。伊勢神宮は「飛び神明」といわれ、伊勢の火が飛んで各地に神明社ができたといわれていたので、そうした話と絡んで大麻を祀ると火事になる、と民衆たちは騒いだのです。常陸国である茨城県は鹿島神宮・香取神宮のテリトリーであり、その信仰圏に伊勢が入っていくのですから、当然アレルギーを起こすわけです。

日本は多神教だとよく言われます。たしかに神々の国であり、無数の神様がいます。しかし、どのように多様な神々がいようとも、その村にとり大切なのは村の産土神です。ここには、ある種の一神教に近い感覚がみられ、ユダヤ教のような至高神に近い構造だといってもいいかもしれません。

開拓地北海道で見ると、このことはよくわかります。ちなみに越前から来た人びとは多くが白山神社の信者です。移住者はふるさとの神様を背負ってくる。そうしたところに国家（開拓使）が招来した官製の札幌神社（現北海道神宮）の存在が移住者に認知されてくると、「札幌神社はあってもいいけれど、自分たちの背負ってきた神が我が村にとり大事なのだ」となし、その神をまず祀り、そして札幌神社の御札も添えるようになります。なによりも移住者の神が第一義であり、それぞれの集落に産土鎮守ともいうべき至高神があるのです。そうした意味では、日本人はどの神様でもいいとみなす多神教という発想は間違っているのではないでしょうか。

というわけで、皇太神宮を頂点に据えようとする政府の思惑の下で大麻を配り、伊勢を第一義とすれば、各地にトラブルが起こるのは当然のことだったといえましょう。こうした地域にたぎる反発にもかかわらず、明治五年九月には伊勢両宮の遥拝式を義務づけ、伊勢の地位をさらに強化していきます。

一方、政府は明治五年三月に神祇省を廃止し新たに教部省が設置され、社寺の廃立、神官僧侶の任免などを取扱います。さらに十月二十五日には教部省は文部省になり、この文部省が教部省の管轄であった宗教行政を受け継ぎます。ただし神社は宗教行政の対象とはならず、神社行政は内務省の下に入れられます。

この明治五年は、神社や寺院の位置づけをめぐる布告が乱発され、人心を困惑させ、各地でさまざまな紛糾が起こっています。ちなみに三月二十七日には神社仏閣の女人結界の場所が廃止され、登山参詣は随意とされます。四月には教導職が設置されて僧侶の肉食・妻帯・蓄髪が許可されます。こうした諸策は、開化をめざしたものですが、二月に御岳行者一〇人が肉食の解禁は許せないとの理由で皇居に乱入しているように、各地で政府の布告に戸惑う民衆の姿がみられました。

## 反発と慰撫

新国家の政策は教導職によって民衆に説かれていきます。教導職には、神官・僧侶ばかりでなく、戯作者・役者・講釈師などさまざまな人が任命されました。平田派の国学者であった島崎藤村の父正樹もその一人でしたが、彼のように国学者で教導職になった人は、役者や講釈師のような「河原者」が教導職になるのは何事かと憤慨しました。しかし実際には、役者や講釈師のほうが話術に長けており、政府の政策の宣伝役にはより適任だったのです。そして彼らを教導職に任命したことから、話すべき内容を明確にする必要が生じます。たとえば本願寺の僧侶が、親鸞の教え以外では救われないなどと話をしたら、その宗旨の正否をめぐる宗門間の紛争を生じかねません。そこで教導職は、僧侶などに自派の宗旨を説くことを許さず、大教宣布の内容を規定した三条教則が示されます。

明治五年八月三日に学制が頒布され、同月二十三日に能狂言をはじめとして音曲歌舞の弊習を洗除せよとの達が出されます。日本の音曲には色恋に関するものが多いから、これは淫な楽だから洗除、すなわち淫楽を整理せよというのです。

このような動きは、まさに日本が開化文明の国をめざし、「旧弊」とみなされた民衆の営みのなかから生まれてきた文化を、「文明」という様式に代えていくことをめざしたものです。その尖兵として働くことが期待されたのが教導職であり、その統括組織が大教院でした。大教院は芝の増上寺に置かれます。府県には中教院、村里には小教院が設置されますが、その多くは各地の寺院に看板を掛けたにすぎませんでした。

大教院では神仏合併の拝礼が行われました。宣布においては、神官僧侶らが一緒に当たるなどしたため、説教がかみ合わず、聴衆を惑わしもしました。こうした宣布活動は、宗旨の説法を生業としていた僧侶にとり、自分の宗旨を説くことが許されないだけに腹立たしいものでした。そのため僧侶は大教宣布の在り方に反発を強めていきます。

西本願寺から派遣されてヨーロッパに留学した島地黙雷は、ヨーロッパでの見聞をふまえ、明治五年に三条教則を政府が「一宗を製造」し、「人民に強ゆ」る営みと批判し、信教の自由と政教分離の建白書を政府に提出します。明治八年二月には、西本願寺などの真宗各派が大教院を離脱、三月に神道関係教導職が神道事務局を組織し、四月に神仏合併布教が差し止められ、ついに五月三日に大教院体制は崩壊しました。いわば日本における信教自由への道は、キリシタン・邪宗門の禁令をめぐる外交問題にはじまり、アメリカにおいて文明の精神に目覚めた森有礼が「信教自由論」(一八七二年十一月)を英文で提起し、さらに大教院の在り方を自覚的に問い質していた島地黙雷の建白などにより、新しい地平を切り拓いていくこととなります。

新国家は、「信教自由」の問いかけに向き合うことをせず、「文明」の政府をめざして「旧弊」の打破に励み、民衆の心のよりどころであった梓巫女をはじめとして、狐下げや口寄せ、占いなどをすべて淫祀として禁止します。ちなみに明治七年に文部省から刊行された榊原芳野『小学読本』には、巻四第八課に「淫祀と云ふは何如」があり、「己が斎くべき神をおきて漫に他の神を祭るは淫祀なり、淫祀には福無しと云へり」として、皇極天皇紀が記す大生部多《おむうべのおおし》が常世神《とこよがみ》を祭った一件をとりあげ、秦河勝の勇断を紹介し、巫覡《ふげき》の行為をいましめています。

このような一連の施策は民衆の反感反発をうながしました。北条県（岡山県）では、明治六年五月に徴兵令や穢多非人の称が廃止されたことへの反対一揆が起こっています。新政府は「ヤソ」に乗っ取られたと、反開化の一揆が各地で起こったのです。政府は、このような反発に対処すべく、日本が天皇の国であることを説き聞かせ、天皇という存在をおりにふれて強調していきます。

開化―文明の国家をめざす政府は明治六年六月に天皇の写真を求めた奈良県に下賜し、この御真影を見に群衆が大勢集まります。天皇の写真は、それより以前に、横浜の居留地にいる外国人から下賜が申請されていました。当時、天皇の写真は役者の写真などと一緒にひそかに町の店で売られていました。そのため天皇の写真の頒布は禁止され、以後は下賜されるものとなったのです。この作法は天皇の神聖化が始まったことにほかなりません。

同時に天皇は巡幸として全国行脚をすることによって、国民にその存在を示します。天皇が特に重視したのは東日本への巡幸でした。佐幕派諸藩の拠点である東国を巡ることによって反朝廷の立場にあった人びとを慰撫し、政治状況を視察し、またそれぞれの地において殖産興業を奨励します。さらに北海道では開拓の様子を見、開拓民を激励する一方で、札幌の清華亭にアイヌの人たちを呼んでアイヌの踊りを見、彼らを励ますこともします。

やがて天皇は、「御製」と呼ばれる歌を年ごとに多く詠むことで、歌を通して国民を想う己の心情を問い語りかけます。この御製は、巡幸で生身の姿をさらした天皇が神聖なる存在として軍服姿の御真影に封印されたがために、天皇の声として民衆に届けることで神聖化された天皇の存在を知らせたのです。まさに天皇は、その存在を問いかけることで、開化に戸惑い迷う民衆にある方向を示していきます。

## 第二節　文明化の軋轢

### 心身の改造

文明化を大義にするということは、「欧州的帝国」の規範を受け入れ、文明の名における平準化をめざすことです。その平準化とは、個別性を否定する論理になり、異質なものを排除していくことをめざします。すなわち、ある文明というフォーマットに合わせて国家と人民を造形していくことになるわけです。このような文明のフォーマットともいうべき鋳型の背後には、ある単一の真理観ともいうべきものがあります。この文明の基にあるのはキリスト教的な真理観です。したがって維新の世では、この真理観が生み出した世界観にうながされて、「文野の闘争」、文明と野蛮の闘争ということが声高に問い語られ、強制されました。旧来から続く民の営みは、「旧弊」とみなされ、野蛮・粗野なものとして排除否定されるべきものとみなされたのです。

このことは、いわばコミューンともいうべき日本の村落協同体の持っていた暮らしのかたちが文明の名のもとに否定され、国家的な秩序の下に編成されていくことでもありました。いわば文明・進歩とは中心に統合をうながす知の体系であり、無知であることは恐怖以外のなにものでもない、ということになります。

国家の課題は、この論理で国民を造っていくためにも、通信網や教育システム、議会、官僚制など、各種のフォーマットに合わせて、人民を鋳型にはめて複製していくことです。そこでは、先祖や地域の言葉・伝統などが大きく排除されたり、改変されたりすることが起こっています。建設途上の新しい国家に相応しい国民共有の記憶を生み出していくには、「国史」というかたちで、歴史の造形をせねばなりません。

こうした文明・近代という枠組みになじまない存在は、「土民」と称され、蔑視の対象になります。日本では、欧州諸国が植民地の先住民にしたように、エゾ地を北海道となし、明治三十二年に北海道旧土人保護法を公布し、アイヌが排除同化していきます。

先住民族は、歴史をもたない存在とみなされ、文明の論理によって否定されていくのです。まさに近代とは、民の営みを支えてきた自然を征服することを宗旨とする「文明」というとらえどころのない目標に向かい、ひたすら駆けっこをしているようなものだとも言えましょう。

国家は、そのような政府と官僚のもとに、国土全体が一つに統制されていきます。そこに生きる人間は、国家が求める読み書きや過酷な労働に耐えることができるよう、あるいは組織的な行動ができるよう、一個の「国民」に改造されていくわけです。

この過酷な労働に耐える力への過剰な期待は、現在も何かというと「頑張ろう」「頑張ってください」という言葉が飛び交う世間の在り方にこそ、読みとれるのではないでしょうか。「頑張る」とは頑固に突っ張りかたくなに我を張るがために理性を失い「切れる」ことになるだけ、と私には思えます。昨今の「切れた」諸事件は明治以来の日本を支えてきた「頑張る」イズムが産み落としたものといえましょう。

そのような国家が期待する「耐久力」を身につけるには「衛生」とか「健康」という価値が喧伝されます。宣教師ヘボンが慶応三年（一八六七）に完成した日本初の英和辞書では、「ヘルス」が「健康」でなく、「安全」という意味になっていました。それが明治五年になって「健康」と直されます。いわば、国民生活を「安全」に支える「健康」が至上の価値とみなされたのです。今日の国を挙げての禁煙の大合唱は、そうした流れの帰結ともいえましょう。ヨーロッパでは、風呂に入っても垢を取ってはいけない、垢を取るとそこから黴菌が入るのでよくないと言われ、清潔という概念が一般化するのはフランス革命の後だそうです。入浴文化のある日本では、清潔という価値が欧米以上に社会的規範となり、「開化の嵐」の中で強調されたわけです。

これら過酷な労働に対する対応力、予防接種や健康など衛生面のこと、読み書きの能力などとともに、もう一つ奨励されたのが貯蓄です。まさに明治新国家が造形した世界は、現在の生活に根を下ろし、日々の営みを目に見えぬかたちで呪縛しています。

このような「文明」の名による人間の平準化・同

質化という目は、一方で大多数と異なる存在に対して、抹消していく動きをうながしていきます。たとえば世人と異なる体の形をしている、いわゆる奇形、あるいはハンセン病の患者などは、「国民」という枠組みから排除されていく最たるものになるわけです。それだけに国家は五体満足な健康な国民の育成をめざし、明治二十一年十二月に文部省は直轄学校で活力検査を行います。活力検査とは、生きる力を計ることで、後に健康検査となり、現在の身体検査につらなります。

**三条教則と二十八兼題**

そうした諸々の施策を進めた規範は、先に述べた教導職のための「三条教則」で、「教則」が具体的に説き聞かせる課題を具体的に提示した十一兼題・十七兼題に読みとることができます。三条教則は民衆が守るべき原則を提示したものです。

第一条　敬神愛国の旨を体すへき事
第二条　天理人道を明にすへき事
第三条　皇上を奉戴し朝旨を遵守せしむへき事

教導職はこの教則を思い思いに説き聞かせました。その説法は、各自の宗旨による違いがあるために、民衆を困惑させます。その意味では、神官僧侶でない、戯作者らの教導職が説き聞かせる世界に、三条教則にこめられた政府の意向が直裁に表明されていました。仮名垣魯文『三則教《さんそくおしえ》の捷径《ちかみち》』（明治六年七月）は、「敬神愛国の俗解《はやわかり》」で、まず大君たる天子の存在を伊勢神宮と結びつけ、次のような口説きで語りはじめています。

神国の人と生れて神々の　お開きありし国の道
　知らでくらすは人でなし　国の人たる道しるべ　教への小口手みじかく　おかしく説て聴かすべし　夫三則の御趣意とは　神の造りし国民の　守りにやならぬ三ツの事　其第一は神さまを　敬いまつり我国を　大事にするが要ぞや他国は言はず我国の　今帝様は日天子　大神宮のお末にて　位ゐ上なき大君と　天のゆるしを受たまふ　万代易へぬ帝なり　されば賤しき我々も　神のお国に生まるれば　先祖は天照太神の　御家来筋の末社神（略）　天にも地にも只

一人　御主人様といふものは　今帝様の外になし　悪を平げ善をあげ　万事お世話の御厄介その大恩を忘れずに　国と君とのお為には　身を粉に砕き大切の　命も事に臨みては　先に進み手鉄砲の　盾となりて報ふべし（略）

ついで「天理人道の俗解」は、「天理とは世界万物悉く　造りたまひし神さまの　掟ただしき筋にして世の中すべて此ことを　具へぬ物は物でなし　人は万の物の中　第一番の物なれば　身に備りし神の理を　押て行のが人の道　親子夫婦や朋友は　最も人の大道ぞ　太きな道のその中に　主上《しゅう》と臣下《けらい》のその中は　大の頭の大ぞかし　これをあら〱尋ぬるに　太初天照大神の　詔によりて御子孫を　天子帝のお位に　おつけまうしてお鏡と　剣と玉と三ツの品　此御国の大君たる　しるしに授け賜ふより　神と君との御血筋は　億万年の今までも　たえず変らず天と地と　日月と共に日の本の　国を照して御先祖の　神武天皇様よりも　今の天皇様までが　一百二十六代の　大盤石の御代々　神に代りて万民を教へ育てる天職《おやくめ》の　お主というは唯一人」と、万世一系の皇統の所以を語り続けます。

第三の「皇上奉戴朝旨遵奉の俗解」は、「皇上と申すは恐れ大神の　御正統なる君にして　天照下の人民を　治め給はんその為に　此日の本の御国へ　お降しありし天子様　天より授けたまはりし　神のお心受たまひ　先第一にお政事の　御法を立て民を撫　国を守らせたまふなり　当時の御代はいにしへにましてます〱文明の　行届たる御政事は　今帝様の叡慮」と、民を撫育し文明に導く天皇の政治をたたえ、「天子に仕へたてまつる　お国の民の所為なれ」と説き、「努《ゆめ》わすれなよ三ケ条　肝にゐりつけ朝夕に　拝み敬ひたてまつれ　あな〱賢穴かしこ」と結びます。

この三条は、教化の根本を示した大綱目に過ぎず、抽象的なために教化の前線を混乱させました。そこで明治六年には、教化課題を具体的に一一項目（十一兼題）と一七項目（十七兼題）からなる二八の課題が提示されました。その課題は次のようなものでした。

十一兼題は精神的、思想的な問題にかかわるもので、以下の内容です。

神徳皇恩、人魂不死、天神造化、顕幽分界、愛国、神祭、鎮魂、君臣、父子、夫婦、大祓

十七兼題は当面した政治課題を説き聞かせようとしたものです。

皇国国体説、道不可変説、制可随時説、皇政一新説、人異禽獣説、不可不学説、不可不教説、万国交際説、国法民法説、律法沿革説、租税賦役説、富国強兵説、産物製物説、文明開化説、政体各種説、役心役形説、権利義務説

まさに新政府は、天皇の存在を神国日本の証として説き、政府の正当性を獲得しようと努めたのです。しかし当時の教導職の日記には、たとえば大晦日の講話で「大祓とは野蛮を祓って文明にすることである が、野蛮を祓うとは頭を散切り頭にすることだ」と話したと書いてあります。教導職がこんな話をしても聞く人はいません。そこで文明開化を説くためには「開化本」が必要でした。

開化本は民衆に文明開化の理を説いた啓蒙書です。その内容は、保守頑固な老人「旧平」と開明紳士の「開次郎」というような人物の対話を通し、「旧平」に代弁される「旧弊」の秩序観が「開明」的な文明をめざす新国家の論理に屈服していくという弁証法的枠組みの物語で、文明開化の理を説いたものです。それは、教導職が民衆に説法したときに出されるであろう多様な疑問を想定し、国家がめざしている世界を説き聞かせようとした教化本にほかなりません。

こうした文明開化の主眼は、「蛮風一掃」を掲げ、村落祭祀の改変と否定をすることです。日本の祭りは宵祭りが主ですが、神様が下りてくるその夜にはしばしば男女の交合が行われます。村では、祭りの晩にだれかわからない男の子どもをはらんだ娘は、「神の子をはらんだ」とも言われました。また尾張(愛知県)の田県神社は祭礼で男根をかつぎ、男根の護符を販売しています。その相方が女陰を祀る犬山市の尾張二宮である大県神社です。東京府中にある大国魂神社の夜祭りは有名でした。日本の村では、夜祭りにおいて、女も男も野合が自由だったようです。こうした列島の各地にある祭りの営みは、文明の政府からみれば、野蛮そのものとみなされました。そ

のために蛮風一掃が叫ばれたわけです。全国的にこうした風習は取り締まられました。しかし地域固有の祭事は、暮らしに根付いたものだけに、一掃できません。そこで内務省は、地域に固有の祭りを「奇祭」と名づけ、特殊神事ということで認めていきます。ちなみに田県神社の祭りは現在も営まれています。

村祭りばかりでなく、同時に、地芝居・地舞台と言われる村の芝居や歌舞伎も徹底的に破壊されていきます。こうした地芝居のなかには、元禄期に大坂の道頓堀などで諸国芝居として演じられていたものもありますように、百姓仕事の余技以上の芸を身につけていました。ですがほとんどの村芝居は明治期につぶされていきます。こうした祭りなどは、村が営む固有な行事であり、村の協同性を支えてきたものので、村落協同体を結合する器だけに、新国家にとり統合を妨げるものとみなされたのです。それだけに小さなコミュニティの枠を取り払って新しい国家の行政的な枠組みに取りこむためには、これらの行事を否定せざるをえなかったのです。

また、日本の俗謡には性的な表現のものが多く、童歌にしても「ずいずいずっころばし」をはじめ性的なイメージを重ねる歌が多くあります。政府はこれらを卑猥であり、淫楽だとして、小学唱歌を作ってこれに替えようとします。そこで、ドイツやイギリスなど外国の歌の歌詞を翻訳するのですが、そのとき「愛」や「恋」という言葉が抹消されたのです。あるいは、まったく違う歌詞の歌に作り替えたりもします。「夕空晴れて、秋風吹き……」（大和田建樹作詞「故郷の空」）という歌は元はスコットランドの男女の逢い引きを歌った民謡ですが、まったく男女の恋愛と無縁な内容の歌になっています。あるいはアメリカで当時はやっていた讃美歌のリズムが、小学唱歌の基本的なリズムになったりもします。「たんたんたぬきの」という歌にしても讃美歌が元曲です。

淫楽に対して洋楽というものがありました。当時のキリスト教界の新聞などを見ると、淫楽撲滅論が盛んに語られて、洋楽がいかに高尚であるかが説かれています。日本の俗謡は端唄でも新内でも、ほとんどが色恋の世界なので、そのような問題が提起されたのです。

この時代においては文明というのはキリスト教的な世界です。当時のキリスト教会は、「文明の宗教」としてキリスト教を説きました。また、熱心なキリスト者は、神社の祭りの場に行って古い信仰だと攻撃します。この神社の御神体はただの石ではないかなどと言い、また寺院の前に行って、ここの仏像はネズミに食われても痛くないただの木だ、そんな木を拝むのかなどと偶像批判をしました。さらに、アジア・アフリカが植民地になっているのは宗教が野蛮だからだ、イスラム教も仏教も未開の宗教だ、キリスト教こそ文明の宗教であると説いたのです。

こうした動きに対する反発も多く見られます。民衆は自らの精神的世界と、生活のリズム、生活のかたちとしての文化を否定されたわけです。そのため民衆は、文明を説く今の政府は耶蘇宗に乗っ取られたのだと思い、キリスト教に対する反耶蘇感情を強め、キリスト教を拒絶します。

開化をめざす政府に対する反対の動きには、廃仏毀釈に反対して明治四年に起きた三河の大浜一揆や、六年の越前護法一揆などがあります。越前は真宗説法の本願寺の領国なのに、大きな寺を残して、多くの寺々がつぶされました。それに対して真宗寺院を再興するようにという要求が出てきて、それが一揆になります。一揆は護法ばかりでなく、学校の洋文を廃すること、すなわち英語を学校教育から排斥しろという要求も掲げます。

こうした反開化の一揆が各地に起こります。美作（岡山県）では、村の指導者が今の政府の税の取り方に反対し旧態にもどせとオルグして回り、一揆を起こします。これら反開化的な動きは強まっていきます。それほどに「欧州的帝国」の確立をめざす政府の施策は、旧社会を支えてきた秩序を根底から破壊するものとして、まさに革命的でした。この革命は、生活の営みを支えてきた秩序観を改変すべく暦に及びます。

## 五節句の廃止と国家祝祭日の新設

政府は明治五年（一八七二）十一月、太陽暦の採用を布告、六年一月に五節句（人日・上巳・端午・七夕・重陽）を廃し新たに国家の祝日（神武天皇即位日・天長節）を定め、七月に官吏の暑中休暇（奏位官以上一五日以内、判位官以下五日以内）を定め、八・九両月の各庁勤務時間が午前十一時より正午までとなりました。さらに十月に元始祭・紀元節・天長節などを祝祭日として休暇とし、九年四月一日よりは一・六休暇（毎月一と六の日を休む）を廃して、日曜全休・土曜半休制を実施します。

日本では長いこと太陰暦の世界が続いていました。太陰暦という旧暦的世界が完全に崩れるのは戦後の高度経済成長期になってからで、それまでは旧暦的な秩序が相当に多く残っていたほどで、開化期にあって暦の切り替えは大問題でした。

『開化問答』の作者小川為治は、改暦をめぐる民衆の困惑を、次のように描いています。

改暦以来は盆も正月もごたまぜにて、桜が六七月頃に咲き、雷や電が十月頃になりはためき、雪や霰が四五月頃に降る次第なれば、かの土用綿入に寒帷子といふ諺に背かずして、万事に付き甚だ不都合（略）全体暦は百姓が耕作する目的となるが第一の役目なるに、太陽暦には気候寒暑の事を明に書載せざるゆゑ、百姓はこれを用ゐてその仕事の目的を定むることが出来ません。（略）改暦以来は五節句盆などといふ大切なる物日を廃し、天長節紀元節などといふわけもわからぬ日を祝ふ事でござる。（略）紀元節や天長節の由来は、この旧平の如き牛鍋を食ふ老爺といふともしりません。かかる世間の人の心にもなき日を祝せんとて、政府より強て赤丸を売る看板の如き幟や提灯を出さするはなほなほ聞えぬ理窟でござる。元来祝日は世間の人の祝ふ料簡が寄合ひて祝ふ日なれば、世間の人の祝ふ料簡もなき日を強て祝はしむるは最も無理なることに心得升。

ここには当時の庶民感情が強く出ています。文中の「強て赤丸を売る看板の如き幟や提灯」とある「赤丸」とは日の丸のことを指しているようですが、江戸時代には赤丸の看板は密かに堕胎をする産婆の看板を意味しました。したがって、それとかけているというのは、きわめて辛辣な言い方になるわけです。民衆は、日の丸を国旗となし、天長節などの新しい国家祝祭日を身体に刺った異物のようにみなしていました。そのため小学校では、日の丸・天長節などにつき、国語で教えております。国語には、読み方と書き方があり、読み方で日本語を国語として教え、町や村で話されている地域の言葉を方言として禁止します。明治三十年代の国語教科書を代表した金港堂の『尋常国語読本』巻四の第六課「天長節」には次のような記述があります。

> 天長節。此の家の床の間には、今上天皇陛下と、かいてあるかけものをかけ、其のわきの花いけには、美しい菊の花をさしてあります。一家のものどもは、皆床の間の前にかしこまり、主人は、少し進み出て、ていねいにおじきをして居ます。これは今日は、天長節といって、今の天子様の御生まれあそばした日であるから、一家こぞって、御祝を申上げて居るのであります。これから、親子もろともに、天長節のうたをうたひ、それから又しんるいともだちをまねいて、此の日をたのしくくらすでありませう。

この頁の挿絵は、「天皇陛下」と大書してある掛け軸が床の間に掛けられており、それに向かって父親が拝礼し、その横に祖父母、父親の後ろに母親と子供が座り、「天皇陛下」の軸にまさに拝礼しようとしています（本章扉絵参照）。ここには、天皇が国民の父であり、一家の父を天皇とみなす構図がうかがえます。

天皇は父、皇后は母とされました。天皇の誕生日が天長節なのに対し、皇后の誕生日は地久節です。皇后は国母として「地は久し」き存在とみなされたのです。皇后の誕生日については、矢島楫子をはじめとする日本基督教婦人矯風会などの女性たちが、婦人の権利獲得運動の一環として地久節制定運動を行います。その結果、キリスト教系の女学校をはじめ、各地の女学校では地久節を休校日としています。地久節は国家の祝祭日には入りませんでしたが、このように広まっていきます。

いわば、日本という国は、天皇が最も上に位置する大きな家で、その家の下に皇族・華族の家があり、その下に一般下々の家がある、というイメージで造られていきます。「今日の吉《よ》き日は 大君の うまれた

まひし 吉き日なり 今日の吉き日は みひかりの さし出たまひし」という祝日大祭日唱歌「天長節」の歌は、そのメロディだけを聞くと讃美歌にそっくりです。「今日の吉き日は 大君の」という歌詞は、「今日の吉き日は イエス様の」と変えれば、そのまま讃美歌として通用するといえましょう。

日本のキリスト教会は、天長節礼拝を教会暦に位置づけており、最もよく天長節のお祝いを行いました。日本のキリスト者は西洋の立憲君主制に強い共鳴盤をもっていたのです。そのような営みは明治国家草創期の神社にも寺院にもありませんでした。神社が天長節のお参りの誘いを社頭に掲げるのは、昭和になってからではないでしょうか。天長節礼拝や紀元節礼拝を最もなじんだかたちで行ったのはキリスト教の教会だけだったのです。これら明治になって作られた国家祝祭日は、ヨーロッパ的な祝祭日感覚に沿ったものだったからです。

現在、日本のキリスト教会では、天皇制を否定的にとらえる人が多いようですが、かつてはそうでなく、天皇をいただく日本の君主制に最も理解を示したのが日本のキリスト者でした。キリスト教が「文明の宗教」として明治以降の日本に受け入れられたからです。カナダメソジストが営む東洋英和学校(後の麻布中学)の天長節では内村鑑三が菊花演説をしています。キリスト教は文明開化の流れの中において、国家の器たろうと励み、国家暦的なシステムに最もなじんでいたといえます。日本のキリスト者が天皇に寄せる想いは、現在においても、言葉では天皇制を呪詛するものの、イエスに向ける眼と同じように心身に宿痾としてあるのではないでしょうか。

しかし民衆一般には旧暦的秩序感覚がきわめて強く残っており、国家暦的な秩序になじむことができませんでした。そのため政府は、日露戦争後になると天長節である十一月三日に「天長節大運動会」を村の運動会として営むなど、学校行事に合わせて村の行事を再編成していきます。日本の農村改良の最大の課題は、万国暦といわれた西暦による国家暦を、人びとの間にいかに浸透させるかということだったのです。

## 第三節　富国をめざして

### 結社の時代

明治十年（一八七七）の西南戦争の戦費の問題で、明治十四年に松方正義が財政改革を行い、俗にいう「松方デフレ」となり、日本資本主義の基盤ができます。この明治十四年は薩長を主体とした政府が天皇の下にある国家の構図を明確に描くことができた年です。政府は、開拓使の官有物払い下げをめぐる藩閥政府批判に対峙し、①払い下げの中止、②一〇年後に憲法を発布するとの約束、③大隈重信を追放し大久保利通暗殺で亀裂が生じていた政府を薩摩と長州の結束により強化して昂揚する民権派に対処すること、とした明治十四年の政変で乗りきります。そこには、大不況と重なり、政治と宗教をめぐり多様な動きが出てきました。

明治十四年の宗教界は、一月に神道事務局の祭神をめぐり、造化三神（天御中主神・高御産巣日神・神産巣日神）と天照大神の四柱とする伊勢派と幽界を司る大国主大神を加えた五柱を主張する出雲派の対立抗争で幕が開きました。この論争は、二月二十三日に勅裁で伊勢派の勝利で決着。ここに出雲国造家の千家尊福は、「顕幽一如」、生と死が一体であることに神道の信仰的根拠があるとなし、出雲大社教を創立、民衆教化に力を尽くすこととなります。「幽界」の排除は、神道を信仰とする道を閉ざし、神社非宗教への道を歩ましめます。

大不況に怯える時代の人心は、出雲大社教のみならず、明治八年十一月に出された信教自由を保障した口達で登場してきた寺院教会講社の活発な活動にうながされ、多様な結社に結集していきます。それらの結社は、仏教を母体としたものばかりでなく、教派神道につながる御嶽教、丸山教、金光教など多彩です。キリスト教界では、信仰的熱気がみなぎり、農村伝道が活発に行われ、「リバイバル」といわれる信仰の覚醒にうながされ、各地に教会が形成されていきました。

こうした宗教的な活気は、新政府が推進した廃仏毀釈にはじまる開化の嵐で荒廃し、心のよりどころを求めて流浪する民心が生み出したものにほかなりません。民衆は、己の世界を探し、それぞれのよるべき場を求めて結集していきます。

松方デフレは、民衆を苦しめ、一村が村ぐるみで破産し、「挙村抵当」流れという荒村状況が各地でみられました。こうした事態は、西洋の舶来物の流入により日本の富が奪われたことによるとして、反開化的な舶来品排斥運動を起こします。町や村では、舶来品でなく国産品の使用を勧め、舶来品を使った者に罰金を課すといった掟をつくり、地域ぐるみで舶来品を排斥します。こうした動きは、不況を乗り切り、富村をめざす村づくりとみなされたのです。この運動を推進した一人が浄土真宗の僧侶である佐田介石です。

佐田は、全国を行脚し、国産品奨励・舶来品排斥・天動説を唱え、各地に保国社等々の結社に民衆を組織していきます。そこでは、「馬鹿番附」を示し、「耶蘇になって雪隠で聖書を読む奴」とか、「耶蘇になって安息日に死んだように休んでいる人」などとヤソの徒たるキリスト者を揶揄し、民衆の反ヤソ感情をたきつけ、舶来品使用の愚が説かれもしました。そのため佐田の演説会は、人気を呼び、どこでも大入り盛況であったと報じられています。この番付は、世間の人気評判を描いた見立て番付のひとつで、時代の雰囲気を大関から前頭まで番付で示したものです。いわば舶来品排斥は、反ヤソを掲げたキリスト教の排斥をめざしたもので、護法護国の運動として展開されていきます。

民衆は、不況下で荒廃した村を救うべく、佐田介石のみならず御岳講とか丸山講などのさまざまな講社に集まりました。明治十年代の民衆は、旧秩序が解体し、いまだ新秩序が確立していないある種の流動的な状況下で、己の想いを実現できる結社に身を投じたのです。そうした動向は、旧来の寺社の枠組みを超え、新たに布教をはじめ、教派神道となっていく諸講社やキリスト教会に取りこまれていきました。そのため仏教各派は民衆教化に教団として取り組みますが、神官も民心を神社にいかにつなぎとめるかで苦闘します。まさに多様な宗教結社が各地で競合する状況は、既存の神官や僧侶の危機感をうながし、国家と一体となっての活動に事態の打開を求めさせたのです。

このような民衆の結集は政治的・社会的場においても広くみられました。政治的な啓蒙運動としては、民権結社があります。この時代は「結社の時代」と呼べるほどに、民権結社のみならず多様な結社がみられます。民権結社は政治における文明の啓蒙をめざしていました。その意味では、民権派が四国のお遍路さんを強く排斥したように、「蛮風」打破を課題としていたのです。民権派にとり、お遍路は蛮風なのです。まさに民権運動の徒は、「自由民権は人民のため」と説きましたが、民衆の持っていた素朴な生活感覚から見れば、典型的な文明の徒たるものの営みだったといえましょう。

もっとも、民権活動家の感覚もまた素朴なものだったようです。茨城県土浦の自由党員の運動会では、初めに自由降臨式として女神の格好をした人物が階段の上から降りてくる、そして運動会が終わるとその女神が階段を登っていく自由昇天式で終わりました。ここには自由党員が天賦人権をどのように理解していたかが見事なまでに表明されています。女神の格好をした「自由」が降りてくるのをみんなで拍手して迎え、運動会が終わるとまた「自由」に天に帰っていただく。天賦人権として説かれた「自由」はそのような素朴な感覚だったのではないでしょうか。

こうした感覚は、自由民権運動で「よしやシビルは不自由でもポリテイカルさえ自由なら」と歌われたように、市民的権利が不充分であろうとも、政治的自由さえあればいいという気持ちにもみられます。政治的権力を握ればいいという発想は日本の反体制運動にいまだにみられることで、運動のためには人権や市民的権利が疎んじられます。日本の著名な社会運動家が運動のために平然と女性を踏み台としてきた事例は、運動史の闇の部分ですが、枚挙に遑がないほどです。

結社には、宗教講社や民権結社ばかりでなく、農談会のような産業結社、あるいは書画・骨董の趣味会的なものも多く作られました。この時代の新聞を見ると、室町末期の貴族の日記にみられる「汁講」(主催者が汁だけを用意し、客が思い思いに食べ物を持ち寄る会）を呼びかけた記事もあります。こうした営みは、松方デフレによる人心の不和がもたらした精神的に不安定な状況にあって、趣味を同じくする人たちが集まり、そのなかにある種の癒しを求めるものだったのでしょう。

明治十年八月に東京上野で開催された第一回内国勧業博覧会を契機に結成された農談は、列島をまたいだ農民の交流の場をもたらしました。内国勧業博覧会とは、万国博覧会に倣って日本の各地の物産を展示し、産業の振興をめざした博覧会ですが、このときに参集した農民たちは互いの農業技術などの交流をはかります。それが各地で農談会が生まれるきっかけとなり、村の老農たちによる経験知に支えられた農業（体験農法）の継承につながっていきます。

高橋由一は、内国勧業博覧会が上野で開かれたときに、「鮭」を天絵社《てんかいしゃ》月例油絵展会に出品しています。この鮭は展示品を描いたものではないでしょうか。今では「御真影」といえば天皇の写真を意味しますが、本来は真の影とは写真ぐらい誠実に現物を描いたものという意味で、高橋はまさにそのような写実をめざしていました。

この想いは、「由一履歴」に「絵事は精神の業なり」とし、「旧弊一新之旨趣は、素より海外文明国之右に出、四隣犯す可らざる不羈独立の国威を震ふべきにあり」と認め、洋画の普及で、「天然を美麗にし富国の端緒を興さん」の決意を述べています。絵画は愛国の業だったのです。このことは、東北振興をめざした山形県令三島通庸の要請に応じ、山形から福島にかけて道路開削の記録を、高橋由一が克明に絵で記録していく姿に読みとれます。「鮭」の絵も「国威を震う」物産を写真に代わるものとして描いたものといえましょう。

ちなみに明治天皇の行幸には、写真の代わりに、随行した絵師が道程での天皇をめぐる多様な出来事を描いたものが残されています。絵師は、陸軍のフランス彩色地図の作成に従事し、陸軍の地図要員でもあったのです。

## 国家創始のプロジェクト

民衆は、明治十年代の流動していく状況下、各自の想いを実現するために結集し、組織的にまとまり己の場を主張しようとしました。この動きは、松方財政がもたらした社会の破綻に対峙しようとした秩父困民党をはじめとする借金党にみられる自由民権につらなる潮流のみならず、多様な宗教結社、農業・産業結社を生み育てました。政府は、これらの潮流を体制に取りこんでいくことで、富国の道をめざそうとします。

富国をめざす明治政府のなかで大久保利通は傑出した存在でした。大久保の日本列島改造計画は一九七〇年代に田中角栄が喧伝したもの以上であるように思われます。

大久保が目論んだのは、東北日本の富をいかに豊かに活用するかでした。大久保は東北開発をめざし、七つの計画を構想しています。この東北への眼は、「海内一家東西同視」を実現するためにも、旧政権の拠点とみなされていた東国振興が急務と考えたことによります。

この意向を受けた三島通庸は、東北開発構想を実現すべく、山形から福島を通って栃木に入る東北縦貫道路の敷設をはかります。山形を起点に福島から那須につなげ、那須野原の開拓につなげようとしたのです。三島は、この構想に反対する民権派を弾圧したがために「悪代官」の権化とされ、歴史に悪評を残しています。しかし彼は、ドイツ国法学に学び、明確な国家構想を持っていた人物の一人です。その三島を動かしたのが大久保利通です。

大久保構想の第一策が、荒蕪地に士族を入植させて開発することでした。さらに運輸の便を力説しています。

①北上川より運河を開削して野蒜に築港すること。②新潟港を改修すること。③越後・上野間の道路を開くこと（これが現在の清水トンネルを生む）。④大谷川運河を開削して那珂港に通ずること。⑤阿武隈川を改修して白河・福島を海につなげ、野蒜港との一体的運用をはかり福島地方の振興をはかること。⑥阿賀川、特に新潟県下阿賀川を改修して新潟に結び、会津の振興をはかること。⑦印旛沼より東京への運路を開くこと。

この構想は雄大なものでしたが、野蒜築港計画は挫折し、画餅に終わりました。このとき宮城県では、野蒜築港に大きな期待をかけ、事業が起こされました。登米郡は、半田卯内が中心となって設立したハリストス正教会の佐沼顕栄会が活発に活動し、町の有力者の大半が教会員となり、ハリストスの町が形成されており、東日本におけるハリストス正教の拠点の一つでした。司祭の沢辺琢磨は、坂本龍馬の従兄弟で、箱館神明社（現山上大神宮）宮司沢辺悌之助の養子となり、ロシア領事館付き司祭ニコライの殺害に赴いたものの、逆にニコライの人格にふれ、その弟子となりハリストスの徒になった人物です。この函館の地には戊辰戦争に敗北した旧仙台伊達藩士が雪辱の想いを抱いて来住しており、ニコライは敗残士族の心の傷を癒し、再起への道を提示しました。敗残士族は、ニコライに学ぶことで、国家の改造は精神の改造なくしてはなされないとなし、この精神の改造に必要なのはハリストス正教の教えと思い込み、故地たる旧伊達藩領での布教をはじめたのでした。半田は、こうして展開されたハリストス正教と出会い、入信し、佐沼教会の中心となったのです。

ここに佐沼では、教会関係者が中心となり、産業結社広通社が結成され、野蒜の築港予定地である海岸に倉庫を建て、東北の米をはじめとする物産を東京に移出し、登米一帯の富村から富国を構想します。しかし、明治十四年の松方デフレで計画は頓挫し、佐沼町を中心に近隣の「有産階級の約三分の二は倒産の憂目を見るの悲惨」（『半田卯内翁小伝』昭和十三年）となったと記録されています。ここに半田は膨大な借金をかかえこみました。松方財政は東北振興に期待した在地の活力を挫折させました。この挫折こそは、地域開発をして、いまだに国家プロジェクトにたよるという気風を常態化していったのではないでしょうか。

東北の開発については、三本木開拓、那須野開拓、安積開拓という、三大プロジェクトがありました。

十和田湖の水を疎水した三本木の開拓は、新渡戸稲造の祖父、新渡戸伝《つとう》が中心になって行われました。新渡戸伝は南部藩の人で、六十歳のときに開拓に入り、近江商人の力を借りながら七十九歳まで開墾を行います。厳しい状況のなかで新渡戸家は貧窮し、そのため稲造は奨学金を得て官費で学べる札幌農学校に学ぶのです。十和田市には新渡戸記念館があり、傍らの新渡戸神社には稲造も祀られています。

那須野開拓は、三島通庸の要請を受け、大山巌・松方正義・青木周蔵・乃木希典らの薩摩・長州出身者が土地を購入し、大山農場や松方農場という華族農場が開かれました。松方農場は現在のホウライ（株）の千本松牧場です。青木周蔵の洋風建築の家は公開されており、乃木希典が百姓をした別荘があったことで、この地に乃木神社が建立されています。

安積開拓は、旧米沢藩士で福島県典事中條政恒の指導で実現したものです。中條政恒は作家の中條百合子（宮本百合子）の祖父ですが、百合子の小説『貧しき人々の群』（大正五年）はこの安積の祖父の家で過ごしたときの体験をもとに、安積開拓に来た人たちのことを描いたものです。

安積開拓を指導した中條は、各地から集まった人びとをまとめるために開成山に遥拝所を建設し、神武天皇祭（四月三日）・天長節（十一月三日）に入植者のみならず各村からも参拝させることで、「郡中人民協同一致」をはかろうとしました。この遥拝所が神社になります。中條は当初、神社名を岩代大神宮と予定していましたが、国名を付けることが許されなかったので、開成山大神宮となります。しかし開成山大神宮が建立されても、各藩から入植した人たちはそれぞれ自分の郷里の神さまを持ってきています。たとえば鳥取からきた開墾者は鳥取の宇倍神社、高知の開墾者は八坂神社、福島の棚倉藩の士族は三柱神社という具合です。その頂点には開成山大神宮があるわけです。

この作法は北海道開拓において生まれた切り株神社につながるものです。北海道の開拓では、入植した人びとは木を切り、火を掛けて、跡に残った木の切り株のうち、最も姿のいいものに郷里から持参したお札を載せ、それを「切り株様」と呼びました。村が形をなしてくると、そこを社として整えていき、明治の末頃に鳥居などが建てられ、本格的な神社となります。神社の誕生とは、そもそもこうしたものではないでしょうか。このような神社が日本の神社の初原的なかたちであり、北海道開拓期には日本の神社の発祥を見ることができるといえます。

ちなみに開成山大神宮の遥拝では、「神武天皇祭と天長節のときには村人たちはみな、ここに集まれ。花を持って集まって、花を植えろ。踏歌（歌ったり踊ったり）をしたり、何をしても自由だ。みな楽しめ」と説かれていました。まさに遥拝所―開成山大神宮は、安積開拓をすすめる精神結集の器として、開拓開始と同時に建立されたものです。

中條は遥拝所建立に寄せた想いを次のように吐露しています。すなわち、国祖を祭り国帝を祝すのは欧米文明諸国で盛んに行われていることであるが、日本には「皇帝の御諱」も「其国の元祖」も知らない「無智無識の民」がいるから、諸外国から侮られ笑われている。特に「東奥の民」は、久しく「覇政」になれしたしんできたため、維新がもたらした盛んな世に出会っても、いまだに国帝たる天皇を尊び、国祖たる神武天皇に報いようとすることもない。そこで「国祖」たる神武天皇、「国帝」たる天皇の遥拝所を設け、「貧民流民愚夫婦」に知らせようとするものである。東北の民は国家になじんでいないから、この地の人びとを国家になじませる意味においても、そこに神社を造らなければならない、というのです。いわば開成山大神宮の建立は、東北の民衆に国帝を尊び、国祖に報いることを教え、文明国日本の民としていく方策でもあったのです。

こうした安積開拓における神社の建立は、北海道開拓が入植者たる民衆の総意で「切り株」から始まったのと異なり、強く国家の意思を表したもので官の主導で生れたものです。そのため開拓地には各入植者の神が祀られねばなりませんでした。中條は、このような入植地ごとに分散しかねない人心を結集する器たる神社を造り、多様な入植者をまとめることで開拓を主導したがために安積開拓をなしとげたのです。それが開成山大神宮に寄せる想いにほかなりません。

かくて開成山大神宮は、「東北のお伊勢様」と呼ばれる存在となっているように、村里の小さな神社を国家の社につなげる精神的な回路を用意し、開拓の柱となったのです。ここには、東北振興の精神的根軸を築くことで、国家創始の心をうえつけ、辺境の民を国民に改造していく道程が読みとれます。

## 第四節　規範としての天皇

### 開化の王

国帝たる天皇の存在は、中條が慨嘆したように、民衆に見えない存在でした。それだけに天皇には、新国家がめざす国家のかたちを先導し、文明の規範を体現した人物を演じる使命が課されていました。すでに維新前夜に大久保利通は、天皇の存在が人民と乖離している現状を問い質し、ヨーロッパでは王室の誕・婚・葬などが国民的行事になっており、王自らが国見のために宮城を出て人民と交わっているとなし、天皇の巡幸を提言し、新国家における天皇の在り方を示唆していました。まさに新国家は、ヨーロッパの宮廷に倣うことで、天皇を皇帝となし、日本に相応しい君主制の構築をめざします。

明治天皇は、条約をはじめとする対外文書において、君主の称呼が大政奉還前までの「大君」でなく、自今「内外政事親裁」となるので「天皇」とすると慶応四年（一八六八）一月十五日に諸外国に告げます。そこで条約等では「日本天皇」「大日本天皇陛下」と記載しましたが、明治六年よりは「日本皇帝陛下」「日本国大皇帝」などとなります。「天皇」が「皇帝」となったのは、「天皇」なる呼称が明治四年の日清修好条規締結の際に日清間の論議となり、諸外国とも紛議がおこったことによります。そこで政府は、万世一系にして万国の唯一正統なる帝王、万国の総帝であることを主張する「天皇」ではなく、他国と同じ「皇帝」という称呼にしたわけです。ここには、「天皇」に固執するだけの実力が無いことを自覚し、開国和親の旨にのり、ある開かれた君主制をめざそうとする目がうかがえます。この呼称問題は、後に国号記載問題とともに、昭和の国体明徴が先鋭化していくなかで、内閣を苦しめます。

かつ天皇は、文明を体現する存在とみなされ、文明開化を先導しています。明治四年に出された服制更革の内勅は、唐制模倣が軟弱の風をうながしたとして、神功皇后の服装に言及し、洋装が決して日本人になじみのないものではなく、復古の証なのだと述べています。唐様であるとして旧来からの服装を批判することで、「洋装」は復古の姿となし、洋服文化を受容する地ならしをしたわけです。

神功皇后に託した復古への目線は、徴兵令を発するにあたり、古代には防人の制という徴兵制があったのだ、という論理になります。まさに文明化は、復古という論理で語ることで、万国が共有する西洋的価値を受けとめる道を開いていったのです。

ちなみに明治天皇は六年三月に断髪し、その姿に「女官等皆驚歎」した由。先の「聖影」の軍服は、同年六月に各国帝王の服制を斟酌して制定されたものです。

明治維新後に造形されていく日本の君主制は、昭和初期の一九三〇年代に「天皇制」なる呼称が登場することで天皇制が独り歩きしていますが、ヨーロッパの君主制を主体的に受けとめて導入したものです。そのため、旧来からの宮廷儀礼は、換骨奪胎され、現在につながる新年宴会、紀元節・天長節の宴会などとして営まれるようになり、宴会の食器が銀製に代えられたりしました。

なお明治六年七月二日には、午餐で天皇に西洋料理が、皇后にも二品が供され、天皇・皇后および女官らが「西洋料理食事作法」の稽古をはじめました。かくて十一月三日の天長節からは、日本料理でなく西洋料理が、雅楽に代えて海軍楽隊の奏楽となりました。八日には奥で西洋料理の晩餐が供され、宮中の食事が和様折衷へと向かっていきます。

前薩摩藩主島津忠義の父久光は、このような開化の風を許しがたいとなし、六年六月に洋服採用・太陽暦・洋風模擬・西洋人の採用等々を糾弾する建言をします。久光の建言は政府を困惑させたものの、宮中が先駆する開化の嵐は新国家の風貌を「欧州的」に塗り替えていったのです。

## 良き家庭のモデル像

明治天皇は、皇后との間には子どもが生まれていませんが、五人の女官との間の五男十女をもうけました。後の大正天皇は権典侍柳原愛子の生んだ第三皇子ですが、それら皇子・皇女の詳細は八七頁の一覧に記した如くです。

第二皇子の敬仁親王は、明治十年九月に生まれて翌年七月に死んでいますが、このときに庶出皇子・皇女の誕生手続きが決められます。庶子誕生のときには即時にこれを皇族・大臣に知らせて、皇族・大臣は直ちに宮内省に参賀すること、太政大臣が誕生の旨を天下に布告し外国君主および外国公使には報知しないこと、誕生の日より三日以内に在京奏任官以上の者は宮内省に来ること、などが定められました。「即時するように」と言っているのに第六皇女の昌子内親王までで、これに続く房子内親王、允子内親王、輝仁親王、聡子内親王、多喜子内親王のときには、もうなされていません。

さらに『明治天皇紀』にみる誕生の記載は、明治二十一年の第六皇女の誕生までは生まれた日に記事がありますが、その後は「去る何日誕生」というように書き方が変わってきます。明らかに教育勅語が発布された明治二十三年の辺りが一つの境になっています。

明治二十九年（一八九六）四月、侍従の徳大寺実則が天皇に御側女官の採用を請います。側室をおいたらどうかと勧めたわけです。天皇はこの意見を聴許しません。そこで徳大寺はあらためて山県有朋や松方正義と諮り、そこで天皇に「逸楽のために召させたまふにあらず、誠を国家に致し、皇祖皇宗に対する大孝を全うせらるゝ」ためと説得します。ようするに自身の楽しみのためではなく、国に誠を示し、先祖に孝行をするためなのだとなし、「皇男子に乏し、国民竊かに之れを歎き、是れ皇室の繁栄を増進し、国家興隆の基礎を致す所以にあらずとなす、（略）速かに御側女官を召出し、皇男子を得て、将来陸海軍に従事し、三軍統率の任に当てさせられんことを」と重ねて力説しています。しかし天皇はこの願いを聞き入れません。そこには、一夫一婦というヨーロッパ流の夫婦像を文明の理とみなし、文明国の体面を保とうとの思いがうかがえます。こうした潮流は「誰々のお局が懐妊」といった記事が紙面から消えていくこととともなります。天皇もまた一夫一婦的な感覚を身につけたようです。大正天皇には貞明皇后（九条節子）の他に御側女官はいませんでした。

こうした動きのなかで、宮中が日本の家庭のモデル像とされるようになり、天皇、皇族、華族の家は、当時の社会でよき家庭のモデル像として表出するようになります。『風俗画報』をはじめ当時の画報類には、各皇族の家族のことが報じられるようになり、大正期になると『主婦之友』のような婦人雑誌にも登場します。今日、女性週刊誌がしばしば皇族の記事を載せますが、これはこの頃に発したものであり、大正、昭和と時代が下るほど天皇家や皇族の姿が良き家庭の模範として、人びとの注目を集めた結果でもあります。ちなみに『主婦の友』は、昭和五年四

**明治天皇の皇子・皇女一覧**

| | 続柄 | 名前 | 称号 | 生年月日 | 没年月日 | 生母 | 備考 |
|---|---|---|---|---|---|---|---|
| 1 | 一皇子 | 稚瑞照彦尊 | | 明治6・9・18 | 同日 | 権典侍　葉室光子 | 死産、生母も死亡 |
| 2 | 一皇女 | 稚高依姫尊 | | 明治6・11・13 | 同日 | 権典侍　橋本夏子 | 死産、生母も死亡 |
| 3 | 二皇女 | 薫子内親王 | 梅宮 | 明治8・1・21 | 明治9・6・8 | 権典侍　柳原愛子 | |
| 4 | 二皇子 | 敬仁親王 | 建宮 | 明治10・9・23 | 明治11・7・26 | 同 | |
| 5 | 三皇子 | 嘉仁親王 | 明宮 | 明治12・8・31 | 大正15・12・25 | 同 | 大正天皇 |
| 6 | 三皇女 | 韶子内親王 | 滋宮 | 明治14・8・3 | 明治16・9・6 | 権典侍　千種任子 | |
| 7 | 四皇女 | 章子内親王 | 増宮 | 明治16・1・26 | 明治16・9・8 | 同 | |
| 8 | 五皇女 | 静子内親王 | 久宮 | 明治19・2・10 | 明治20・4・4 | 権掌侍　園祥子 | |
| 9 | 四皇子 | 猷仁親王 | 昭宮 | 明治20・8・22 | 明治21・11・12 | 同 | |
| 10 | 六皇女 | 女昌子内親王 | 常宮 | 明治21・9・30 | 昭和15・3・8 | 同 | 竹田宮恒久王妃 |
| 11 | 七皇女 | 女房子内親王 | 周宮 | 明治23・1・28 | 昭和49・8・11 | 同 | 北白川宮成久王妃 |
| 12 | 八皇女 | 女允子内親王 | 富美宮 | 明治24・8・7 | 昭和8・11・3 | 同 | 朝香宮鳩彦王妃 |
| 13 | 五皇子 | 輝仁親王 | 満宮 | 明治26・11・30 | 明治27・8・17 | 同 | |
| 14 | 九皇女 | 聡子内親王 | 泰宮 | 明治29・5・11 | 昭和53・3・5 | 同 | 東久邇宮稔彦王妃 |
| 15 | 十皇女 | 多喜子内親王 | 貞宮 | 明治30・9・24 | 明治32・1・11 | 同 | |

月号の巻頭に「皇室御写真画報」というグラビアを載せ、社長石川武美が巻頭言「皇室を家庭の御模範として」で、「皇室を御手本として、私たちの家庭が営まれてこそ、国も家も揺ぎなき繁栄を、望むことができるのである」と語りかけています。この語りの構造こそは、象徴天皇制として、戦後民主主義を体現することになった皇室像の原型にほかなりません。まさに天皇家―皇室の在り方は、時代の想いを仮託された語りを場にし、国民の心の襞に埋め込まれたのです。ここに象徴天皇制が広く受け入れられる基盤がなったといえましょう。

天皇家には沢山の子どもを産むことが求められます。その子らを適切に配分していくことは、政治的怨念を癒す営みであり、皇室の藩屏を堅くする作法だったのです。ちなみに秩父宮妃勢津子は京都守護職松平容保の孫娘、高松宮妃喜久子は将軍徳川慶喜の孫娘です。貞明皇后節子は、二人の子に戊辰の敗残者たる汚名を負わされた徳川宗家と会津から娶ることで、維新の傷痕を癒したのです。これは天皇家をめぐる家の戦略だというとらえ方もできましょうが、それが日本の国の在り方でもありました。

昨今、皇太子家に男子がないことで、第二夫人を持てばいいと発言して顰蹙を買った皇族がいますが、そうした発想は今に始まったことではなく、明治天皇にあっても最も忠良なる臣下が「それは逸楽のためでない」というかたちで進言しているのです。今日、天皇家のそうした部分をゴシップ的に言うことがあって、それを天皇に対する批判的な言動だととらえる研究者も見うけますが、かならずしもそうとは言えないように思います。こうした目線は、天皇に対するシンパシーを民衆が持っていることの表れではないでしょうか。天皇や皇室のゴシップに寄せる眼は「あの人たちも我らと同じだな」という感覚の表明にすぎません。ある意味、天皇に対するシンパシーのようなものが、さまざまなゴシップ譚を支えている背景にあるのではないでしょうか。

## 第五節　「国民」の創出と心身の管理

### 隊列・行進・運動会

明治維新当初の日本人像は、明治十一年に東日本を旅したイザベラ・バードの『日本奥地紀行』（明治十三年）によれば、小柄、がに股、猫背、胸がくぼんでいるとなっています。そのような姿は明治三十年ごろには変わってきます。カトリックのパリ宣教会のミッシェル・リボー神父は北海道の開拓地で生きる日本人のことをヤンキー的で、きわめて野心に富んでいると証言しています。

明治二十三年に島根県松江に赴任したラフカディオ・ハーン（小泉八雲）は、歌に合わせて行進する小学生の姿を見て驚いています。そのとき歌われていたのは「忠臣正成の歌」だったといいますが、これは有川貞清『小学生徒運動唱歌』（明治二十二年）の中の「楠公遺訓の歌」だと思われます（このときにはまだ小学唱歌「桜井の別れ」は存在しない）。さらに、松江城で開かれた周辺町村の連合大運動会でダンベル体操をしていることにも驚いています。この頃になると、日本の子どもも西洋式の集団的行動ができるようになっていたのです。

こうした隊列を組んでの集団行動は、明治十七年に刊行された小学校の教科書である若林虎三郎の『小学読本』第二の第二七課が説いているように、「好き軍人と為り他日事あるときは死を決し勇を振ひて敵と戦ひて我が　天皇陛下の厚恩に報い」る道だと説かれたのでした。

> 此は学校生徒等の仮に隊列を組みて操練するなり、汝等は幾組の隊列あるを見たりや、太郎は司令師と為りて諸隊を指揮せり、次郎は隊旗を持てり、一郎と鶴吉とは喇叭を吹けり、其の他は皆小なる鉄砲を持てり、太郎進めと令するときは諸隊は一斉に進み止れと云ふときは一斉に止れり、今は諸隊の止れる処なり、汝等は操練することを好むか、操練を学びて好き軍人と為り他日事あるときは死を決し勇を振ひて敵と戦ひて我が　天皇陛下の厚恩に報い奉らずばあるべからず

まさに小学校における隊列・行進は、集団行動を身につけることで、良き兵隊の育成でした。この作法は、社会人として、近代社会が求めた集団的規律を心身に刻み込む術でもあったのです。こうした運動会は、しばしば町村連合の大運動会としても開催され、町村ごとの愛郷心を競わせることで、規律ある行動を養成していく場となっていました。いわば大運動会の開催は、そこで集団行動の規範を示し合うことで、各町村の成熟度を計ったのだといえましょう。東京では、飛鳥山公園で王子区（現北区の一部）の運動会が開催されていました。これら学校や町村連合の運動会で行われる行進は、軍隊の行軍を支えるものでもあったのです。歩き方の問題は、ひとえに兵士の身体所作の問題に止まらず、組織行動をうながすことであり、国民を文明的な身体に改造していくことでした。

産業社会では、集団行動が必須であり、組織的な行動が求められます。今でも大工場に労働者たちが入るときは整列して入るような話もあり、機械に合わせて人間も機械化されるともいえましょう。

森有礼による明治十九年の兵式体操（大正二年より教練）の採用はそうしたことをめざすが故でした。森は、人間社会は「常在戦場」であり、国家間の関係は常に貿易という「常在戦場」の場であって、それに勝つためには組織的に訓練された行動を必須となし、その訓練こそが学校教育の要だと説き聞かせます。その意味で、体操はきわめて重要なものだったのです。また歩き方の改良がなされます。身体移動の仕方を変えるわけで、その一環としてたとえば東京師範学校では、明治十九年から行軍旅行を行っています。学校の遠足はこうしたなかから生まれてきたのです。

いわば学校教育では、西洋流の身体作法の枠にはめ込むことで、国民に相応しい身体の動かし方を身につけさせたのです。しかし日本には、「腰抜け」、「腹が据わっていない」「臍を固める」等々の言い方がありますように、腰や腹、臍に託して心の有りようを示したように、西洋の文明の風儀になじまない文化が根付いています。たとえば「躾」という字は、身についた礼儀作法を美しいとみなす意からうまれた国字、日本製の漢字にほかなりません。

軍隊は、こうした国民に相応しい身体行動を日常的に教え込む世界でした。軍隊内務書などの軍隊生活のマニュアル書である『歩兵須知』(明治三十二年)には日常の行動規範が具体的に紹介されています。この中の起居定則では、窓の開け方、井戸のポンプの押し方、水道のひねり方、あるいは靴の履き方、はては大小便の仕方まで、微に入り細に入り徹底的に教えています。二階から小便をするなとか、大便をするときに褌をどのようにしたら汚れないで済むかとか、細かい行動規範を教えていくことで兵士たちを躾けていったのです。

これは日本だけではなくて、植民地の台湾でも行っていました。明治二十九年に台湾総督府で出された『台湾適用作法教授書』には、「朝、起き出でてはシンジ(寝所)を清潔にし、寝具を片付くべし。顔と手を洗ひ、口をすすぎ、髪を梳り、イモン(衣紋)を整ふべし」「父母その他シンジョウ(身上)の人に会釈すべし」「(着席のときは)両眼は、前方に注ぐこと。口は、厳しく閉づべきこと。頭は、右左に傾かしめざること」。「両肩は、水平になすべきこと」。(略)「両手は、左右両側に垂下すること。下腹は、後方に引くべきこと。両脚は、軽く接し、膝より以下は、直角になすべきこと」などと書かれています。

こうした軍隊の起居定則が基本となって、歩き方、行進の仕方などを学校教育や社会教育で教えました。社会教育で言えば、昭和三年(一九二八)にラジオ体操が始まります。ラジオ体操は、逓信省簡易保険局の発案で始められますが、アメリカのメトロポリタン生命保険会社が健康増進、衛生思想普及・啓蒙のために考案し、広告放送として行なったものを簡易保険局が取り入れたものです。

ラジオ体操が最初に放送されたのは、昭和三年十一月一日午前七時の御大典記念放送でした。その後、昭和四年二月十一日の紀元節の日から全国放送になります。御大典記念と紀元節に保険局が始めたというところに、国家戦略がうかがわれます。

さらに、昭和五年には朝日新聞社が「日本一の桃太郎さん探し」というイベントを実施します。これは健康優良児の表彰です。このイベントは昭和五十三年に学校単位の表彰になり、さらに平成八年（一九九六）に廃止されるまで長く続きました。このようにして心身の管理は行われていったのです。

## 国語と国家と

身体の造形とともに、日本列島で使われている日本語を国語にしていきます。明治二十七年に上田万年が哲学館（現東洋大学）において、日清戦争の海戦に日本が勝利したことを祝って行った「国語と国家と」という講演で、「日本語は四千万同胞の日本語たるべし、僅々十万二十万の上流社会、或は学者社会の言語たらしむべからす。昨日われわれは平壌を陥れ、今日又海洋島に戦ひ勝ちぬ」と述べ、さらに「国語は帝室の忠臣、国民の慈母、国民の血脈」と問い語り、国語の重要性を主張します。かくて日本の学校で教えるのは「日本語」ではなく「国語」になります。外国人に教えるときは「日本語」ですが。

国家に関わる歴史は、「日本史」でなく、天皇をめぐる物語を「国史」として学校で教え、国民が共通の記憶をもつことで、国民としての一体性をもたせます。まさに国語と国史は国民の記憶の根として埋め込まれていきます。

このように、文明の流れの中で、国家が提示した鋳型に合わせて「国民」が造形されていきます。そのため方言は野卑な言という感覚が根強く残ります。国語は、東京の山の手言葉を軸にしたものです。西日本には自分たちを文化的エリートだと思い、関西弁は日本語の原形だという誇りをもち、変えようとしない人が多いようですが、東日本の地方には政治的敗者だから言葉までおとしめられているという感覚が強くありました。それらの地域言語こそが本来の言語なのですが、「国語」形成の過程でおとしめられたのです。こうした問題が、国語と国家という問題の背景にあります。

この思想は戦後も変わりません。ちなみに「国語の力」は、小学国語読本巻九（昭和十二年）と初等科国語八（昭和十七年）に掲載され、敗戦直後に一部が墨塗りされました。その墨塗りは、「皇祖皇宗」から書いてあるところで、「国語を尊べ。国語を愛せよ。国語こそは、国民の魂の宿るところである」「四千万同胞の日本語たるべし」という呼びかけは墨塗りされることなく残されました。その意味では、戦前の日本も戦後の日本も、原理的な部分では変わっていないのです。

## 井深梶之助の感慨

この「国民」という自覚はいつ生まれてきたのでしょうか。キリスト教の牧師で明治学院総理（学長）だった井深梶之助は、もと会津藩士で、横浜でクリスチャンになった人物ですが、日清戦争がもたらした精神的影響を次のように問いかけています。

第一に国民的精神の発達（略）夫れ人は他あるを知りて始めて己あるを知るが如く、国民も亦他国あるを知りて始めて自国あるを知るなり。試みに王政維新前のことを想い見よ。非凡の学者は格別、通常の人は己の生国又は藩あるを知りて、日本国又は日本国民なるものあるを知らざりき。現に余輩の学校に在る時に日本国民と云う詞を聞きたる覚えなし。只常に耳にしたる所のものは、江戸将軍家、薩摩、長州、土佐、鍋島、尾州、紀州、水戸、越前等と云う名称なりき。成る程偶には、日本、唐土、天竺等の語を耳にせざるに非ざれども、実に茫々漠々として雲をつかむ如き考えなりき。実に余は会津藩士たる我なるを知りたれども、日本国民たる我あるを知らざりしと云いて可なり。（略）況んや愈々今回の戦争にして我が帝国の大勝利に帰するに於ては、此の国民的精神即ち愛国心の大発達を見るや疑いなし。（「社会改良の前途に就いて」明治二十七年九月、於横浜女子夏期学校）

日清戦争は、日本人に国民意識を実感させる場となり、さらに中国に対するコンプレックスをぬぐい去る一つのきっかけとなりました。それは日露戦争後に日本人の大国民意識を高めていくことになりました。いわば日本は、日清・日露戦争に勝利することで、維新以来の悲願であった「欧州的帝国」となり、文明を謳歌する世界に場を占め、現在のようなかたちである国民が造形されたわけです。

この国民を造形するのはきわめて時間がかかる作

業であり、昭和にはさらに強められたのです。昭和期には、国家が記憶すべき記念日ごとの講話を集めた実践青年学校編輯部編『月暦青年学校講話資料大成』（昭和十一年）が出されますが、国家祝祭日の意味をはじめ、楠木正成・正行らの事績等々を素材に、「日本国民」としていかに生きるかが繰り返し説かれました。ここには、天皇に忠義な日本国民意識の形成に政府が苦慮している様相がうかがえます。

いわば民衆には、国民意識よりも、郷党的意識、故郷への想いのほうが格段に強く心をしめていたのです。その故郷意識が現在でも典型的に現れるのが夏の甲子園だといえます。このような事柄を見ながら、日本の在り方を見てみると、今までの国家史とは違う面から、歴史を読むことができます。

また、いまだに会津は会津です。皇室は、戊辰内乱がもたらした亀裂を克服するためにも、秩父宮雍仁親王妃や高松宮崇仁親王妃に会津藩や徳川将軍家の血を入れることで、旧佐幕派との折り合いをつけていこうとしたのです。それくらい皇室は明治維新の禍根を意識していました。この営みは、ある意味で言えば、日本の郷党的な意識、パトリオティズム的なものを日本という国家に取りこんでいくためになさねばならない作法だったといえましょう。日本は、郷党的世界を強くかかえこむことで、国民国家の枠組みを造形すべく苦闘してきたのです。

第三章

# 戦争の構造

**宮城で最も神聖な宮中三殿近くにある振天府**

東西82尺、南北20余尺。正面に小松宮彰仁親王書の題額。南側に海軍、北側に陸軍の戦利品を陳列。（本文110頁）

アリス・ウォーカーが文章を書き、ステファァーノ・ヴィタールが絵を描いた『なぜ戦争はよくないか』（長田弘訳　平成二十年）という絵本があります。

この絵本は「戦争は なんでもできる。どんな国の言葉も話すことができる。でも カエルたちに、何をどう話せばいいか、戦争はなんにもわかっていないのよ」という語りかけからはじまります。続けて「カエルたちは、戦争なんか見たことがない。すがたをかくして近づいてきて、カエルたちを押しつぶし、ぺちゃんこにしてしまう。戦争を運んでいく車の 巨大なタイヤなんか 見たことがない。戦争だって、じぶんの考えはもっているわ。だけど、けっして知ろうとはしないのよ。じぶんがいまおそおうとしているのが、だれなのかを」と、母親と子どもの幸せな時間、生命が息づく森の営みを破壊する荒涼たる世界を絵で描き、子どもたちに戦争とは何かを想像させようとします。


戦争は たくさん経験を積んでも、すこしも賢くならないのよ。じぶんのものじゃない、どんなものも、戦争は、へっちゃらで 破壊してしまうの。戦争よりもずっと ずっと古いものだって、へっちゃらで。

戦争は、不愉快なものよ。じぶん勝手な、とてつもない 大食らい。戦争が食べないものが、何かある？ きりなしのよだれくりなの、戦争は。ほら、戦争が、むしゃむしゃ、村を食べてるわ。たくさん、人の集まるところに、ミサイルで、大きな穴をあけて。

戦争が、食べつくした、あとに、のこるのは、大地に、たまった、唾液みたいな、ぬるぬるとした、水たまり。それが、しみだして、地下水に、まじって、村の、井戸水に、入りこむ。

戦争はひどい味がする。いやなにおいがする。人のからだを、むしばむ、異臭や、思いもよらない、副作用のことなど、戦争は、けっして考えないのよ。ひとくち、飲むごとに、みんなを、病気にしてしまうのが、戦争のしみこんだ、水なの。

だからって、鼻を、つまんで、そして、息を、しなかったら、死んでしまう。

これが、戦争のために、この地球に生きる、とてもすてきな人たちの、身に いま 起きていること。それでも、戦争は正しいというなら、ある日、みんな、飲まなければいけなくなるわ、戦争のしみこんだ、水を、この場所で。

ここには、戦争が姿を隠し、人びとの平和な日々にしのびより、その暮らしを破壊することを描き、子どもたちに戦争とは何かを象徴的に問い語り聞かせ、戦争がもたらす惨状を子どもの心に想像させ、「なぜ戦争はよくないか」に想いいたらせる世界が展開しています。では日本では、この絵本が問いかけた戦争の世界を、どのように語り聞かせてきたのでしょうか。

本章では、日本の子どもが「戦争のしみこんだ水」をどうして飲むこむことができたのか、日本はどんな国になっていったのかを、日本が行った戦争を問い質す作業を通して考えてみることとします。

## 第一節　『尚武須護陸』の世界

### 小学校の教場から靖国へ

日清戦争前夜の明治二十六年（一八九三）十二月に発行された『尚武須護陸』なる双六がありました。この「武を尚んで須らく陸を護るべし」という意味で命名された双六は、模造紙大、色刷りで、東宮侍従子爵小笠原長育の考案したもので、皇太子（後の大正天皇）の御意に叶い、「東宮殿下御宸覧」「畏こき御辺へ奉りたるに御意に叶ひ御愛玩一方ならず実に有益なる双六なり、趣向は専ら本邦の子弟をして尚武の気風を惹起磨るにあるものなれば、振出しの小学生徒に始まり、徴兵軍人志願より尉官佐官中将大将に至るまで十数段に頒ち身を立て名を揚げて国家の干城となり、栄誉を身後に赫々たらしむるにあり、真に家庭教育に有益なるのみならず亦以て修身斉家の一助ともならんか」との宣伝文で売り出されました。そこには、日本の子どもにとり、「戦争のしみこんだ水」を飲みこめばいかに美味しい世

尚武須護陸
靖國社

界に出会えるかが、きわめて見事に描き出されています。

双六の振り出しは小学校の教場、上がりは「大将」と「靖国社」です。この双六で実際に遊んでみると、生きて大将まで行くのは至難の業といえるくらい大変ですが、もう一つの上がりである靖国神社にはきわめて速く行きつきます。そこには、実に酷薄なまでリアルに、国家が求めた人生行路が映しだされていました。

振り出しは、「将官ニ昇ルモノハ賞品ヲ受ク」。学術がいいと、賞品がもらえることになっています。サイコロを振って「一・二・三」の目が「軍人志願」、「四・五・六」が「徴兵」になります。「徴兵」のところも大変リアルで、「四」と「六」とは博打で言えば「四六のブタ」ですから、不合格で振り出しに戻ります。「一・三・五」が「カブ」の合格で「兵卒」になります。「兵卒」になると一・三が「士官候補生」、二・五が「軍曹に抜擢」、四が出ると「死」の語呂合わせよろしく「軍律ニ触レ銃殺（退局）」でゲームから離脱。六が「一年志願兵満期ノ後予備少尉トナル（少尉となり退局）」で、やはりゲームから降ります。一年志願兵制度は明治十六年に導入されたもので、中学校卒業以上は軍役に一年間つけば免除されました。戦時に予備役で召集されたときの実戦部隊の指揮官を想定したものです。当時、村で中学校に進める者は、現在の大学進学者よりも少数で、地主等の子弟に限られており、将来の村を背負うことになります。そこで「少尉」に任官して退役、ゲームから降りるわけです。

「軍曹」では、一・五が「曹長」、四が「軍律ニ触レ兵卒」となり、六が「士官候補生」になります。「曹長」では、一が「抜群ノ戦功」で「少尉」に任官、三が士官候補生、六が「戦死、靖国神社ニ祀ラル」となり、最初の上がりとなります。次の早い上がりは、「少尉」で「戦死、靖国神社」、ついで「少佐」で「戦死、靖国神社」。ここには、小隊・中隊・大隊という実戦部隊の指揮官が戦死率の高いことが想定されており、軍隊の構造がきわめて具体的に描き出されています。

双六は、「軍人志願」者が一・六で幼年学校「生徒」、三で「士官候補生」になりますが、四が幼年学校に不合格で「兵卒」となり、六が病気で「一年休学」となりゲームを一回休むことになるなど、軍人の人生行路を忠実になぞって展開していきます。「幼年生徒」は、過酷な競争にさらされており、一・二・五で士官候補生への道が開かれるものの、三で一年間休学、六が「学術劣等」で「兵卒」にもどされます。「休学」となればゲームを一回休むことになります。「士官候補生」に進んだ者は、一・六で順当に見習士官となれますが、三が一年後に見習士官となるため、一回ゲームを休むこととなり、六だと「学術劣等」で「兵卒」にもどされます。「見習士官」では、軍隊内の過酷な出世競争にさらされ、一だと「貶セラレテ曹長」に格下げされる運命が待ちうけていますが、二・三・五だと少尉に任官できます。

「少尉」となれば、一・五・六が中尉への進級、二が一年後の中尉進級となり、ゲームを休みますが、三が「戦死、靖国神社ニ祭ラル」という上がりになります。「中尉」では、三・四が順当な大尉進級、二が一年後の進級、五が「一年間休職」となり、それぞれが一回ゲームを休みます。「大尉」では、一で少佐に進級できますが、四が「一年間停職」でゲームを一回休み、六だと予備役編入で大尉のまま一か四の目が出るまでゲームを続けるわけです。

「少佐」では、一が「戦時功ヲ以テ中佐ニ任ジ、一年後大佐ニ特進」できます。三が中佐進級ですが、二で休職の憂き目に遭うか、四の目で「戦死、靖国神社ニ祭ラル」かどちらかの道しかありません。「中佐」では、一・三で大佐に進級できますが、二が一年間の病欠でゲームを休みます。「大佐」になると二が戦功で少将に進級できますが、三が一年間休職、四が「名誉進級」で少将となり、賞品をもらって「退局」、ゲームを終わるか、六の「年齢満退後備」となり「退局」の運命となります。

さらに「少将」に進級した者は、一で中将へ進級しますが、二が「願ヲ以テ一年間各国ヲ巡遊ス」るか三の予備役編入の道しかありません。運よく「中将」に進級しても、歴戦の功で大将という上がりにたどりつくには三の目が出なくてはならず、一で予備役に編入され、貴族院議員になりゲームを終了するかです。まさにこの双六で「大将」にたどりつくのは至難の業といえましょう。

　この行程は、現実の軍人世界そのものがリアルに投影されており、子どもたちの将来をみごとなまでに追体験させるものといえます。子どもたちは、この人生双六である「尚武須護陸」で遊ぶなかで、「末は博士か大将か」ではなく、「末は靖国神社」という観念を身体に刻み込まれたのです。

## 教科書が説き聞かせた世界

　小学校では、国語の読本などで、こうした人生行路をたどるよう教えていました。明治二十年（一八八七）に刊行された文部省編『尋常小学読本』では、小学校二年の巻二第二〇課「兵士」、巻三第二五課「招魂社」を学びます。「兵士」は、さきに紹介した「隊列」で身につけた世界をふまえ、「国のために」戦う兵士になる覚悟を説き聞かせたものです。

　兵士は、国のために、てきとたゝかひて、吾等を守り、二つなき命をも、をしまぬものなれば、つねにたうとみうやまふべし。吾等、今は小児なれども、二十歳に至る時は、皆兵士となりて、今の兵士に代り、勇ましくわが国を守らん。げに勇ましきは、兵士なり。よせくるてきのある時は、わが日の本の国の、ため、おのが家をも、命をも、何か惜まん、惜まじと、大づゝ小づゝ打ちたつる、畑の中をくゞりぬけ、われおとらじとすゝみ行く。向ふところは、くろがねのしろの門をも打ち破り、向ふところは、むらがれる人の山をもかけくづし、其いきおひは、やいばもて、あだかも竹をわる如し。げに勇ましきは、兵士なり。

「招魂社」では、靖国神社の大鳥居と社殿の挿絵をいれ、国のために命をおとしたものを祀り、その功を語り継ぐ神社の由緒が説かれています。

　招魂社は、吾等の国を守る為めに、いのちをおとしゝ人を祭れるやしろなり。故に、吾等、招魂社にまゐる時は、信実に其恩を謝すべし。つぎに、招魂社の歌をしるす。

　命を捨てゝ、ますらをが、たてし功は、あめつちの、有るべきかぎり、語りつぎ、いひつぎ行かむ、後の世に。
妻子にわかれ、親をおき、君が御為めとつくしたる、其いさをこそ、やまざくら、後の世かけてや、なほかをれ。
親きやうだいの名をさへに、かゞやかしたるますらをは、此世にあらぬ後もなほ、国のしづめとなりぬべし。

さらに明治二十七年に刊行された今泉定介・須永和三郎編『尋常小学読書教本』は、明治二十四年の文部省令第一一号小学校教則大綱に準拠し、「修身、地理、歴史、理科、其の他、日常の生活に必須為る事項」をのせたものですが、巻八の第二三課「兵役と租税」を最終学年で学ぶことになっています。それは、国民たるものの二大義務として、兵役と租税を説明したものです。

兵は国を守るに、一日も欠くべからざるものなり。若し、兵の備なければ、国内の乱をおさへ、外国の侮を防ぎ、又、進みては、其の国の威光をかゞやかすこと能はざるべし。されば、我が国に於ては、徴兵令ありて、全国の男子は、満十七歳より、満四十歳まで、すべて兵役に服すべきものとし、之を常備兵役、後備兵役、国民兵役の三となし、天皇陛下、親ら之を統べ給ふ。
又、政府にて、人民を保護するためには、年々多くの費用を要する故、政府は人民に割りあてゝ、其の費用を徴収す。之を租税といふ。

租税には、国税と地方税、市町村税があることを紹介し、「此の兵役と租税とは、実に国民たる者の二大義務なれば、我が帝国の臣民たるものは喜びて其の義務を尽すべきなり」と結んでいます。

日本の国民皆兵は明治二十二年一月の徴兵令改定で徹底されました。この改定は、徴兵猶予制を延期制に改め（「国民皆兵」の原則確立）、師範学校卒業者の六箇月現役制度、中学校以上卒業者の一年志願兵制度を規定しています。六箇月現役制度は同年十一月に六週間現役兵制に改められました。六週間現役兵制度は、教育現場を担う師範学校卒業生を対象にしたもので、小学校の先生だけに六週間の兵役で済ませる特典をあたえ、一般兵役よりも特段の厚遇をしたものです。この特典は、小学校の先生に軍隊体験を積ませ、軍隊体験をふまえた教育を子どもにすることで、小学生を良き兵士に育てたいとの思惑から生まれたものです。六週間現役兵で入隊した先生は、軍隊の「お客さん」として、内務班生活でも何かと厚遇されました。

まさに子どもたちは、『国語読本』が説き聞かせた靖国につらなる兵士の世界を、「尚武須護陸」という人生双六の遊びを通して心身に深く刻み込まれたのです。ここには、日本の兵隊が範とした軍人勅諭が説き聞かせた生き方と死に方が、見事なまでの構図で提示されています。

「軍人勅諭」は、頭首たる天皇の言葉として、兵たる者の世界を問いかけ、天皇の軍人として生きる道を指し示したものにほかなりません。この「軍人勅諭」を敷衍するかたちで、総力戦に対応すべく昭和十六年（一九四一）には「戦陣訓」が出されます。「軍人勅諭」の昭和版が「戦陣訓」だとも言えます。「戦陣訓」では「生きて虜囚の辱めを受けず、死して罪禍の汚名を残すこと勿れ」が特に強調されますが、この一言だけではなく「軍人勅諭」を昭和の時代に平易に説いたものとしての側面もあります。いわば日本の軍隊は、天皇の兵として、靖国に行くことを至高の価値とする構図に支えられることで、はじめて戦闘集団となりえたのです。

## 大陸国家をめざし

日本は、このような軍隊を養成することで、どのような国家をめざしたのでしょうか。総理大臣山県有朋は、明治二十三年（一八九〇）の第一議会で「外交政略論」を問い語り、弱肉強食の世界で生きねばならない若い日本がとるべき戦略と政略を提示しました。この政略こそは、その後の日本の基本政策となり、「欧州的帝国」への道を歩もうとする日本の指針となったものです。山県は、国を守るには「主権線」である国境で守るのではなくて、国境の外側にある、国家の利害にかかわる領域を「利益線」となし、この利益線を進んで守ることが肝要なのだと論じています。

「主権線」「利益線」をキーワードにした「外交政

略論」は、アフガニスタンをめぐるロシアとイギリスの確執抗争をはじめトルコの問題や、アジアが覇権をめざす列強の競争場裡にあることなどを、当時の世界状況を見きわめて的確に分析し、日本をめぐる国際情勢を具体的に分析したものです。そこで日本が国を守るにあたって当面とるべき重要な戦略は、国境で守るのではなく利益線で守ることだと論定し、当時の利益線である「朝鮮」を確守することが日本のために必要だとしています。

この政略は、朝鮮を日本の影響下に置き安定させることをめざし、清国を排除すべく日清戦争となり、朝鮮半島へのロシアの介入を阻止すべく日露戦争へと走り、やがて韓国併合で、朝鮮を日本の植民地とします。朝鮮が日本の主権線に入ってくると、鴨緑江を挟んで向こう側、すなわち中国の東北部が利益線になります。そして中国東北部に日本が満州国をつくると満洲国の安全を保つという論理で、日本は長城を越えて城内に侵攻していくこととなります。

ここに説かれた「利益線」の概念こそは、昭和になると「満州は日本の生命線だ」という主張となり、大陸侵攻をうながす国民的熱気をささえた哲学を生み育てたものです。まさに日本は、明治維新の時に想い定めた「欧州的帝国」たるべく、山県の外交政略論を旨となし、大陸に足場をもつ大陸国家への道、大国をめざしたのです。

こうした大陸国家の構想に対し、日本は島国、すなわち海洋国家だから、周辺諸国と友好関係を結んでいかなければならない、という道義国家をめざす発想もありました。これは小国論の発想につらなり、諸外国から尊敬を受ける国になるためには、軍事力ではなく国家としての道義性が問われる、という主張になります。このような構想は、内村鑑三らが説き、昭和期に石橋湛山などが表明した見解につながります。この小国論は、当時の植民地争奪戦という状況下にあって、理想論と言われても仕方ないかもしれません。かくて日本は、山県が説いた主権線と利益線という論理を交互に繰り返すことによって、大陸に足場を持つ国家への道をめざしたのです。

大陸国家をめざすための国家構想によって、陸軍が主で海軍が従というかたちが軍編成の論理となり、参謀本部は陸軍が主体でした。海軍の独立は明治二十六年の海軍軍令部条例をまたねばなりません。このとき戦時大本営条例が作られました。また陸軍の編成原理は、それより七年前の明治十九年に鎮台編成から、王師の軍ということで師団編成に改定され、対外戦備に備えます。かくて対外戦備への対応は、陸海ともに固有の統帥部を設け、戦時大本営条例を作ることによって、体制を整備構築することで確立します。こうした軍隊編成を指導したのは、プロシア陸軍の俊英といわれたメッケル少佐です。メッケルは、フランス軍制の強い影響下にあった日本の軍隊をして、プロシア軍制を徹底的に教え込むことによって外征軍に相応しい近代軍隊に育成していきました。

　当時の講義録には、図上演習や実戦演習の場所として、茨城県の筑波地域が登場します。筑波山を山、霞ヶ浦を海に見立てての演習です。ちなみに牛久市女化《おなばけ》には明治十七年の近衛砲兵大隊演習に行幸した「明治天皇駐蹕之地」の記念碑があります。大元帥陛下として演習に臨む天皇の雄姿は、愛知県における初の陸海軍合同大演習が「雨中の統監」として語り継がれたように、天皇をめぐる記念碑を器として想起され、天皇「神話」を誕生させていきます。

## 一〇年ごとの戦争

日本は、「欧州的帝国」への道をひた走り、日清戦争以後ほぼ一〇年ごとの戦争で国家の明日を打開しようとしています。

| | | |
|---|---|---|
| 一八七四年 | 明治 七 年 | 征台の役 |
| 一八七五年 | 明治 八 年 | 江華島事件 |
| 一八九四年 | 明治二七年 | 明治二十七八年戦役<br>（日清戦争） |
| 一九〇〇年 | 明治三三年 | 北清事変 |
| 一九〇四年 | 明治三七年 | 明治三十七八年戦役<br>（日露戦争） |
| 一九一四年 | 大正 三 年 | 対独宣戦布告<br>（欧州大戦参戦） |
| 一九一八年 | 大正 七 年 | シベリア出兵 |
| 一九二八年 | 昭和 三 年 | 済南事変 |
| 一九三一年 | 昭和 六 年 | 満州事変 |

一九三二年　昭和 七 年　上海事変
一九三七年　昭和十二年　支那事変（日中戦争）
一九四一年　昭和十六年　対米英宣戦布告
（大東亜戦争）

近代日本の戦争の歴史は、この年表に読みとれますように、「明治二十七八年戦役」と呼称された日清戦争が一八九四〜一八九五年。ついで明治三十三年の義和団鎮圧に出兵した北清事変を日本は「欧州的帝国」たる文明国の仲間入りができるか否かの試験ととらえ、欧米列強の一翼として出兵し、その軍事力を誇示し、アジアを抑圧する側の戦力となりうることを証明しました。「明治三十七八年戦役」と呼称された日露戦争が一九〇四〜一九〇五年、さらに「欧州大戦」と呼称された第一次世界大戦への参戦が大正三年（一九一四）で、続けてロシア革命に干渉するために大正七年にシベリアに出兵し、そこからの撤兵が大正十一年（一九二二）。シベリア出兵から十年後の昭和三年には、五月に北伐を再開した国民政府軍を山東出兵中の日本軍が阻止しようとした済南事変、六月に奉天へ引揚げようとした満州軍閥の張作霖を満州の安定支配をめざした日本の関東軍が爆殺しました（満州某重大事件）。この年十一月十日に昭和天皇の即位礼が京都紫宸殿で挙行されました。昭和六年の満州事変はシベリア撤兵からほぼ一〇年後に起こったことになります。さらに満州事変から一〇年後が対米英宣戦布告、大東亜戦争となります。大東亜戦争という呼称は、支那事変をふくめたもので、平時と戦時を分ける時期は昭和十六年十二月八日午前一時三〇分とされました。日本は、ここではじめて「戦役」「事変」でなく「戦争」という呼称を用いていますが、みごとなほどに一〇年刻みで戦争をしてきたわけです。

日本は、一〇年ごとの戦争を通して、孤立した国際状況や閉塞した国内状況を打開しようとしたと言うことができます。そうした意味では、昭和二十年（一九四五）の敗戦以後戦争をしていない現在日本の状況は、戦争の時代を生きた人びとから見たら考えられないものかもしれません。

日本は、昭和二十年八月十五日に終戦詔勅が出されて終戦となり、九月二日に降伏文書に調印し、敗戦国となり、アメリカを中心とした連合国軍に占領されました。九月二日の降伏文書調印についてはなぜかあまり目が向かず、八月十五日ばかりが話題となります。この八月十五日は、お盆行事の一端として、死んだ人を回想し、平和祈願のお祭りとなりました。そのため、戦争の惨禍に眼がむけられるものの、日本が遂行してきた戦争の歴史があまり直視されなかったのではないでしょうか。

この終戦から二〇年後の一九六五年（昭和四十）は、日韓国交がようやく正常化した年ですが、その六〇年前の明治三十八年（一九〇五）は日露講和が成り、日本は樺太南半を領有、関東州を租借して、東アジアの覇者になる道を採った年です。私たちは、一般的に歴史を単線的に上から下に年代順に見ていきますが、年表を逆に前に遡って見てみると、しばしば歴史の構造の深さを読みとることができます。

ちなみに昭和二十年八月、ソ連軍が満州に侵攻、日本軍を追撃、進駐したとき、スターリンは、その父兄がかつて受けた国民的屈辱を雪いでその仇をとったと赤軍将兵をねぎらい祝福し、「日露の悲痛な記憶、四〇年間の汚点を今払うことができた。ついにその日が来た」と語っています。しかしロシア革命を主導したレーニンは、日露戦争における日本の勝利をロシアの「専制を壊滅させた日本のブルジョアジーがはたしているこの革命的任務」と評価し、帝政を破壊するきっかけとなった、と「旅順の陥落」（『フペリョード』第二号　一九〇五年一月十四日）で評価しています。そうした視点から歴史を見ると、このレーニンと四〇年間の恨みを晴らしたと高らかに宣言した後継者スターリンとの差異に、日本の一〇年ごとの戦争にひそむ闇の奥深さが見えてくるのではないでしょうか。

## 第二節　軍人勅諭の下で

### 「頭首」天皇の下に

日本の戦争を支えたのは明治十五年（一八八二）一月四日に下賜された軍人勅諭でした。軍人勅諭には「朕は汝等軍人の大元帥なるそ、されは朕は汝等を股肱と頼み、汝等は朕を頭首と仰きてそ、其親は特に深かるへき」と書かれています。徴兵された兵卒は、軍人となるべく「戦時事変に際し物の用に立たんが為」に教育を受けました。その内容は『歩兵須知』の類の軍隊生活を解説したマニュアル本に読みとることができます。

日露戦争時に刊行された『改正歩兵須知』（明治三十七年）は、冒頭の第一章「徳育」第一節「国体」で「国号」「皇室」「年代」等から「臣民」に説き及びます。「臣民」は「全国習慣を一にし、血統を同じくし、国家の組織殆んど一家と異ならず、君主の臣民を愛撫し給ふは恰も慈母の赤子に於けるが如く、臣民の君主を尊崇するは孝子の厳父に事《つか》ふるに似たり、是億兆の臣民が忠君愛国の至情に富む所以なり、殊に軍人は畏《かしこ》くも　天皇陛下が股肱《ここう》と頼ませ給ふ所なり、須く国家の干城たる至忠、至孝臣子の本分を尽し、益々皇威を発揚し金甌無欠の国家を守護し、以て　皇恩に奉答すべきなり」と位置づけられています。第二節「皇室と軍隊との関係」では、この親子関係とされた君臣の在り方をふまえ、厳父たる天皇が頭首として軍人を親しく統率することを述べています。

我国の軍隊は　天皇陛下躬《みずか》ら率ひ給ふ御制《おんおきて》にて古《いにしえ》より今に至るまで軍人は　皇室に隷属して能く国体を維持し　皇室と軍隊とは寸時も離るヽことなし、是れ我国の外国より未だ以て侮《あなどり》を受けざる所以なり　勅諭に「朕は汝等軍人の　大元帥なるぞされば　朕は汝等を股肱と頼み汝等は　朕を頭首と仰ぎてぞ其親《したしみ》は特《こと》に深かるべき」と仰せ置かる、以て我国の軍隊は直接に皇室に隷属し其関係最も深く、無上の光栄と重任を負ふものなり

まさに天皇は「頭首」であると宣言しているように、子である「臣民」たる部下を厳父のごとく親しみ深い親分として統率する原理が天皇の統帥権になります。ここに日本の軍隊は天皇の軍隊として存在し、「頭首」たる天皇に「股肱」の臣として仕える道を、第三節「軍人精神」で軍人勅諭が提示した「軍人精神五カ条」で己が身を律することを説き聞かせています。

軍人は忠節を尽すを本分とすへし。

軍人は礼儀を正しくすへし。
軍人は武勇を尚ふへし。
軍人は信義を重ずへし。
軍人は質素を旨とすへし。

この軍人精神の「忠・礼・武・信・質」は、「軍人精神は即ち大和魂のみ武士道のみ」（明治二十二年九月「野外要務令」）、「軍人精神は何ぞ大和魂なり武士道なり」（明治四十年十月改正「野外要務令」）と位置づけられていくように、大和魂たる武士道につらなるものです。そこでは、「困苦」を忍び、「欠乏」に堪え、「危険」を畏れず、受けた「任務」は全力を尽くしてこれに当たり、「恥」を知り、「名」を惜しみ、「命」を捨て、「義」を取る者であることを、軍人に強く求めました。そして、「軍人精神の欠乏せる軍人」は「偶人」、でくの坊にすぎない人形で、役に立たない存在となし、軍人たるもの軍人精神を失わないように、と厳しく戒めています。いわば日本の人民たる民衆は、徴兵され「軍人さん」となることで、天皇の股肱の臣たる侍に相応しい精神とされた「武士道」の体現者として生きねばならなかったのです。このような軍人精神を戦場で貫いた者に与えられた特別の勲章こそが金鵄勲章にほかなりません。

金鵄勲章は、神武天皇東征神話に語られている「金色の霊妙なる鵄」が天皇の弓の弭に止まり、ナガスネヒコの軍勢を幻惑し、戦闘意欲を失わせたとの故事に由来する特別な勲章で、明治二十三年（一八九〇）二月十一日の紀元節の日に皇紀二五五〇年記念として創設されたものです。それは、天皇に服従しない者を撃つ王師の軍人として戦場で功績をあげないともらえない勲章で、功一級から功七級までありました。その特徴は受章者に終身年金が下賜されたことです。たとえば日露戦争のときには大山巌や奥保鞏という将官が功一級をもらっています。年金の額は、明治二十七年九月二十九日の勅令第一七三号「金鵄勲章年金令」によれば、功一級が九〇〇円、功七級で六五円です。この年金額は、昭和初頭の二等兵の月給が八円だったことを考えると、いかに大きな額だったかがわかります。ただし、昭和になると授与者が多いこともあって、この年金が国家財政に響いてきたので昭和十六年に一時金に代わり、さらに生存者には授与せず、戦死者のみということになります。

この授与者は、日清戦争のときは二〇〇〇〇人、日露戦争のときは一〇万九〇〇〇〇人、欧州大戦が三〇〇〇人、満州事変が九〇〇〇〇人、支那事変が一九万人、大東亜戦争になってくると六二万人と、ウナギ登りに多くなっていますが、戦争の拡大犠牲を投影したものです。昭和二十二年にこの制度は廃止されますが、現在でも父や祖父の事績を語る際に金鵄勲章は家族の名誉として想起されています。

## 御府の世界

明治天皇は、「頭首」として、己のために戦死してくれた将兵を追悼祈念する場として、日清戦争の戦死者を祀った振天府、北清事変のときの懐遠府、日露戦争のときの建安府を造営しました。それは「御《ぎょ》府《ふ》」と呼称され、やがて大正天皇が「欧州大戦」である第一次世界大戦に参戦した青島の戦役とシベリア出兵の惇明府を、昭和天皇が済南事変・満州事変・上海事変にかかわる顕忠府をそれぞれ造営していきます。その場所は宮城内（現皇居）において最も神聖な場所である宮中三殿の近くです。

「振天府記」は、その由来につき、日清戦争の「凱旋の将士獲る所の兵器諸物を献」じてきたので、天皇がこれらの物は「貴ぶに足らず、然れども皆朕が将士が血を蹀み屍に枕し、万艱報効の致す所なれば之を後世に伝えなければならない」と記しています。そこで勅して一府を造り、これを蔵める建物を造営し、名づけて「振天府」とします。その想いを天皇は次のように語ったといいます。

> 凱旋する者は賞を受くる差あり、而して死する者は与らず、朕太だ焉を戚《いた》む。宜しく親王以下諸将校の肖像を徴し、士卒の姓名を録し、併せて之を府に蔵め、朕が子孫及び朕が子孫の臣民たる者をして斯の府を観て以て征清将士の尽忠を知らしむべし。

振天府には、本館に戦利品、参考館に皇軍使用の兵器類、準士官以上の戦病死者の写真、将校以下全戦病死者の名簿と記念品を保存しました。戦死者は陸軍一万二〇一一人、海軍三三四人。ちなみに広場には、清国北洋艦隊の異型の大錨・地雷鑵、丁汝昌邸の庭石、艦隊の主力艦であった定遠・威遠の艦材で造った植木鉢、黄金山砲台に掲げられていた李鴻章の筆になる「北洋鎖鑰」の各一字を刻した四個の石額等々を置きました。

こうした御府に寄せる想いを明治天皇は詠んでいます。

よとともに語りつたへよ国のため
　命をすてし人のいさをを
くにのため心も身をもくだきつる
　ひとのいさををたづねもらすな

各御府には、懐遠府が戦病死者一三五一人、建安府が陸軍八万五一七五人・海軍二九二五人、惇明府が陸軍四〇三一人・海軍四四二人、顕忠府が昭和十一年十二月現在で陸軍六三五四人・海軍四三六人、其の他一四〇人が祀られていると、皇紀二六〇〇年の昭和十五年に紹介されています。まさに明治天皇は、「国のため命をすてしますらをの姿をつねにかかげてぞみる」と詠んだように、厳父として亡き子たる「ますらを」に想いをはせることで、君主たる己の場を省みようとしたのです。そのため明治天皇は、皇太子をはじめとする皇族にしばしば御府に参るようにと言っています。いわば天皇・皇族らは、御府を器として、そこにある記録や遺物が問いかけてくる死者の声に耳を傾け、その死にまつわる記憶を想起し、この者たちの死によって現在の己の場があり、国が存在することを確認しようとしたのです。

高等師範学校卒業生には、明治末年から卒業時に、御府を拝観することが許されました。それは、教師として、天皇の良き股肱となる臣民を育てることへの強い期待にほかなりません。それだけに御府参観は特別な恩典とみなされたのです。西本願寺の教誨師は、「聖上陛下の思召に依るものにして高位大官の者と雖も容易に此光栄に浴する能はざる処（略）破格の御取扱ひにて無上の名誉」となし、「之を伝へ聞く囚徒も恐くは無窮の聖恩に感泣せざる者は無かるべし」（『教海一瀾』四一七号　明治四十一年五月三十日）と、拝観した感激を報じています。

明治天皇が御府を造営した事績は、大正天皇、昭和天皇に引き継がれ、統帥大権を担う「軍国の皇帝」

たる軍事的天皇としての相貌を国民にあらわしたのです。

大正天皇が造営した惇明府は、「青島の役我が軍奮戦一挙勁敵を攘い、以て日英同盟の信義を顕にす。将士凱旋して捷を献ず」と、日英同盟の信義を重んじた戦争との想いを表明したもので、青島・南洋・シベリアの分類で戦病死者の写真・名簿と戦利品が納められています。

顕忠府は、昭和天皇が、「一身を君国に捧げたる将兵の忠勇を嘉せられ、戦病死将兵全員の名簿、写真、並戦死者及殊勲者等の使用せる軍服、兵器、携帯品は其主要なるものを御手元に永遠に御収蔵被遊るるの大御心」を以て、家屋造営を昭和七年十月に下命、宮内省、陸海軍省がそれぞれ分担し、各師団と連絡をとり、献納品の選定、陳列にあたり、三年余の日時を費やし、昭和十一年十二月に完成し、十二年四月に初めて一般有資格者の拝観が許可されました。明治天皇の事績に倣っていることがうかがわれます。天皇は、写真が広く普及しているから、戦死者の写真を下士官兵まで全部集めるようにと指示したといいます。

陸軍少将勝尾信彦監修・陸軍歩兵大尉鷹林宇一編『軍隊精神教育資料』(昭和十五年改訂)は「顕忠府拝観記」を次のように認めています。

静寂深遠の大内山深く、何時も乍ら心身の引しまる思ひして歩を進むれば、吹上御苑の一角、振天府と建安府との中間広場の一隅に、木の香新しき総檜二階建、宮殿造の顕忠府を拝す。正面降口の上部、二階外壁に掲げられた「顕忠府」の金文字の額は、閑院宮載仁親王の御染筆(略)顕忠府の階下陳列室は、右半分が海軍、左半分が陸軍。各司令部、師団、独立兵団ごとに区分・配列し、詳細なる説明書を添付した戦死者の遺品等は一八五点に達し、鮮血にぬれ、あるいは敵弾で損傷した軍服、軍帽、鉄かぶと、拳銃、軍刀、銃、銃剣、装具はもとより、私物、書簡のたぐいに至るまで、「一として当時の奮戦の状を物語らざるものは無く、不知不識襟を正さしむるものがある」と。そこには、昭和八年四月の長城攻撃で戦死した歩兵第二三連隊陸軍歩兵大尉大迫十助の母宛遺言状、歩兵第三二連隊陸軍歩兵中尉池上秀夫が使用した愛刀とその小隊の決死的精神を象徴した「髑髏旗」、昭和七年の天長節祝賀会で爆弾を投げられて重傷を負い、後に死亡した上海派遣軍司令官陸軍大将白川義則の大小無数の爆弾片を受けた軍服軍帽、肉弾三勇士工兵第一八大隊工兵伍長作江伊之助・北川丞・江下武二が突撃粉砕した鉄条網用材とその着装品等々、戦場の遺品が納められていました。その内容は、先の四府と異なり、戦争継続中だけに生々しいものです。それだけに顕忠府は、戦争遂行の志を昂揚させるべく、軍隊の精神教育の場として活用されたのです。陸軍士官学校生徒は卒業時に必ずここを訪れ、拝観によって記憶を新たにし、王師の将たる己の場を確かめたのです。

このような天皇が営んだ戦争の遺産は、靖国神社の遊就館が広く社会に開かれたものとして存在し、臣民としての記憶を共有していくことを可能にしています。また、江田島の旧海軍兵学校（現海上自衛隊第一術科学校・幹部候補生学校）の教育参考館（昭和十一年三月設立）は、パルテノン神殿のようですが、階段を上った正面左にネルソン提督、右に東郷平八郎元帥の肖像があり、各室に海軍兵学校出身者の写真と多様な遺品を展示しています。それは現在につらなる旧海軍の記憶を継承し共有する聖なる場にほかなりません。

天皇が御府にこめた発想は、靖国神社の遊就館のみならず、村や町にも見ることができます。日露戦争時の小学校では、教室の壁に地図を貼り、村から出征した兵士の写真を掲げ、その兵隊が今どこで戦っているかをピンで留めさせ、戦死者の遺品を飾り、町や村からみた戦争を説き聞かせています。新潟県佐渡の金井町（現佐渡市）では、日清戦争後の明治二十九年一月に得勝寺住職本荘了寛が明治紀念堂を創立、日清ついで日露戦争における佐渡出身の戦死者を祀り、関係する遺品を展示し、さらに佐渡の鉱産資源を陳列するなどして、佐渡島民の国民精神を覚醒する器としています。そこには、日清・日露戦争で捕獲した戦利品もあり、血がつき破れたロシア兵の家族写真に「露助も家族をおもう」と書き込まれたものなど、出征兵士が戦場から持ち帰った多様な遺品をみることができます。それは、佐渡出身兵士の慰霊堂であり、戦争を追体験し想起することで佐渡人たる記憶を共有し、天皇につらなる臣民としての日本国民であることを確かめる器となったのです。

いわば国民は、戦死者を想起することで現実の戦争を村の中で追体験し、戦争と戦争の時代を併走し、靖国を媒介にしながら国への想いをはせます。その死は、天皇が営む御府に祀られることで聖なるものとされ、「一家一門」の名を高め、歴史に名をとどめるものとみなされたのです。まさに日本の戦争は、村・町の記念館・記念碑―遊就館―御府という回路で、死を「頭首」天皇のための誉れと位置づけることで遂行されていきました。

思うに歴代天皇が戦争で死んだ人を自ら祀るのは、やくざの組長が、組の抗争で死んだ者の写真を部屋に掲げ、仏壇や神棚などに祀り、御灯明をつける作法と同じような営みと言えるかもしれません。日本の軍隊の基本的構造を解くカギはここにあります。こうした精神の在りようは、宣戦布告の論理について考えていくと、よくわかります。

なお、皇居の御府は、敗戦後に戦利品等を撤去し、現在倉庫となっているそうです。その存在は忘却されていきます。忘却こそは、戦争の時代を凝視することなく、平和を寿ぐ象徴天皇制を誕生させたものにほかなりません。

## 第三節　宣戦詔勅の論理

### 「国際法」という呪縛

日清戦争は、清国に対する宣戦詔勅の文言をめぐり、国際法の枠組みをどのように取りこむかで苦労します。その冒頭には「天祐を保全し万世一系の皇祚を践める大日本帝国皇帝は忠実勇武なる汝有衆に示す。（略）百僚有司は（略）苟も国際法に戻らさる限り」とあります。その後の宣戦詔勅は、いずれも若干異なるものの、日清戦争の詔勅冒頭「天祐を保全し万世一系の」という言葉から始まります。かつ日露戦争および第一次大戦におけるロシアとドイツに対する詔勅では「大日本は国皇帝（略）百僚有司

（略）国際条規の範囲」とありますが、第二次大戦での米英両国に対する詔勅では「大日本帝国天皇は昭に忠誠勇武なる汝有衆に示す（略）億兆一心国家の総力を挙げて征戦の目的を達成」せよとなります。

ここには、清国・ロシア・ドイツに対してはあくまでも戦時国際法にのっとった戦争であることを強調していますが、米英に対しては「億兆一心国家の総力を挙げて征戦の目的を達成」するとなし、日本の戦争を国際法―「文明」の大義での世界支配を主張した欧米的秩序―の枠外にあるものと主張しようとの姿勢が読みとれます。日本近代における戦争は、公的に「戦争」と名づけられたのが大東亜戦争だけで、日清・日露戦争が「明治二十七八年戦役」「明治三十七八年戦役」、さらに「満州事変」「日華事変」というように「戦役」とか「事変」を呼称しており、また軍隊の出動する事件は「乱」なのです。

「戦役」との呼称は「皇軍」と自称した日本の軍隊の行動規範からきています。「皇軍」は、道義を天地に布き国徳を世界に輝かし、人類の平和と幸福とを招来すべき理想に奉ずる者、すなわち「まつろわぬ者」服従しない者を「まつろわす」服従させることが使命であるとなし、宣戦布告においては国際法・国際条規という言葉を使いながらも、あくまでも天皇の軍隊として、まつろわぬ者をまつろわすために兵を動かすとの強い思い込みにとらわれていました。そのため、日清・日露の戦争にしても、古く平安時代の「前九年の役」「後三年の役」と同じ構造とみなしていたのです。「王にまつろわぬ者をまつろわすための戦」であるとの想いこそが、戦争を「いくさ」と語り、「戦役」という呼称にこだわらしめたのです。さらに「事変」という呼称は、「まつろわぬ者」の小癪な叛乱とみなしたことによります。

まさに「皇軍」は、大義によって動く存在で、日清戦役、日露戦役、いずれも極東の平和を乱さんとする邪をくじき、正義のために矛を取ったわけで、さらに日英同盟の義を守るために世界大戦に参加したという論理になります。したがって満州事変、支那事変は、極東の平和と正義とを守るべく、忍びに忍んだ後に自衛のために王の軍を起こしたものと位置づけられたのです。こうした皇軍の信念は同時に国民の理想、全国民の信念でなければならず、皇軍は日本民族の精華、軍隊は国民より生まれる良兵良民であり、軍隊と国民とは一つで、国民一体となって国威を中外に宣揚し、正義と信念で難局に対処せねばならないとなし、昭和十五年頃から陸軍がさかんに力説していきます。まつろわぬ者をまつろわすという論理こそは、それがいかに一人よがりの思い込みであろうとも、日本人の聖戦意識をたかめ、現実をみつめ、問い質す理性を失わせることとなりました。

## 皇軍の論理

日本は、「欧州的帝国」の座を占めるために、文明の秩序に学び、日清、日露、欧州大戦までは国際法を強く意識していました。しかし国際法については欧米諸国の「苛法」だとみなしています。木戸孝允は、国際法とは欧米列強が弱い国を奪うための道具に使っているだけの話だと日記に記しています。こうした認識は、砲艦外交を目の当たりにしていた明治の人びとに共通したもので、日本が国際社会に入っていくために国際法という論理に従うとの想いを抱かせたのです。この屈折した想いこそは、本質論においては、まつろわぬ者をまつろわすという皇軍の信仰を、国際的孤立がもたらした時代の閉塞下で爆発させることとなります。

大東亜戦争なる呼称は、こうした皇軍意識を吐露したもので、そこには欧米的世界秩序に対峙する日本の戦争哲学がこめられています。白人帝国主義を打破してアジアから新たに世界秩序を再編することを戦争の根本的な理念とし、それこそを聖戦の大義に掲げました。「白晳《はくせき》打破」なるスローガンは、当然のこととして相手を野蛮な道義なき存在とみなし、「鬼畜」視したのです。逆に欧米は日本を「黄色で野蛮な、こずるい猿」とみなし、攻撃します。かくて日本は、日本こそが「大東亜」の指導者であるとし、アジアの解放による白人支配に代わる新世界秩序の構築を、この聖戦の目的として宣揚していきます。

日本の軍隊が「戦役」という発想から「戦争」という発想に転換したのは、宣戦詔勅の論理で見ていくと、まさにアジアの覇者として植民地解放の大義を掲げたときだったことがわかります。その本質には、「まつろわぬ者をまつろわす」という「役」たる論理が厳然とありました。この皇軍の論理こそは、第一次大戦以後の国民を総動員していく総力戦体制の構築という課題に対応できないがために、皇軍の信念が国民の信念と説き聞かせ、軍民一体となるがために「戦役」でなく、アジア解放の大義を掲げた「戦争」なる呼称となったのです。

## 第四節　戦場を支える世界

### 戦場の相貌

東京青梅の御嶽《みたけ》神社の御師片柳鯉之助は『遠征日誌』で日清戦争での旅順における見聞を、「この日旅順の市街及付近を見るに、敵兵の死体極めて多く、毎戸必ず三四以上あり。道路海岸至る所屍を以て埋む。其状鈍筆の能く及ぶ所にあらず」と認めています。また従軍絵師の浅井忠が描いた「旅順戦後の捜索」（東京国立博物館所蔵）には、旅順の家屋に入って行く日本兵の前に死体が転がっている情景が描かれています。浅井は、黒田清輝の弟子で、明治二十八年に従軍絵師として目にした世界を「従征画稿」となし、平安遷都千百年記念祭の第四回内国勧業博覧会（明治二十八年　京都）に出品しました。

清国軍は、満州族を中心にしており、手柄の証として日本兵の首や手首を切り取るなどしました。日本の部隊は、旅順攻略の前に、首や手首を切られた日本兵の死体を見て逆上します。旅順に入城した日本軍は、清国軍の兵士たちが逃げるために民間人の服装をしているとなし、無惨な殺され方をした戦友の仇を討たんものと、「片端からやっちまえ」と旅順の住民を殺害しました。その情景は、実戦部隊にいた兵士の記録によると、朝見ると井戸水が血で赤く染まり、飲めなかったと記しています。きわめて凄惨な殺し方であり、敵の死体で足の踏み場もないという状況でした。こうした兵士をささえたのは「まつろわぬ者を討つ」、不義なる者を征伐したという意識です。この光景は旅順虐殺と報じられ、後に昭和十二年の南京虐殺と重ねて再び想起されました。

日清・日露戦争には東西本願寺を軸にした従軍僧が大勢派遣されました。その一人、北陸で活躍した西本願寺の僧佐藤巖栄は、日露戦争の従軍僧として第三軍の旅順攻略の戦場で「汝等が予て聞ひて居る如く死ねば弥陀の浄土だ、活れば金鵄勲章だ」（『第九師団凱旋紀念帖』明治三十八年）と、本願寺の北陸門徒農民からなる第九師団の兵を励ましています。前線の従軍僧は、戦死者の葬儀に立会うのみでなく、戦場で怯える兵を鼓舞し、「南無阿弥陀仏連隊」を形成する要因になりました。日露戦争のときに死傷者が多かったのは北海道の第七師団と北陸の第九師団ですが、第九師団の将兵に勇猛果敢な突撃をなさしめたのは「死ねば弥陀の浄土」という信仰がもたらした論理でした。

日本は、日清戦争から日露戦争にかけて、識字力が飛躍的に向上しました。徴兵された兵隊は、入営すると、内務班日誌を付けさせられました。この内務班日誌を見ると、内務班長が日誌の誤字を朱で添削し、日誌の書き方を指導しています。日本の兵隊は、このような教育で日記を付けるという作法を身につけ、「軍隊手帳」や「従軍手帳」に己の行動を記録していくこととなります。戦争から戻ってきた兵士のなかには、その記録をもとに、あらためて従軍日記などとして、戦場での記録をまとめている者を見出すことができます。この営みは、戦場の日々を想起し、一般人として戦後を生きる己の場を確かめるために必要な作法でした。その従軍体験を村人に小学校の式典の場などで語り聞かせることによって戦争の記憶が村で共有され、日露戦争の勝利が大日本帝国の栄光として人びとの心に刻まれていきました。

シベリア戦争に従軍した農民兵士松尾勝造は『シベリア出征日記』（昭和五十三年）にシベリアの戦場を記録しています。

健気な殿軍《しんがり》の役をする奴を突き伏せ、追い伏せ、逃げる奴、刃向ふ奴原を、一突でブスリと、背より腹へ、腹より背へと田楽刺に突き通す。人間の身体は柔かで、鱶か鮫でも刺すやうに、面白いやうに突き通って行くのは、牛や豚のやうに皮が引締ってゐないからで、人間一人突き殺す位造作はない。頭と言はず胴と言はず、手当り次第に、倒れた戦友の弔い、仇討に突いて、突いて、突きまくって、盛んに追打ちをかけ、ブスリ〳〵と突き殺して行くのであるから、かうなると戦争も面白い。人間の骨は、生きてるる間は重い荷を担いだり酷い仕事をしても挫骨すると言ふことは滅多にないが、このやうに死んだ奴等を踏み越えて行くと、肋骨でも手も足もボキ〳〵と音を立てて折れて行くから妙だ。（略）どうせ自分も戦死だ、命も何も惜しくない、同じ死ぬなら幾久しき語り草に、敵の本陣へ躍り込んで充分敵兵をやっつけて華々しく散って死のうと思った。これが所謂大和魂と言ふものだらう。敵の死骸を踏み越えて、誰よりも真先に突進した。実にかうした激戦の際、一番先頭になってキラキラ光る銃剣に残敵の血を塗らして突進して行くのは、実に痛快至極である。かくして突撃すること二百メートル、遂に敵の歩兵最後の陣地を奪取占領したのである。

日本の軍隊は、このシベリアの戦争で初めて本格的なゲリラ戦に遭遇しました。斥候の報告により敵はいないというので小隊が進んで行くと、隠れていたパルチザンに取り囲まれて手ひどくやられます。そこで、次に攻撃するときは復讐戦という意識が兵士の中に強く生じます。敵を追い詰め、逃げる敵の最後尾の殿軍に襲いかかって残酷な戦闘行為に及びます。豚や犬は本能的に生きようとするから、めちゃくちゃに暴れますが、人間は敵兵に取り囲まれてもうだめだと思うと、戦闘意志がなくなり、全く無抵抗に死んでいきます。部隊が包囲されて殲滅されるときは、そのような状況になるのです。この日記にはそうした戦場の様子が具体的に描かれています。戦闘する兵隊は、「充分敵兵をやっつけて華々しく散って死のうと思った。これが所謂大和魂だと言ふものだらう」と、天皇の兵たる想いで戦場を生きようとしていました。

ちなみに『戦争における「人殺し」の心理学』（デーヴ・グロスマン著、安原和見訳　平成十六年）は、戦場における兵士が「良心的兵役拒否者」ともいうべき非発砲者となり、偽装発砲する者が多いことを詳細な記録で紹介し、「戦場に出た大多数の男たちは敵を殺そうとしなかったのだ。自分自身の生命あるいは仲間の生命を救うためにすら」発砲していないと記しています。第二次大戦では、八〇～八五％の兵士が敵に発砲できなかったそうです。アメリカ陸軍は、南北戦争以来の戦場の兵士の行動を分析し、訓練法を変更した結果、発砲率が朝鮮戦争で五五％に上昇、ヴェトナム戦争で九〇～九五％となったそうです。

これは、基礎訓練キャンプにおいて殺人を神聖視する訓練を徹底した結果を示す数値です。この殺人の神聖視は、第一次大戦時には例がなく、第二次大戦でもまれで、朝鮮戦争で増加し、ヴェトナム戦争で完全に制度化されたそうです。ヴェトナム戦争で制度化された暴力への信仰こそは、映画ランボーの世界が描いている帰還兵のトラウマとなり、現在のアメリカの病巣にほかなりません。

思うに日本の皇軍将兵は、頭首天皇をいただく王師の軍、大和魂のなせる業、武士道の精華なる観念を心身に刻み込まれていたがために、戦場の暴力を神聖視し、敵を殺すことをいとわず、欧米軍隊に比べきわめて高い発砲率であったのではないでしょうか。

対外戦争における日本兵の戦死傷者総数に占める戦死者比率は、日清・日露戦争から欧州大戦までは二〇％ですが、シベリア戦争になって四〇％を超えます。それはパルチザンとの遭遇による結果です。かつ、兵士たちの負った傷の多くは銃創ではなくて白兵創です。銃剣同士の接近戦が多かったからでしょう。

日本の軍隊は、日清、日露、シベリアと、世界戦史において先駆的な戦争をしているともいえます。日清・日露戦争のときは艦隊決戦が行われ、その最も大きいのは日露戦争におけるバルチック艦隊との日本海海戦でした。さらに日露戦争では、旅順攻略や沙河の退陣における塹壕戦も経験しています。日露戦争は第一次世界大戦の前駆と位置づけられるものです。シベリア戦争ではゲリラ戦に遭遇しました。しかし日本の軍隊は、こうした戦史から学ぶことなく、日露戦争の勝利を「皇軍」の精神に結び付け、皇軍意識という閉ざされた精神に呪縛されていきました。

## 南京虐殺の背景

中支那方面軍司令官松井石根は『陣中日誌』に昭和十二年の南京攻略を次のように認めています。

南京城入城の両軍師団は、城内外の残敵を清掃す。敗残兵の各所に彷徨する者数千に達するとの事なるも未詳（十二月十四日）。

南京城内外掃蕩未了。殊に城外紫金山付近にあるもの相当の数らしく、捕虜の数既に万を越ゆ。此くて明日予定の入城式は尚時日過早の感なきにあらざるも、余り入城を遷延するも面白からざれば、断然明日入城式を挙行する事に決す（十二月十六日）。

戦闘部隊の一指揮官は、司令官の見聞と異なり、「この日、我支隊の作戦地域内に遺棄された敵屍一万数千にのぼり、その外装甲車が江上に撃滅したもの並びに各部隊の俘虜を合算すれば、我支隊のみにて二万以上の敵は解決されているはずである。午後二時頃、概して掃討をおわって背後を安全にし、部隊をまとめつつ前進、和平門にいたる。その後、俘虜ぞくぞく投降し来り、数千に達す。激昂せる兵は、上官の制止をきかばこそ片はしより殺戮する。多数戦友の流血と十日間の辛惨をかへりみれば、兵隊ならずとも『皆やってしまえ』といいたくなる」と南京入城の感慨をのべています。

ここには極限状況にあった兵士たちの心境がまざまざとうかがわれます。二万以上の敵は解決されているはずであるとの言は、その数の敵の捕虜が処刑済みだということです。兵士らは、ぞくぞくと投降してきた敵兵を、上官の制止もきかずに殺戮していきます。多数の戦友の死と一〇日間もの激闘から兵士らは「皆やってしまえ」という心境にあったというのです。これが「南京虐殺」と呼ばれる事件の背景にあったものでした。戦場において生きていくには敵を殺すよりほかなく、戦場において死ぬことは殺されることだと想い定め、兵士らはまさに追い詰められた状況で生きていたのです。

湖北省のある部落の掃討作戦に従事した兵は、「全部敵意を持った住民だ。部落にはいったら、女、子供と言わず、中国人なら全部殺してしまえ。めぼしい物資を引き出したら、家屋も全部やいて来い。そうすりゃー、正月は、こちらのものだ！」と、命令されたそうです。後からやられることのないように、殺しつくし、奪いつくし、焼きつくす。これが俗に言う「三光作戦」の背景にあった世界です。

　こうした戦場で、上官の命令を聞かず銃剣を使わないが故に、営倉に入れられて弱兵として殴打され、徹底的に放置された者も何人かいました。その一人学徒兵渡部良三は、「屍は素掘の穴に蹴込まれぬ血の跡暗し祈る者なく」と、その時々の想いを詠んだものを『小さな抵抗　歌集』（平成六年）としてまとめています。出征を前に内村鑑三の弟子である父親は「前線に行っても、殺されても殺すなよ」と問いかけ、渡部はその言葉を胸に秘め、「『殺す勿れ』そのみおしえをしかと踏み御旨に寄らむ惑うことなく」という信仰に徹した一キリスト者として前線で生きたのです。

　禅宗の僧侶の中にもそうした人物がいました。曹洞宗の僧大雲義孝は、「肝試し」と称して捕虜を刺殺する訓練を拒否したがために、靴をくわえて兵営の周りを一晩中回らされます。「『おまえらは犬より劣る』と言われるが、犬のほうが、人を殺さないなら、まだいいと思った」と述べています。一人の僧として「不殺生戒」を貫いたのは、臨済録の一節「随所に主となれば、立つ所皆真なり」で、「どこででも自主性を貫けば、足の踏むところすべて真実となる」との想いでした。ここには、殺人を神聖視する戦場と向き合い、信仰的な信念に生きることで、皇軍の兵であることを拒否し、人間たる己の場を貫いた姿が読みとれます。こうした兵の存在は、皇軍である日本の軍隊において、希有なことでした。

　中勘助は、『銀の匙』で評価の高い作家ですが、『大戦の詩』（昭和十三年）でその戦争体験を詩にしています。

　白水村の戦ひに
　敵前に擱坐して燃えあがる戦車
　車外に右手を傷ついて殪れた兵士
　左手で書いた遺言
　「天皇陛下万歳

豊田隆
隆は今から死にます
お母さん御機嫌　」

また「百人斬りけふとげぬれどあすはまた撫で斬りせんと剣とぎをり」とも詠んでいます。この『大戦の詩』は、中勘助が戦場の一兵士として見た光景や自分の想いを素直にうたっていますが、中勘助という作家のもう一つの側面を読みとることができます。その世界には、『百城を落す』（昭和十四年）につながりますが、あるものをあるがまま受けとめた感性がみられます。

戦争とは、そういう世界でした。その戦場で日本兵の支えになったのは、自分たちは天皇の兵士である、という皇軍の兵たる意識でした。

**心を病む兵士たち**

日露戦争の戦場で最も深刻な問題となったのは、対陣が長く、塹壕戦的な肉弾戦の連続で、自傷行為とともに、軍人精神病、後に「戦時神経症」と名づけられる精神を病む兵士が出てきたことです。そこでは、戦友や部下の戦死を「ノビタ」と言い、その戦死を受け入れようとしたようです（「ノビタ」とはドイツ語の gestreckt からきた由）。

戦時神経症はヨーロッパでは第一次世界大戦のときに問題となってきますが、日本では日露戦争で軍医が初めて直面し、シベリア戦争ついで満州事変以降きわめて多く見られるようになります。かくて千葉県の国府台衛戍病院（後の国府台陸軍病院）が戦時神経症を扱う中心的な病院になります。現在の下総精神医療センターや東京武蔵野病院（旧武蔵野療養所）は、こうした流れの中から生まれたものです。

斎藤茂吉の息子斎藤茂太は、精神科医として国府台陸軍病院に勤めていましたが、昭和十年代の後半になると、ほとんどが国内から送られてきた患者だったと証言しています。毎日、国内から列車で精神を病んだ者が国府台に送られてくるのを見て、「もう日本も終わりだな」と思ったそうです。空襲の爆音などに怯えて精神に異常を来した兵が増えるということは、もはや兵士になりえない者を兵にしなくてはならない状況になっているのだ、と思わざるをえなかったのです。

精神異常を来した者の心の中には、軍律の厳しさと突撃精神の強制に対する怯え、さらに自分が戦場で突撃しなかったので家族が憲兵に連れて行かれ銃殺されるのではないか、という恐怖感等々があったようです。「突撃病」といわれる病気に罹った兵士は、実際は何もしていないのに、連隊長のところに行って「あそこを突撃・占領したから、後援を頼む。俺が一人で死守する」などと、わめいたそうです。戦場で草を食べる、あるいは排泄物を食べる、というような者も出てきたといいます。

戦時神経症とともに兵士たちの自傷も問題になりました。自傷というのは自ら傷を付けて帰還しようとすることです。前線の軍医たちは、兵士の負った銃創が自傷であるかどうかを見分ける必要から、さまざまな実験をしなくてはなりませんでした。そのため軍医は、板を撃って黒煙反応を調べ、その数値で自傷かどうかを判断したといいますが、本当は捕虜を使ってやったのかもしれません。

これが戦場の実状だったのです。

## 兵士たちの異郷異国体験

対外戦争は、兵隊にとって官費による異郷異国体験をする世界でした。明治の頃は、村人が村から外に出ることはほとんどありません。日清戦争や日露戦争に出征した兵隊たちの記録には、たとえば東北の兵隊たちが仙台に集まり、東京に行き、列車で広島の宇品に行く。途中、神戸で下車、湊川神社に武運長久の祈願をしました。その行程でいろいろなものを見ます。西国の瀬戸内海の水の色、砂の白さ、青い松、河原や田畑の違いなどに驚き、広島ではハモを食べて、こんなに骨の多い魚は見たことがない、と驚いたりもします。さらに海を渡って外国に行くのですから、その驚きは大変なものでした。村という限られた空間で生きてきた人間が、兵隊として大陸に行き、戦争を体験することによって、世界が広がったのです。戦争に行くことは大きな異郷異国体験、異文化体験の場であったといえましょう。

日露戦争は「文明の戦争」と言われました。日清戦争のときも当初、清国、中華の文明への怯えがありました。しかし戦場での見聞は、戦勝国となったこともあり、文明の覇者意識を増幅させます。人間が他者に対して差別感を持つようになるのは、多くの場合、体の臭気や排泄行為など、生活文化や習俗の違いなどにもとづきます。日本軍将兵は、戦場で見聞した清国や朝鮮の人びとの暮らしの営みが臭く、汚いとして、中国や朝鮮を蔑視するようになります。

将兵や従軍記者らの日記書翰などには、中国や朝鮮の民衆が板張りの床にじかに寝ており、屋根は板葺きの上に石が乗っているだけ、ごみはそこらに捨ててあり、道路には排泄物の臭気が漂っている等々、というようなことが書きつらねられています。相手の臭気や不潔への嫌悪感をあらわにし、生活感覚の違いを確かめていくことで、己の文明意識に自信をもち、文明の優越感に満足していくようすが直截に表明されています。

ところが日露戦争のときには、ロシアの植民都市を見て、石造りの家並みの壮大な姿に唖然とし、ロンドンやパリもこのような世界かと、その壮大さにたじろぎます。ロシア軍が放置していた弾薬を日本軍のものにするのですが、その物量に驚きます。

さらに、シベリア戦争ではロシアの都市に住み、ロシア人と交流していくなかで、日本社会との比較をします。もし日本で天皇がいなくなったら、国は大混乱に陥るだろうが、この国は皇帝がいなくても平気で治まっている、と感心したりします。日本軍の入ったロシア軍の兵営にロシアの兵営当番が来て便所やペチカの掃除をすると、日本の兵隊たちは彼らを馬鹿にしますが、将校クラスはそう思わない。ロシア兵が自分の仕事だとして任務を果たしに来るのを見て、ロシアという国は組織的に動いているのだと痛感します。もし日本兵が同じ状態に置かれたら烏合の衆になるだろうと思い、ロシアという国に怯えを持つ。日本の将兵は、戦争を通してある種の比較文化体験をし、外から日本を問い質すこととなりました。その目は、天皇の軍隊、天皇の国という日本の在り方に対し疑念をもつ者を育てました。

## 戦陣訓と千人針

皇軍は、大義を担う聖なる軍隊とされていましたが、支那事変の頃から、皇軍の規律が乱れ雑軍化していきます。中国側は、戦場で略奪強姦をはたらく将兵の姿に、日本軍を「皇軍」ではなく「蝗軍」と呼びました。そのため軍首脳部は、軍人勅諭を補強するために、昭和十六年（一九四一）に「戦陣訓」を発します。その内容は多岐にわたりましたが、項目は以下のようなものでした。

本訓其の一　皇国、皇軍、皇紀、団結、協同、攻撃精神、必勝の信念

其の二　敬神、孝道、敬礼挙措、戦友道、率先躬行、責任、死生観、名を惜しむ、質実剛健、清廉潔白

其の三　戦陣の戒、戦陣の嗜

各項目の内容は、「名を惜しむ」が「恥を知る者は強し。常に郷党家門の面目を思ひ、愈々奮励して其の期待に答ふべし。生きて虜囚の辱を受けず、死して罪禍の汚名を残すこと勿れ」と、郷党家門意識を強調することで兵の規範を問い、捕虜となることを厳しく禁ずるなど、軍人勅諭を時代に合わせて説き聞かせようとしたものです。

日本軍隊は、兵士たちが天皇の兵であるとともに、上官が父であり母である、という親子の関係に擬えて団結をはかっています。軍隊に入ることで軍隊の規律、生活慣習を身に着けて帰ることは、それぞれの村や町がよくなることであり、良き兵は良き民となり、よき村を造ると教えました。そのためにも家門を守るために、捕虜になることを恥となし、さらに死を強要するに至ります。この訓は、軍隊が総力戦下で大衆軍と化し、雑軍化していくなかで、兵士に死を強要し、戦闘員に殺人を神聖化しようとしたものにほかなりません。

日本の軍隊が雑軍化した様子は、軍司令官のさまざまな示達にもうかがうことができます。昭和十九年に第六方面軍司令官となり、漢口に派遣された岡部直三郎大将は次のように示達しています。

①焼くな犯すな殺すなを三戒とせよ

②衛生軍紀を守れ、意至らずして病むなし

③兵器を失い、鞍傷を作るな

④徳義は無形の戦力なり。情義を尽せ

⑤資材・弾薬を愛護せよ。強き部隊に無駄弾な

「焼くな犯すな殺すなを三戒とせよ」なる示達が出されたのは、こうしたことが日常化していたということでもあります。

またニューギニア戦線の安達二十三中将は、「健兵は三敵と闘い、病兵は一敵と闘い、重患者はその場で闘い、動き得ざる者は刺し違え、各員絶対に虜囚たるなかれ」と訓示しています。これが皇軍の最後の規律でした。まさに天皇の軍隊は、王師の軍として、国家の軍であるよりも天皇の軍であり、天皇の下で死に飛び込んでいく、天皇のための死を神聖化する論理で成立していたのです。この日本軍隊の哲学こそは、人間を殺すことに戸惑うゆえに発砲率が低かった欧米の軍隊と異なり、皇軍将兵の発砲率を高くし、天皇の名代として敵を殺すことをなさしめたのです。

このように兵士らは戦場にあって天皇から負わされた死と向き合わされたがために、民衆の間では兵士の無事を祈る想いの中で、日露戦争の頃から千人針が盛んになります。出征兵士の無事凱旋を祈念し、一枚の布へ千人の人に針で糸を縫い付け玉結びをしてもらい、戦場に持たせました。その布には、五銭と十銭を縫い付け、「四銭」を「死線」、「九銭」を「苦戦」になぞらえ、それを超えるようにとの想いが託されたのです。千人針とともにお守りとして、五黄の寅年の女性の陰毛が最も効き目があるとされ、一緒に持たせました。陰毛に呪力があるとの信心は中国軍にもみられたようです。

戦後は、「千人針」に代わり、無事平安や勝利を祈念する「千羽鶴」が流行しています。千羽鶴は千が象徴で、鶴が長寿ということから作られるようになったようですが、二歳で被曝し十一歳で死んで「原爆の子」のモデルになった佐々木禎子が、千羽の鶴を折ると願いがかなうということで作ったのがはじめでした。彼女が在学していた広島市立幟町《のぼりちょう》中学校には折り鶴の碑があります。

かつて日本兵は「七生報国」とか「神風」などと書いた日の丸の鉢巻きを締めて敵陣に突っ込んでいきましたが、戦後は労働運動のリーダーが赤い鉢巻きをしてストライキを指導し、「団結」などと書かれた赤い鉢巻きは労働争議のファッションとなっています。ファッションは精神を規定するのではないでしょうか。選挙になると、候補者はたすきを掛け白い手袋をはめます。予備校では追い込みの時期になると、受験生に「必勝」と書かれた鉢巻きを締めさせるところがあるようです。

日本人の精神構造は、あまり変わっていないのかもしれません。

## 第五節　記憶の場

### 忠魂碑の世界

日露戦争後には、日清戦争のとき以上に、忠魂碑や戦役記念碑が各町村で設立されます。これは、日清戦争と違って、日露戦争での戦死者がどの町村でも見られたことによります。忠魂碑には、戦地に赴き非業の死を遂げた者たちを追弔し、その死を天皇に忠誠を尽くした死として価値づけ、町や村の記憶を残したいという地域住民の祈念が込められていました。

当時の内務省は、これらの忠魂碑類を「信仰」的遺物として崇拝の対象になるとみなし、神社境内に設立することに難色をしめし、強く規制しました。設立するのであれば、記念碑にすること、行政的な町村に一基を建立するようにとの指導をします。しかし、町や村の地域住民は、それぞれの産土鎮守社に「忠魂」を愛でる碑として設立し、永く地域の誇りにしたいとの想いが強くありました。そのため忠魂碑等は、行政村ではなく字単位で設立され、戦死者とともに無事凱旋した出征者の名前が刻まれたのです。政府は、こうした動きに対処するために、「明治三十七八年戦役」というような記念碑となし、行政的な町村に一基設立するのであれば、戦利品を下付するとしました。

現在、忠魂碑や戦役記念碑は、町村役場や広場などに錨や砲弾を埋め込んだりしたものや、神社寺院や小学校に建立されたものなど、多様な存在形態をみることができます。ここからは忠魂碑や戦役記念碑に寄せる地域住民の心が読みとれます。町村の住民は、戦死者を生れ育った場で「忠魂」として愛でることで死を悼み、顕彰することで死者と共生し、戦争の時代を併走しようとしたのです。かつ、その死は、戦場における無惨な死ではなく、「忠魂」とされ、天皇の弔意を受けて救われたいとの想いがあったのでしょう。だからこそ村の忠魂碑や戦役記念碑には、多くの場合、戦死者とともに従軍兵士たちの名前が併記されたのです。ここには、村の戦争が国家の戦争となり、天皇の民に位置づけられていく道程が読みとれます。

日露戦争時に学校の一隅などに設けられた記念室は、卒業生である出征軍人の記録を残し、学校教育の教材として使われました。また、奉天陥落の日である陸軍記念日（三月十日）や日本海海戦の日である海軍記念日（五月二十七日）などの記念日には、村から戦争に行ってきた人たちを招き、その戦争体験を語らせ、小学児童とともに地域住民が戦争の記憶を共有し、天皇の国であることを確かめ、臣民たる喜びを共にしようとしました。こうした営みは、日清・日露戦争という栄光の神話、国家が一等国になっていく物語として語り継がれることで、一等国民の矜持を育むこととなったのです。

この想いは、昭和の時代に愛唱された「満州行進曲」に読みとれます。

過ぎし日露の戦に　勇士の骨をうづめたる　忠霊塔を仰ぎ見よ　赤き血潮に色染めし　夕陽を浴びて空高く　千里広野にそびえたり

東洋平和のためならば　我等がいのち捨つるとも　なにか惜まん日本の　生命線はここにあり

八千万のはらからと　ともに守らん満州を

国民は、この歌を口ずさむことで、満州を生命線だと思い込んでいったのです。

当時、非合法共産党など反戦運動をしていた人たちは、こうした流れに対抗論理を持ってはいませんでした。なぜ日本の反体制運動は国民的基盤を築けなかったのか。権力が強大であったというだけでは答になりません。軍隊が国民に強い影響力を持っていたのは何故か。この問題をきちんと直視しなくては、この問が読み解けないのではないでしょうか。この問題を解くには、戦争の時代と併走し、忠魂碑・戦役記念碑をはじめ小学校などの町村の記念室が靖国神社遊就館から天皇の御府につらなる回路に位置づけられ、戦争をめぐる記憶が共有されていく構造を凝視し、その構造の根っこの部分をいかに崩すかという論理が必要なのではないでしょうか。忠魂碑を軍国主義の象徴などと通り一遍の短絡的な思い込みで切り捨てている限り、その忠魂碑によってやっと癒され、救われる民衆の想いは解きほぐせません。天皇につらなる心の回路をどのように突破するかが現在まさに問われているのではないでしょうか。

## いくさ語り

いくさ語りには、先ほど言った「文明の民」意識があり、支那・アジアへの蔑視感情がきわめて強く盛り込まれています。当時、戦争譚の語りの場は『少年界』『少女界』といった少年少女雑誌の投稿欄が大きな位置をしめていました。投稿者はだいたいが常連で、どこの誰であるかを、お互いが知っていました。今で言う、ネット通信みたいなものでしょう。

戦争譚の一つに、福島県信夫郡瀬上町宮代（現福島市）の斎藤東華「武雄さん」があります。物語は、父親の戦友が戦場で交換したパイプを遺族に持参し、戦死したときのことを、「三歳の頑是ない幼児」である大和武雄に語り伝え、戦死した父親の「生前の面影を偲ばるる便」との想定で書かれた作品で、「動員下令」「出発」「見納め」「最後」で構成されています。その「最後」は、戦場に散った父大和上等兵の姿を伝えるもので、末尾で武雄に次のように問いかけます。

武雄さん！　五月一日武雄さんは母の背に負はれて戦地の父君が天晴武運芽出度戦功をたて、恙なく凱旋せらるゝやうにと、村社諏訪神社に誠心こめて祈念された日で、此日武雄さんは、いつになく大層むつがつて泣き止まなかつたといふ事であつた。

武雄さん!!　銀製パイプは光栄ある金鵄勲章並に青色桐葉章と共に、亡き父君の紀念物として、万代其功績を語るべく、大和家の筐底深く秘め置かるゝのである。

武雄さん!!!　五年、十年！　二十年!!!　の後に此紀念物に接せらるゝ時の、御身の感想は果して什麼であらうか。

　ここには、戦場に斃れた大和上等兵の戦友の語りとして、戦場で負傷し「瓦となりて生残り」、「今予備病院の床上」に泣いている我が身の不運にくらべ、名誉の戦死で金鵄勲章をもらった武雄の父の武勇を讃え、遺児に父のように立派な兵隊となるようにと問いかける物語が展開しています。このような戦争譚は、少年雑誌の定番であり、教科書でも語りつがれたのです。

　第三期国定国語教科書『尋常小学国語読本』巻六の「記念の木」は、戦死した息子が学校の玄関脇に植えた落葉松《からまつ》のことを父親が校長に話し、松に寄りそう戦争の記憶を問いかけた物語です。登場人物は「村の学校のげんくわんの、向つて右の落葉松は、わたしの子どもが植ゑたので、其の子はとうに戦死した」と語りかけ、落葉松をめぐる戦死した卒業生の物語を問いかけることで、戦争の記憶が伝えられたのです。

　この作法は、天皇が行幸地で植えた松などの常緑樹が「お手植の松」などの呼称で、ある種神聖視され、その土地と天皇をめぐる物語として語り継がれる「神話」を生み出す営みに通じるものにほかなりません。そうした営みは、宗教界など各界にみられるもので、組織の創業者の足跡を構成員の記憶に刻む作法にほかならず、創業者につらなる組織の記憶を共有し、忠誠心を引き出そうとしたものです。

## 母の悲愁

　このような物語で広く国民の心をゆるがしたのが国定教科書第一期から掲載された「水平の母」です。教科書が説き聞かせた母と兵士をめぐる物語は、「水平の母」をはじめ「一太郎やあい」「出征兵士」「姿なき入城」など、時代の相貌を帯びて登場していきます。

　「水平の母」は、日清戦争における軍艦高千穂の一水兵と母の物語です。この話は、第一期国定国語教科書から登場し、母親が息子に、村の人たちがいかに自分のことをやさしく世話してくれるかを語り、そのためにも立派に国のために手柄をたててくれと呼びかける物語です。「手柄をたてよ」とは「名誉の戦死」を意味しています。この願いは、「出征兵士」が直截に謳いあげており、「行けや行けや、とく行け、我が子。老いたる父の望は一つ。義勇の務御国に尽し、孝子の誉我が家にあげよ。さらば行くか、やよ待て、我が子。老いたる母の願は一つ。軍に行かば、からだをいとへ。弾丸に死すとも、病に死すな」と。これが日本の理想化された母親像とみなされたのです。

さらに昭和の総力戦下では、「姿なき入城」が提示しているように、天皇の生贄として「わが子」を差し出す母親像が語られました。この物語は、ラングーン爆撃で戦死した子どもに母親が呼びかけた構図ですが、その最後を「いとし子よ、汝、ますらをなれば、大君の御楯と起ちて、たくましく、おおしく生きぬ。いざ、今日よりは、母のふところに帰りて、安らかに眠れ、幼かりし時、わが乳房にすがりて、すやすやと眠りしごとく」と、結んでいます。日本の母親は、生れた子は「大君の子」天皇の子であるがために、成人した我が子を抱けるのは死んだときだけだったのです。

小学唱歌「冬の夜」は、明治四十五年に登場しますが、家族団欒の光景を歌うことで、母と父の姿に時代の声をしのびこませています。

灯火近く衣縫ふ母は　春の遊の楽しさ語る。居並ぶ子どもは指を折りつゝ　日数かぞへて喜び勇む。囲炉裏火はとろ〳〵　外は吹雪。

囲炉裏のはたに縄なふ父は　過ぎしいくさの手柄を語る。居並ぶ子どもはねむさ忘れて　耳を傾けこぶしを握る。囲炉裏火はとろ〳〵　外は吹雪。

この「過ぎしいくさの手柄を語る」の「いくさ」は日露戦争です。

これらの詩や歌から、日清・日露戦争、特に日露戦争の栄光が、どのくらい日本の国民の心に残ったのかがわかります。その想いは、日本の代表的な知識人であり、内村鑑三の弟子であった人たちにしても、例外ではありません。戦後、東京大学の総長になった南原繁や矢内原忠雄にしても、明治とか天皇に寄せる彼らの想いは、このことを抜きにしては考えられないのです。矢内原は、冬期休暇で帰省していた大正二年一月五日の日記に「昨夜御大葬の思出を語り神経昂りて頻りに夢見たり」と認めており、夏期休暇の七月三十日の日記に「今日は先帝陛下の御一週年なり。去年の今頃の思出よ」と記し、母校の小学校の遥拝式に出席しています。こうした天皇に寄せる想いは当時の人たちが広く共有していた感性だったのではないでしょうか。

「冬の夜」は、戦後に歌詞の一部を変え、「過ぎしいくさの手柄を語る」が「過ぎし昔の思い出語る」として、現在にいたるまで歌いつがれています。ここで歌われた母のイメージは、一九六〇年代の熱い政治の季節のなかで、「母さんが夜なべをして　手袋編んでくれた」となり、政治的に挫折した子をつつみこむ無限抱擁の母親像に転生していきます。その根には、いかなる状況になろうとも、死んだときしか子どもを抱けない母の姿がうかがえるのではないでしょうか。

このような状況を生きていた女の想いを象徴する世界が千葉県我孫子市にある「黒髪塚」です。黒髪塚は、日露戦争に夫が出征したときに、夫の無事凱旋を祈って女たちが自分の髪を切って埋めたものです。女たちは、黒髪を断つことで出征した夫のために操を守り、無事凱旋の日を待つとの意思を世間に示したのでした。

## 第六節「英霊」の譜

### 戦死者の叫び

竹内浩三は、詩「骨のうたう」（『愚の旗―竹内浩三作品集』昭和三十一年）で、「戦死やあわれ　兵隊の死ぬるや　あわれ　遠い他国で　ひょんと死ぬるや」「大君のため　死んでしまうや」と書き、戦場に赴きました。

> 戦死やあわれ　兵隊の死ぬるや　あわれ　遠い他国で　ひょんと死ぬるや　だまって　だれもいないところで　ひょんと死ぬるや　ふるさとの風や　こいびとの眼や　ひょんと消ゆるや　国のため　大君のため　死んでしまうや　その心や　白い箱にて　故国をながめる　音もなく　なんにもなく　帰っては　きましたけれど　故国の人のよそよそしさや　自分の事務や女

のみだしなみが大切で　骨は骨　骨を愛する人もなし　骨は骨として　勲章をもらい　高く崇められ　ほまれは高し　なれど　骨はききたかった　絶大な愛情のひびきをききたかった　がらがらどんどんと事務と常識が流れ　故国は発展にいそがしかった　女は　化粧にいそがしかった　ああ　戦死やあわれ　兵隊の死ぬるやあわれ　こらえきれないさびしさや　国のため
大君のため　死んでしまうや　その心や

戦争で夫を奪われた近藤菊恵は、「還り来ぬ夫に捧げて」（『いしずえ』日本遺族会編　昭和三十九年）で、夫が出征した日で時間が止まっている想いを詠い、戦後を生きた日々を認めています。

十八年還らぬ人を待ちわびつつ
　身だしなみして老いづくわれか
帰り来て必ず召しませ君が足袋
　ほほにあてて祈るみ冬に入る日
帰りなばまず召しませと夏ころも
　風とほしつつこころはもとな

彼女の時間は戦地に向かう夫を見送った時で止まっている。いまだ還らぬ夫を待ちつづけて生きています。ここには戦争で夫を奪われた女の叫びがあります。

岩手県和賀郡藤根村（現北上市）の農婦高橋セキは、昭和十七年に息子の千三に召集令状が舞い込んだとき、村長に向かって、「生れた時がら、オレの子どもでながったのス」と、悲痛なことばを発します。

これまで、千三をオレの子どもだ、オレの子どもだ、と思っていたが、間違いだったス。兵隊にやりたくねえど思っても、天皇陛下の命令だればしかだねエス。生まれた時がら、オレの子どもでながったのス。（蔵内敬司『獅子ケ森に降る雨』平成十六年）

日本の戦争の構造は、国民が天皇の赤子として育てられ、天皇のもとに戦争に行き、まさに天皇のために死ぬ、というものでした。これが日本の軍隊を支えた姿です。

こうした戦争を生き延びた成田武夫は、随筆集『散華』（昭和五十七年）で、己が青春を食いちぎった戦争とは何かを次のように問いかけています。

骨一片もかえらぬ虚しい帰還を　母は今も信じていない　必ず生きて戻るとの願いが　老い朽ちた母を支えている　冷たく白い墓石の前で私は何も言えないで佇《た》ちつくすばかりだ。（弟の墓）

人間の死をうつくしく飾るな　むごい友の死を麗句でごまかすな　見捨てられて君等は死んだのだ。密林の蛆に食い尽されて　幾十体の白骨が水筒を首から吊して　古池に突っ伏していた

一滴の末期の水を求めて　君等はあの水辺で果てたのだ　名もない南溟のジャングルの　あてどもない彷徨の涯の野たれ死にだった。

あの密林の髑髏の声を　誰かひしひしと聴いてやってくれないか　彼等は「大義」や、「散華」などとは　かけ離れたところで　降りしきる連日のスコールに叩かれ抜いて　今頃は椰子林の腐植土になりつつあるのだ。（散華）

この華やかな生命の氾濫の中へ、亡くなった英霊達を連れ戻したら彼等はどんなに戸惑うであろうか。（新宿にて）

ここには、戦場の虚しき死を凝視し、この死がもたらした戦後日本とは何かを問い質し、現在ある己の場を確かめ、「密林の髑髏の声」に耳を傾ける詩人の姿があります。虚しき死は、己の死が後の世でいかに新しい世界を造る捨石になるかとの想いに託すことで、はじめて甘受できたのではないでしょうか。

## 戦争を凝視する目

近代日本では、戦争がまさに天皇の戦《いくさ》として語り継がれてきたように、戦争の構造を支える存在が天皇でした。天皇は、その構造を支える器として、御府を営み、「股肱の臣」たる将兵に密着した姿を示し、その想いを詠うことで民衆に己が心を説き聞かせました。

戦後はどうでしょうか。天皇は平和を祈る者として存在しようとしているのではないでしょうか。現天皇は、沖縄戦が終結した六月二十三日、広島に原爆が落ちた八月六日、長崎に原爆が落ちた八月九日、そして終戦の八月十五日という、四つの日を大切にしている由。天皇、皇后は、この日どこにいようと

も死者に祈りを捧げ、平和に想いをいたすそうです。かつ、この四つの日を「祈りの日」と皇太子らに教えているとのことです。まさに天皇は、「戦争の君」であるにせよ、「平和の君」であるにせよ、時代の相貌をまとうことで時代の声に唱和し、その存在を確かなものとしてきたのです。

こうした天皇を支えているのは、万国の総帝、万世一系の皇統である世界で唯一の正統なる皇帝であるとの意識でした。天皇は、「まつろわぬ者をまつろわす」ことを大義と思いみなし、己の秩序に従わせるために戦争をしたのです。この皇軍の論理こそは、戦争における殺人を神聖な行為とみなし、将兵を督励し、日本が戦争を営む構造をささえてきた原点にほかなりません。平和への祈りは、こうした天皇の在り方を問い質し、その原点にある世界を解析し、戦争がどのようなものであり、その中で一人の人間がどこまで人間であり得るかを考えていくことで、はじめて実りあるものとなりましょう。平和教育とはまさにこのような戦争の構造を解き明かすことなのではないでしょうか。

戦後、日本では八月十五日に平和展をやりますが、戦争の残酷さや殺人がいかに神聖なものとされたか等々を問い質した戦争展はやりません。戦争は「平和」にこと寄せて語られるものの、その無惨な死、殺人を神聖なことと教え諭してきた世界への眼は弱いのではないでしょうか。その意味では、ヨーロッパの戦争博物館が戦争の過酷な死を展示し、戦場の営みに目を向けさせている作法に学ぶべきでしょう。戦争の愚かさはこうした作法を日常化したときに見えてくる世界です。

戦争の説き方は、「天皇制軍国主義」等々の観念としてのイデオロギーにとらわれてこれを読みとるのではなく、戦場の実態を、兵隊がどんな殺し方をし、どんな死に方をしたかを解析し、日本の戦争の構造にせまることではじめて可能になりましょう。そのためにも、皇軍の名の下で、天皇の兵であるがゆえに、赤子として「まつろわぬ者」を殺す論理を受容れていく歩みを、どのように問い質していくか、戦死がどのように語られ、記憶されていくことで、いかなる世界が見えてきたのか等々を、いかに具体的に読みとれるかが問われています。かつて高橋セキが「生まれた時がら、オレの子どもでながったのス」と言い放った想いには、死んだときに初めてわが子を抱けることを祈る日本の母の心があり、皇軍が営んだ戦争の構図を解き明かす眼があります。

日本では、戦場で命を落すとき、「天皇陛下万歳」と言って死んでいったという美談が言挙げされているように、死に方まで天皇にからめとられていました。母の手には渡されないのです。しかし、「隆は今から死にます　お母さん御機嫌　」と、「白水村」の戦に斃れた兵士の遺言が物語るように（『大戦の詩』）、兵士は「お母さん」と言って死んだという話は広く語られています。死の間際に「お母さん」というのは、日本のみならず、欧米でも一般的にみられたことです。アメリカ陸軍のF・リチャードソン少将は、「戦闘で命を落とすとき、兵士はよくお母さんと言うんだ。あれは胸が痛む。私はもう五カ国語で聞いている」（『戦争における「人殺し」の心理学』）と証言していますが、これは国を超えた兵士の最後の声でした。ここには、戦士ではなく、裸の人間として眠りについていく原初の姿がうかがえます。天皇の国は、皇軍という呪縛にとらわれ、人間が人間として生きることが許されなかったのです。現天皇の平和への祈りは、この問いかけに、どのように応えようとしているのでしょうか。

# 第四章

# 「維新」という亡霊

**陸軍始観兵式における昭和天皇**

昭和 18 年 1 月 8 日、代々木練兵場において名馬「白雪」の鞍上で分列行進の将兵に答礼する。

| | |
|---|---|
| 大正12年5月9日 | 北一輝『日本改造法案大綱』 |
| 9月1日 | 関東大震災／4日　亀戸事件 |
| 11月10日 | 国民精神作興に関する詔書 |
| 12月27日 | 虎の門事件 |
| 14年11月7日 | 原理日本社結成 |
| 15年2月11日 | 第1回建国祭 |
| 昭和2年（1927） | |
| 7月15日 | コミンテルン「27年テーゼ」／24日　芥川龍之介自殺 |
| 3年11月10日 | 天皇即位礼／20日　ダンスホール取締令 |
| 4年9月10日 | 文部省が国体観念明徴・国民精神作興のための教化動員実施を各学校に訓令 |
| 5年4月22日 | ロンドン海軍軍縮会議で条約に調印 |
| 10月27日 | 霧社事件、台湾の反日暴動 |
| 11月14日 | 浜口雄幸首相狙撃され重傷 |
| 6年3月 | 3月事件（桜会の軍部クーデタ発覚） |
| 4月15日 | 橘孝三郎が愛郷塾設立 |
| 9月18日 | 満州事変 |
| 10月17日 | 錦旗革命事件（10月事件） |
| 秋 | 東北・北海道の冷害凶作 |
| 7年2月9日 | 井上準之助を血盟団団員が射殺 |
| 3月1日 | 満州国建国宣言／5日　団琢磨を血盟団団員が射殺 |
| 5月15日 | 5・15事件 |
| 7月10日 | 「32年テーゼ」 |
| 8年3月27日 | 国際連盟脱退 |
| 7月11日 | 神兵隊事件 |
| 10年8月3日 | 政府、国体明徴に関する声明 |
| 10月15日 | 天皇機関説排撃の声明 |
| 11年2月26日 | 2・26事件 |
| 4月18日 | 外務省、「大日本国天皇」の呼称と改定 |
| 7月5日 | 陸軍軍法会議2・26事件の17人に死刑判決（12日に15人処刑） |
| 12年7月7日 | 盧溝橋で日中両国軍開戦 |
| 8月14日 | 北一輝・西田税に死刑判決（19日北・西田・磯部・村中処刑） |
| 14年4月3日 | 大東塾結成 |

## 迷妄の道程

明治44年（1911）
12月31日　東京市電ストライキ（〜45年1月2日）
45年3月1日　美濃部達吉『憲法講話』／29日　呉海軍工廠ストライキ
7月30日　明治天皇崩御
大正元年（1912）
8月1日　鈴木文治ら友愛会結成
9月13日　乃木希典夫妻殉死
12月19日　東京で憲政擁護大会（閥族政治打破）
2年8月23日　ドイツに宣戦布告、第一次世界大戦に参戦
12月3日　対華21カ条要求
5年1月　吉野作造「憲政の本義を説いて其有終の美を済すの途を論ず」
10月12日　全国記者大会、元老の政権私議、閥族・官僚政治の排斥決議
6年11月7日　ロシア10月革命
7年1月6日　内村鑑三が再臨運動を全国的に展開
8月2日　シベリア出兵宣言／3日　富山県に米騒動起こり1道3府32県に波及
8年1月18日　パリ講和会議開催
3月1日　朝鮮で万歳事件
8月1日　猶存社結成
10月10日　大日本国粋会／18日　建設者同盟結成
12月22日　協調会結成
9年3月10日　権藤成卿『皇民自治本義』
5月2日　日本最初のメーデー
10年1月11日　内務省神社局『国体論史』
2月10日　宮内省が宮中某重大事件につき皇太子妃内定変更なしと発表
4月26日　陸軍・海軍軍法会議法公布
9月28日　朝日平吾が安田善次郎刺殺
11月4日　中岡艮一が原敬首相を刺殺
11年3月3日　全国水平社創立大会
4月9日　日本農民組合創立

明治維新は「維新」としては未完成でした。未完の明治維新を完結するために新しい維新を起こそうという動きが、「大正維新」さらに「昭和維新」として提起されます。明治維新の年、明治元年(一八六八)は干支が戊辰で、次の戊辰の年が昭和三年(一九二八)です。「昭和維新」を想い描いた人たちの頭には、「戊辰の年」に新たなる維新をするとの想いがあり、自分たちこそが明治維新の志士の後を継ぐ者だという自負をもち、維新をいまこそ遂行しなければならないという強い使命感がありました。

さらに次の戊辰は一九八八年で、六〇年代後半から七〇年代にかけての大学紛争に始まる暴力の時代がいまだ癒えない時代。八〇年代後半から九〇年代にかけてのバブル経済に翻弄される金権政治を糾弾し、「平成維新」を掲げる右翼や国粋主義者の動きが出てくるのも、ある意味当然だったかもしれません。

歴史の年表を繰るときに、ある時代と併走していく感覚で読み直してみると、歴史の問い方に自分なりの目線が表れるものです。それは、「歴史は繰り返す」ということではなく、ある人たちにとっての、ある過去の時代を現在《いま》どのように想い起こし、自分のものとしていくかが、歴史の一つの読み方、歴史を問い質す作法です。「維新」は時代のなかでどのように語られ、「維新」にはどのような明日が託されようとしていたのでしょうか。

## 第一節　「維新」未だならず

### 政弊一時に暴露し

時代の物語を書いた一人に大川周明がいます。昭和十四年に刊行された大川の『日本精神研究』は、昭和十九年の一四八版が五〇〇〇部発行とされているように、時代の気分を代弁した歴史書として、よく読まれた作品です。大川は、明治天皇亡き後に、時とともに深まる時代の混迷、昭和の閉塞感を如何に突破するかとの想いに重ね、明治維新を問い質し、「日本精神」の復興による理想国家の実現を提起します。そこでは、維新未だならずとなし、西郷隆盛ら第一等の人物が早く世を去ったがために、運よく予想外の出世をした者が明治国家の指導者になったにすぎないのだと、辛辣に歴史の闇を問い語っています。その語りには時代と併走した者のみが読みとった世界があります。

　夜更け人眠りて独り孤灯の下に坐し、粛然として想を六十年の昔に回らせば、浮影遠近に消え、幻夢長短に断絶して、心は無限の感懐に満つ。嗚呼明治維新の志士、何ぞ必ずしも高潔の人のみならむ。半ばは唯だ好時に際会して功名を僥倖せんとしたる軽瓢の輩に外ならぬ。疾風到れば枯葉また天外に舞ふ。大勢少しく動揺すれば、軽浮浅薄の才人、営々として奔馳すること、古も尚ほ今と変るところない。況んや機運全く激揚する比《ころお》ひは、挙国興奮して匹夫尚自ら英雄たるの感を抱く。維新の功臣として明治の世に時めきたる諸公のうちには、唯だ此の大勢の流れに生を寓し、暫く其の余波に沐浴せし為に、僥倖に連れられて分外の出世をなし、途に人の遺せるを拾ひて我物顔せる人々もある。

　維新創業第一の偉勲者は、紛ふべくもなく西郷南洲其人である。而して予は南洲を懐ふ毎に彼が如何に所謂功臣の始末に苦心せるかを諒察せざるを得ぬ。幾多薩長の志士、其の起てるは純乎として純なる勤王のために非ず、希ふところは功名富貴に在りしこと、南洲熟知して深く之を念とした。

　まさに明治維新は、南州西郷隆盛・甲東大久保利通という「第一等の人物」が早く亡くなったがために、中途半端で終わり、明治天皇の死で「多年の政弊一時に暴露し」ました。かくて明治維新は未完の革命に終わったと論難します。

　明治維新の改革は、大勢の致すところ、人傑の応ずるところ、其の成れるは固より偶然でない。悲しむらくは当年第一等の人、不幸にして早く世を逝り、爾来国家の政輪を転じたる者、概ね大勢に伴随して好時の際会に僥倖せし自称元勲諸公なるが故に、革新の事業未だ半ばにすら達せず、規模中道に縮少し、抱負夙く既に挫けたるの感に堪えぬ。わけても明治天皇一たび神逝り給ひてより、多年の政弊一時に暴露し、虚栄一朝に剥落して、爾来日輪の転ずる所、公事唯だ日々に非なるを見る。心を清くして諸先輩の赤心を念ずれば、天上幾多の幽魂、みな張目して予を環視する。予は南洲・甲東の霊、惨として後輩の為すなきに哭するを聞き、月照・国臣の亡魂、激悲して彷徨するを見る。是くの如くにして永く先輩の恨思を苦しむるは、吾等の堪え得る所でない。

## 西郷という幻影

天皇の死が明治一代の終焉をうながしたという想いは、当時の人たちが共有しうる感覚で、維新への見果てぬ夢を掻きたてることとなります。この夢を一身に体現した人物こそ西郷隆盛でした。その死は、身亡ぶとも、生きて時代を馳せたのです。明治天皇は、幼き日より、西郷にある種の共鳴盤をもっていました。明治九年の列島は、熊本神風連・山口萩・福岡秋月の乱に見られる士族反乱や伊勢暴動のような農民一揆にゆれており、西南の地鹿児島には維新の「功臣」西郷隆盛の軍団が政府を糾弾しようとしていました。フランスから呼び戻された大山巌は、鹿児島に従兄西郷隆盛を訪れますが、意ならず、福沢諭吉の『文明論之概略』を贈っています。西郷との訣別は大山の生涯を二分しました。西南戦争終結後の明治十二年春より書きはじめた「大山巌自叙履歴」の「自序」に、「予が如き一世にして二世を見るか如きの世渉りたるは古人歴史と雖も未た嘗て不聞所なり、今日の考へを以て昔日の事を思へば予か一身を以て二身の如き思をなせり」と認め、生涯鹿児島に足を向けることはありませんでした。西郷との訣別はかくまでも心に深い傷を遺したのです。

明治十年、二六歳の天皇は、西郷隆盛を擁する鹿児島の異変を凝視しながら、一月二十四日に大和・京都行幸に出発し、二月十一日に神武天皇陵を参拝します。西南戦争前後の天皇は、異変が暴発し政府への叛乱になるなか、状況に心を閉ざしたかのようにふるまっています。そこには、政府を問罪せねばならなくなった西郷の心意につき、天皇のある想い、共感があったのかもしれません。しかし天皇は、二月十九日に「暴徒征討の令」を出し、有栖川宮熾仁親王を征討総督に任じ、西郷を「賊徒の首魁」とします。官軍の攻撃によって城山が落ち、西郷が死んで、西南戦争が終わりました。『明治天皇紀』明治十年九月二十四日の記事は次のように述べています。

官軍城山を攻めて遂に之れを抜く、是に於て兵乱始めて鎮定す、（略）

征討総督熾仁親王鹿児島賊徒の平定を電奏す、乃ち翌二十五日之れを天下に布告せしめ、出征旅団をして、各々其の守備を要地に置き、順次凱旋せしむべき旨を征討総督に命じたまふ、（略）戦死者及び負傷後死せる者合はせて六千九百四十余人に及び、征討費の総額四千百五十六万七千七百二十六円余に達す、乱平ぐの後一日、天皇、「西郷隆盛」と云ふ勅題を皇后に賜ひ、隆盛今次の過罪を論じて既往の勲功を棄つることなかれと仰せらる、皇后乃ち、

薩摩潟しつみし波の浅からぬ
　はしめの違ひ末のあはれさ

と詠じて上りたまふ、皇后又嘗て侍講元田永孚に語りたまはく、近時聖上侍臣を親愛したまひ、毎夜召して御談話あり、大臣・将校を接遇したまふこと亦厚し、隆盛以下の徒をして早く此の状を知らしめば、叛乱或は起らざりしならんと。

天皇は、皇后に「西郷隆盛」という勅題を出し、「隆盛今次の過罪を論じて既往の勲功を棄つることなかれ」との言葉に託し、西郷に寄せる想い、強いシンパシーを問い語ったのです。西南戦争中に天皇が心を閉ざしたのは、乱の推移以上に西郷の安否を人一倍気遣ったからではないでしょうか。西郷に寄せる想いこそは、「賊徒の首魁」として西郷隆盛の死を聞いたとき、立場上その追悼する心を詠めないがために、皇后に詠ましめたのです。

乱後の天皇は、皇后が元田永孚に「（近頃天皇は）侍臣を親愛したまひ、毎夜召して御談話あり、大臣・将校を接遇したまふこと亦厚し」と語っていることからもうかがえるように、臣下の者を側近くに呼んで談話し酒を飲んだりすることが多くなっています。天皇は酒が好きで、晩年には酒を飲んで乱れたり泥酔したりしたので、側近が酒をやめさせようとしたこともあったといいます。西郷とも早くこのよ

うに親しく酒を飲み、心開いて語っていれば、反乱に到らなかったのにとの念があったことによるのでしょう。

西南戦争後に天皇が心配したもう一人が谷干城でした。谷が薩長閥の支配に対して中正党を結成するなどの動きを示したことに対して、第二の西郷にならなければいいがと心配していたようです。このように、明治天皇には、君主として臣下への厚い想いがありました。

西郷を「賊徒」にせざるをえなかったことに青年天皇の心はゆれていましたが、民衆もまた西郷の悲憤に共鳴し、西郷隆盛という存在に時代の弊政を打開する何かを託せるとの想いにとらわれていました。民衆は、巷間で語られる天皇の西郷に対する熱い想いを聞くにつけ、御一新の実現を下野した西郷に期待していました。その想いこそは、「西郷いまだ死せず」という念となり、西南戦争終結の九月に地球に大接近し、怪しい光を放つ火星に西郷隆盛の亡魂を読みとり「西郷星」と呼び、火星近くの土星を桐野利秋として「桐野星」とし、時代の闇を突破する夢を託しました。さらに明治二十四年には、ロシア皇太子がシベリア鉄道起工式に参列の途次日本に立ち寄るのは、日本征服のための準備とみなす風説とともに、ロシアに逃れて今も生きている西郷が皇太子に伴われてて帰国し、政府の弊政を問責するとの風聞が実しやかに語り継がれていきます。

この風聞は、同年に刊行された仙橋散史『西郷隆盛君生存記』が「頃日《このごろ》に至り連《しきり》に翁の尚生存《なほいきなが》へあるよしを流言《いひふら》せる者あるより新聞紙上にさへ種々の風説《うはさ》をそのまゝに記載《かきしる》して世上に流布」しているとして、これらの記事を集めて紹介しています。これによれば、鹿児島では西郷隆盛をはじめ桐野利秋・村田新八らが城山落城の前々日に脱出し、串木野の島平浦から和船で甑島に渡り、桑浦でロシア軍艦に乗船、ウラジオストックに上陸して、シベリアの兵営でロシア兵の訓練に従事しているとのこと。明治十七・八年頃に黒田清隆が欧州巡回の途次、兵営をひそかに訪ねて西郷に面会し、「大に日本将来の事を謀議し」、初期国会開設の翌年の明治二十四年に西郷以下の諸将が帰朝するとのことをロシア政府に伝えた。ロシア政府は、諸将の帰国を惜しんだが、「故国を懐ふの情を察し然らば軍艦を以て護送せんとて其の名を皇太子の漫遊に藉《か》り数艘の軍艦を以て護送し来る筈」というのです。

西郷生存帰国の巷説は、ロシア皇太子訪日の報と重なり、兜町の株相場をはじめ米相場を騒がせます。その風聞は、「聖天子南洲の生死を問はせたまふ」との記事が語るように、明治天皇が山県有朋に「実否如何」と問い質したところ、山県が「西郷の首を見て而して後始めて凱歌を唱へた」と、西郷の死を確認したと応じたことを報じています。しかし西郷生存説の根強い人気は、いかに西郷の死が力説されようとも、「影武者」の存在をはじめ、多様に語り継がれていきました。その心意は、「我が国民が如何なる豪傑を所望するかを説明するもの」との新聞紙面に読みとれます。

> 我国英雄なきや久し、維新改革の大風雲は幾多身を殺して仁を為し己を損して国に殉する的の大人物を生じたりしも塚墓は幾多の英雄を呑みてより以来豪傑一去豪華空しく人民の首領たるものも軽薄となり遊惰となり利巧者となり反側子となり、目前一身の経営に忙はしくて天下を忘る是に於てか利巧臆病勘定づくの風、靡然として少年を誤る、此の時に方りて藉々として老西郷の来るを説く、是豈天下漸く利巧者に飽き剛骨、雄勁の人物を求むるの証にあらざるか、老西郷が資格を有するや否やは別論なり、唯老西郷来去の風説が世人好奇の心に出づるに止らず幾分か我が国民胸中の秘密を説明するものなり、社会の先登者たるもの豈鑑みる所なかるべけんや

民衆には、「西郷の資格を有するや否やは別論」としようとも、根強く西郷への期待がありました。その期待は、「其の度量濶大にして能く衆を容れ、廉潔高風美指を財利に染めざること『児孫のために美田を買わず』の詩句其の一端を見るに足れり、当世の立憲的政治家と称する人誰か此の意気を負ふ者ありや、夫渇者水を思ひ、飢者食を思ふ、此の人傑払底の時、特に廉潔の風、地を払ふの今日」がもたらしたものにほかなりません。まさに西郷隆盛は、立

憲政治の腐蝕を糺し、世を覚醒する存在として、時代人心を嚮導する器だったのです。

この風聞は、明治二十五年五月に来日したロシア皇太子が、長崎から鹿児島・神戸を経て京都に入り琵琶湖周遊に訪れたとき、警備中の巡査津田三蔵に斬りつけられるという事件を引き起こします（大津事件）。津田は、ロシア皇太子に同道した西郷隆盛に西南戦争でもらった勲章を取り上げられるのではないかと怖れて、凶行に及んだと事の因果を話した由。まことに西郷は死んでも人を動かしたのです。

### 「西郷隆盛」という世界

西郷は、政治に名誉と利益を求めず、「廉潔高風」に生きた器量大なる者といわれています。西郷が御一新にかけた想いは、「維新」なる言葉を生涯口にせず、「御一新」と言い続けたなかにも読みとれます。そこには、「敬天愛人」を旨となし、「大政を為すは天道を行ふものなれば、些とも私を挟みては済まぬもの也」（『山田済斎編『西郷南洲遺訓』昭和十四年）とした西郷の政治哲学があります。西郷は、新政府の「文明」路線、「欧州的帝国」への道に強い違和感を抱いていました。その想いは、西洋を野蛮とみなす言説にみられるように、「欧州的帝国」が説く文明の論理を厳しく批判したなかにうかがえます。

文明とは道の普く行はるゝを賛称せる言にして、宮室の荘厳、衣服の美麗、外観の浮華を言ふには非ず。世人の唱ふる所、何が文明やら、何が野蛮やら些とも分らぬぞ。予嘗て或人と議論せしこと有り、西洋は野蛮ぢやと云ひしかば、否な文明ぞと争ふ。否な野蛮ぢやと畳みかけしに、何とて夫れ程に申すにやと推せしゆゑ、実に文明ならば、未開の国に対しなば、慈愛を本とし、懇々説諭して開明に導く可きに、左は無くして未開矇昧の国に対する程むごく残忍の事を致し己れを利するは野蛮ぢやと申せしかば、其人口を莟めて言無かりきとて笑われける。

この文明を批判する目こそは、文明化の波に翻弄され、弱肉強食という近代の論理で大地を追われた民衆の声を代弁したもので、在地の民衆の心をとらえたものでした。それは、強権的政治たる覇道ではなく、慈愛を旨とした王道の治という幻想といえましょう。民衆は、その幻想を実現する器として西郷隆盛という存在に夢を託したのでした。いわば西郷隆盛という存在は、時代人心の相貌に合わせ、民衆の見果てぬ夢を担いつづけたのです。明治三十一年十二月十八日、後に「上野の西郷さん」と愛称されることとなる高村光雲作の西郷隆盛の銅像の除幕式が上野公園で行われました。それは西郷があたかも九段の靖国神社に立つ明治建軍の父たる大村益次郎の銅像に対峙するかのような位相です。この構図に、軍事大国という文明の道を馳せ行く明治国家の在り方に寄せる西郷の目線を読むのはどうでしょうか。

西郷は近代日本人が最も心寄せたともいえる人物でした。昭和十四年（一九三九）五月の『日本評論』には、前年の十一月に東京帝国大学、京都帝国大学、東京商科大学、新潟医科大学、早稲田大学、慶応義塾大学、第一高等学校、第三高等学校の八つの学校で行われた「崇拝人物」「尊敬する人」という調査の結果が載っていますが、東京帝国大学では、西郷隆盛が二六二でトップ、次いで吉田松陰が一〇九、以下ゲーテが九九、乃木希典が八八、楠木正成が七一、野口英世が五九、寺田寅彦が五一、ヒットラーが四七、パスツールが三九、ベートーベンが三七となっています。日本のトップエリートになる青年が西郷を挙げているだけではなく、戦前においては広く一般に尊敬する日本人とされたのは西郷隆盛がトップでした（西洋人ではナポレオンに人気があった）。西郷こそ期待される人間像だったのです。

この期待感とは、覇道ではなく、なによりも王道をめざした西郷像であり、民衆があるべき政治に寄せる気持ちにほかなりません。その想いは、西郷軍団の「出陣いろは歌」の最後の一節「もはやこのうえ　忍ばれず　責めてはつくすもののふの　数万の民を救わんと　今日を限りの死出の旅」という亡び の凱歌が問い語るように、民衆にとってつねに見果てぬ世界でもありました。現在でも鹿児島県では西郷南洲顕彰会の活動が活発で内容の充実した雑誌を刊行しており、県民にとって西郷はいまだに大いなる存在なのです。西南戦争で敵対した大久保利通や大山巌は鹿児島に生涯足を踏み入れず、子孫が鹿児島に行くことを許しませんでした。ここには、墳墓の地を棄ててでも、新生国家とともに生きねばならなかった者が負うた傷痕の深さ、歴史の怨念が読みとれます。

## 第二節　新たなる維新を

### キリスト者の問いかけ

日本は、明治維新により、文明化を課題とした物質的な革命をなし、「欧州的帝国」にならぶ軍事大国になりました。その道は、弱肉強食の世界で生きる強国としたものの、人間として生きる精神の在り方、精神の覚醒を放置するものでした。そこから、西洋文明流の統治を批判する西郷に対する思い込みが生まれたのです。このことはさらに、物質的に近代をもたらした明治維新を完成させるためにも精神的な覚醒が課題だとなし、新たなる維新の主張を生むこととなります。

会津藩士井深梶之助は、キリスト者として蘇生し、日清戦争で「日本人たる我」を自覚し、「第二の維新　社会改良」に想いを致しました。その講演「社会改良の前途に就いて」は、日清戦争開戦直後の明治二十七年九月六日に開催された横浜女子夏期学校でなされたもので、「吾人日本人は二個の大事件の真中に立ちつつあり」と問いかけ、「第一　日清戦争」が「日本国民」意識をもたらし、「帝国の大勝利」が「国民的精神即ち愛国心の大発達を見るや疑いなし」として、「支那国に加えられたる打撃は、即ち本邦に於ける不健全なる漢学即ち支那主義に加えられたる打撃なり。是れ即ち自然の勢いなり。而して是れは本邦社会改良の前途に大いに関係を有するなり」とみなしました。ついで「第二　条約改正」による「内地開放即ち内地雑居」の実現を「鎖国主義に対する開国主義の勝利、保守主義に対する進歩主義の勝利」とみなし、「開国進取主義の拡張」の時と位置づけます。まさに日清戦争と条約改正こそは、鹿鳴館外交による欧化主義の反動が惹起した「保守の精神」の下で、「万事に付け保守保存の呼び声のみ高くして、維新大業の精神たりし進歩改良は殆んど死灰の如き有様」となり、日本の万物が保守保存の堅い氷に封じ込められ、その開発を止めたようになったが、神は「我が国民をして永く保守保存の堅氷中に封鎖せらるるを許し玉わず。更に第二の維新に進行するの機会を与え玉えり」と、呼びかけました。

この第二維新でなすべき事業は政治上・法律上・軍事上・教育上・商業上・工業上等々のあらゆる面にあるが、最も緊要なのは「社会的又は道徳的の改良」とします。維新は、「有形的の事」に改良をなしたが、「無形上の事即ち道徳上の事に至りては未だ改良其の緒に就かざるに非ずや」となし、第二維新がめざすのは道徳改良であると。この道徳的改良で問われるのは、国民を真に「開明の民たらしめんには、倫理上の主義に於て根底的の改良を要す」と指摘し、「人倫の大本たる所の夫婦の関係」をあげ、「蓄妾の慣習」に言及します。まさに第二維新が掲げた社会改良は、一夫一婦の道徳による家庭の実現を提起しているように、社会人倫の道徳覚醒にほかなりません。ここで言及された一夫一婦への眼は、明治天皇にも及んでおり、皇子誕生を求め側女の採用をうながした側近の進言を退けます。

新たなる維新が必要との声は、日清戦争ついで日露戦争の勝利で「欧州的帝国」日本が実現することで、「世界の一等国民」たる日本・日本人のあるべき道、日本人たる我とは何かを問う声に共鳴して強くなってきます。明治天皇の死は、維新以来というものひたすらに「欧州的帝国」への道を馳せ来った日本にとり、ひとつの時代の終焉であり、没落を予兆させるものでした。

## 終末的感覚の広がり

明治天皇崩御前後の時代は、明治四十三年五月から大逆事件の検挙が始まり、八月二十二日に韓国併合条約の調印、二十九日の併合宣言で日本は名実ともに他国を植民地支配する「欧州的帝国」となりましたが、明日を想い描けない強い閉塞感にとらわれていました。そうした時代の壁に対峙するかのごとく、四十四年十二月の大晦日から東京市電の大ストライキが始まり、翌四十五年三月に呉海軍工廠のストライキがあり、七月三十日の天皇崩御による諒闇中の八月一日に友愛会が結成されました。さらに大正となった十二月には、二個師団の増設に反対する憲政擁護大会が各地で開催され、閥族打破が叫ばれました。まさに明治終焉の秋《とき》は、広範な労働大衆のストライキがあり、労働組合が生まれ、閥族打破・憲政擁護という動きが物語るように、ある時代の終焉と新時代の夜明けが交錯していました。そこでは、天皇の存在そのものを問い質す声があげられ、天皇が統治する国のかたちそのものを否定しようとの動きが、ある社会的勢力となって登場し、おおきな波涛になろうとしていました。

キリスト者内村鑑三は、避暑地の日光で天皇崩御の報を聞き、天地が覆ったような感じだとなし、ヨエル書三章一五節「日も月も暗くなり、星もその光《ひ》明《かり》を失ふ」に託し、悲痛におおわれて休暇も休暇にならず、夢をたどるような心地と、悲痛な想いを述べています。この感想はキリスト者に広く共通したもので、教会では追悼礼拝がもたれました。内村は、この悲痛をふまえ、大正という新たなる時代が問われる課題を大正元年十月の『聖書之研究』一四七号の「明治と大正」で問い質しました。その問いかけは、「文明の治政」をめざした日本は、ヨーロッパの物質文明を受容し、物質的に日本を欧化することに成功したが、物質的文明だけでは国は成り立たないとして、「殖産と工業と、軍備と法律との下には強き道義が無くてはならない、大正、之を釈けば大なる正義である」と説き、大正時代を生きる日本人は、「宗教的并びに道徳的に偉大たるべきである」となし、「正義の建設に従事」し、「明治の開明時代の後に大正の大義時代が来るべきである」というものでした。

この強き道義の呼びかけは、内村が日本と日本人に終世問い続けたことですが、実を結ぶことはありません。「大義時代」をめざした内村は、第一次世界大戦が終結し、ロシア革命でソヴィエト連邦共和国が成立するという大きな時代の転換期を凝視した時、「大義」の実現が遠いことを実感し、強く時代の終末感にとらわれました。この終末の時という実感は、キリスト教国同士が相食む欧州の大戦である第一次世界大戦とロシア革命を聖書に照らして読むことで、内村にキリスト再臨への信仰をうながしました。かくて内村は、キリスト再臨を説き、終末の時に備えようとしました。この想いは、内村の個人的な信仰の現れにとどまらず、危機の時代を嚮導する再臨運動として展開していきます。

内村は、再臨を説くなかで時代と対峙し、「大いなる正義を貫く」時代と期待された大正が終わり、「百姓昭明にして、万邦を協和せしむ」昭和が幕を開けるなかで、あらためて日本の近代とは何かを問い質します。その想いは、昭和二年（一九二七）二月十四日の日記に「旧暦に算ふれば今日は我が誕生日」と書き起こし、「実に維新の青年政治家輩は乱暴な事を為したのである。基督教抜きの西洋文明を日本に輸入して、毒消し無しの毒物を日本に輸入したのである。斯んな人達（岩倉具視、伊藤博文、大隈重信等）を維新の功労者として崇めし日本国民は後に至りて其不明を恥ずる事であらう」となし、「日本人は今や精神的に死んだ民」と断言し、救うべき道は唯一「旧いキリストの福音」だとして、「之をさへ説いて置けば是等の此世の智者に由りて国が一度亡びた後にでも、再び福音に由りて国は起上るであらう。其時に本当の維新が我が愛する此日本国に臨むであらう」と、認めています。そこには、「近代主義と基督教」（『聖書之研究』三二七号　昭和二年十月十日）において、日本の近代人が「日本人にもあらず西洋人にもあらず、特性なき一種の無形人種である。日本人の意気もなく西洋人の道徳もなく、唯自己の意見を押通すを以て特徴となす。彼等は束縛は凡ての形に於て之を厭ふ。彼等は唯一事に於てのみ勇敢である。即ち恋愛問題に於てのみ熱心である。熱烈なる愛国心なく、冷静なる研究心なく、何事も道楽気分を以て之に当る。私は告白して憚らない、私は日本の近代人とは何の与《あずか》る所がないと」論難してやみません。

ここには、キリスト教抜きの西洋文明を受け入れた日本の在り方を凝視し、道義国家日本を建設するにはキリスト教に目を開かなくてはならないという内村鑑三の信仰が直截に表明されています。この想いは、明治維新で物質的に日本が開化し、日本の近代化をなしたとは言え、国家をささえるのは強い道義心であるとの信念から提示されたものです。

内村は、キリスト者として、道義的文明の根にあるキリスト教を受け入れない日本文明を批判しました。この想いは、新島襄の門下生徳富蘇峰も共有しています。日本は近代化において物質的近代は達成したが、精神的には欠落があると感じていたのです。その精神的な欠落感を社会心の養成や国家心の問題となし、蘇峰は大正の青年を問い質しました。

## 大正青年の相貌

大正という時代を的確に描いた歴史家として徳富蘇峰がいます。蘇峰は、明治・大正・昭和を第一線の言論人として生きた人物で、『近世日本国民史』を執筆しながら、その優れた歴史的感性で時代の空気を描いた多くの作品を世に問うています。

蘇峰は、大正という時代に大きな危機感を持って臨み、著書『大正の青年と帝国の前途』（大正五年）で大正を担うべき青年の在り方を鋭く論難しています。「大正の青年」は次のような世代の者です。

若し青年の公定年齢を、二十歳とせん乎。今大正五年の青年は、明治二十七八年日清戦役の前後に生れ出てたるもの也。明治三十七八年日露戦役の前後には、僅かに小学科程の半を過ぎたるもの也。彼等は実に生れながらにして、風雲の気を呼吸して、出て来りたるもの也。彼等は実に国運興隆の雰囲気に抱擁せられて、出て来りたるもの也。

大正の青年は、日清・日露戦争の栄光と共に生れ育ち、日本が明治天皇の生涯とともに国威が隆盛に向かって一等国になる中で呼吸してきた者たちでした。蘇峰は、この「国運興隆の雰囲気に抱擁」されて育った世代であるがゆえに、「国家独立」「内政の統一」をめざした明治の青年の苦闘を想いみることもない、「三代目の若旦那」のごとき者が大正の青年だとなし、国是・国家が見えなくなったと論じました。

日本は、日露戦争の勝利により、維新以来めざしてきた「欧州的帝国」に仲間入りする「一等国」となりました。このことは、ひたすら「欧州的帝国」をめざして駆け足した時代の終焉であり、あらたなる国家目標がみえない時代への突入にほかなりません。

徳富蘇峰は、そうした国家目標の喪失を「没国是」と説き、時代の指針を見出せない大正青年の特徴を「金持の若旦那」「模範青年」「成功青年」「煩悶青年」「耽溺青年」「無色青年」と類型化し、その相貌を紹介しています。こうした評価は、「大正の時代に進歩なしと云わず、されど是れ多くは惰力の進歩のみ」との想いにうながされたものです。

「金持の若旦那」は、過去の創業の苦しさを知らないで、将来はどうなるかという見通しがないまま現在の経営に適当に当たっているだけで危機感がない人。「模範青年」は、行状円満、勉強好き、自己宣伝にたけ、「町村若者仲間の評判男」で「模範」と言われるのが好きで、国も模範青年団や模範村などを言挙げして喧伝しているように、その建前の模範に合わせている小人にすぎず、なぜ勉強するかという自覚がないマッチ箱の小人みたいな人。彼らはまさに偽善そのものだといわんばかりです。「成功青年」は、拝金熱に浮かされて、金持ちになりたいという「成功熱」にうなされた「利己主義の結晶」した者で、「他人の迷惑には無頓着」な「自己本位」な青年。

「煩悶青年」は、「成功熱に反抗し、若しくは其熱に取り残され」、「一世を不可とし」、「不可なる世を、如何に渡る可きかに当惑する」青年群像でこれら青年の心を動かすのは「功名」と「恋愛」だが、ともに失敗して煩悶一層激甚となる傾向がみられる。彼等には心に帰すべき思想がなくヨーロッパの「極端なる思想を注入」されて「神経のみ過敏となり、精神のみ亢奮し」、「一種の人造狂漢」となって自殺に走る者で、国家にとり幾多有為の人材を失墜している。「耽溺青年」は、「煩悶青年」以上に「手の著け様もなき」存在で、「一種の軽薄児」オスカー・ワイルドのような「欧州の堕落文学」を受け売りするだけの「刹那主義」者で、「我が利益に殉ずるさえも、不都合なるに、国家の為めに殉ずる事やある。忠君何者ぞ、愛国何者ぞ。家庭も、国家も、社会も、世界も、我が一身より見れば、一毫にも値いせざる也。如何に我独り骨折たればとて、他人が相手とならざれば、徒労のみ。既に其の徒労たるを知らば、何を苦んで針にて山を鑿ち、貝殻にて海を乾かす愚を倣す者ぞ」との「耽溺者流の哲学」をうそぶき、どうせ明日は何もならないと虚無的になっている青年。かかる「刹那主義者」の存在は「我が帝国の白蟻とも称す可きもの」と論難します。「無色青年」は、周囲に同化されて、周りの声に付和雷同するだけの人。こんな人間ばかりが出てきたと蘇峰は慨嘆します。

この青年像は、昨今の青年にも当てはまるのではないでしょうか。金持ちの若旦那は、創業家の後継ぎとして社長になったものの経営をしくじって一線から引かされた人。模範青年は、お母さんに言われて一生懸命勉強して一流大学に入ったけれども、卒業すると何をやっていいかわからなくなり、親に八つ当たりしたり、社会から逃げる者。成功青年は学生のうちに投機熱に浮かされ、高級マンションに住みたいとひたすらに金儲けに励む人、などなどです。

## 第三節　天皇の赤子として

### 大正青年の責務

蘇峰は、かかる大正青年の状況をみつめ、国是を提示できない国家の責任を問い質すべく、ペリー来航にはじまる「外患」がもたらした「過去の屈辱」の歴史をふまえ、「皇政維新」「明治以後の大勢」「帝国主義の由来」「明治時代に於ける思想及び教育」「現代国民の使命」「英独米露」に説き及び、「大正の日本」の課題と使命を論じます。日本は、世界のあらゆる国民より「尊皇心」「愛国心」の国だとなし、時代を風靡していた「民本主義」につき、「帝国の歴史は、民本主義を以て、一貫せり」と述べます。その論拠は、明治天皇の如く、中国の皇帝のような国家や人民を「私欲の犠牲」とした君主が一人もいなかったとの認識です。その民本主義は、皇室が歴代相伝してきた「根本主義」にして、孝明天皇・明治天皇の「大御代」に最も発揮された精神として次のように位置づけられたものです。

明治天皇の御製に曰く、

　罪あらば朕を咎めよ天津神
　　民は朕か身の生し子なれば

と。是れ実に民本主義の極意にして、亦た人君天職の真諦也。蓋し国民の対外的精神の、期せすして我か皇政復古に集注し、皇室尊崇に帰向したる所以、職として之に由らすんはあらす。要するに我か国民の尊皇心は、乾燥無味なる理論より来らすして、情誼と、事実との湊合より来れる活勢力也。

蘇峰が説く「民本主義」は、吉野作造によって時代の思潮となった民本主義とは異質なものとみなせますが、人民を大御宝となし、天皇と人民の情誼的関係で位置づけることで、それなりに時代人心に受け容れられやすかったのではないでしょうか。民を大事にするのが民本主義だとする理解は、天皇が民を大御宝とするという脈絡で理解して読み解かない限り、大正維新への衝動が見えてきません。

大正の青年に求められるのは、蘇峰にいわせれば、「国家的没理想」「国民的没志望」という「帝国の一大病根」を克服するために、日本帝国臣民としての日本魂を心身にみなぎらせ、国体を体現することです。日本魂とは、忠君愛国の精神、君国のためには我が生命、財産、その他あらゆるものを献ぐる精神で、国家の危機には率先して奉ずる精神にほかなりません。忠君の第一義は皇威を四海に布き、皇沢を八荒に及ぼすこと、愛国の第一義は大日本帝国を世界第一等の強国、雄国にすることとされました。大正の青年には、このような忠君愛国の理想を鮮明、確実にし、献身的精神を横溢緊張せしむることが急務と説きます。そのためにも「社会心の養成」が求められました。

我か青年は、宜しく社会心を養ふ可し。社会心とは平たく云へは、協同生活の一員としての、其の任意的義務を執行するの心掛け也。此の心掛けあり、以て始めて個人としての取柄ある、要素を打て一丸となし、以て国家の各方面に於ける、組織的大運動を倣す可き也。

このように社会心の養成とともに、意志の鍛練をなし、「国民各個が、其の意志の力によりて、国家の尽瘁する」とき、初めて「一大意志ある国家」たりうるとなし、「大正青年の責任」を問いかけました。大正青年は、「白人の跋扈」する世界に対峙し、「世界の一大平等観」のために、その専横を制するべく、「我が黄人種をして、有形、無形、一切の文明に於て、白人と拮抗し、白人と対立し、若しくは白人を凌駕するに到らずんば、決して期す可らず」と、「白皙打破」を主張し、「帝国一般に国家心の欠乏」に言及し、大正青年の決起を呼びかけたのです。

吾人か今日に於て、最も痛恨に禁へさるは、我か帝国一般に於ける、国家心の欠乏也。国家心とは、日本帝国の心也。（略）

今や我か国民は個人的に思考し、階級的に思考し、業務的に思考し、党派的に思考す。而して未た帝国的に思考する者、幾許もなき也。

蘇峰は、このように「一個の日本国を腹の底に入れて、之を吐き出す者」たる「志士」の登場を呼びかけたのです。この呼びかけは、大正の青年にとり、まさに社会と国家への開眼をうながすものでした。その眼は、民本主義が問い質そうとした世界、人間が人間でありたいという想いと重なり、青年の心を揺り動かします。

## 「修養」という世界

「社会心を養う」という課題は、第一高等学校（一高）校長に就任した新渡戸稲造が俗世界は汚れているから無視するというエリート意識にからめとられていた生徒たちに、「ソサエティー」を説いたなかにも読みとれます。ソサエティーとは社会性ということですが、新渡戸は、エリートだからこそ、エリートたる者に問われる社会的責務を自覚し、社会的な協同生活の一員としての任意的義務の執行に当たることが大事だと説きました。一高時代に新渡戸から教えを受けた前田多門、南原繁や矢内原忠雄らは、新渡戸の橋渡しで、内村鑑三に出会い、内村の下で聖書を学び、信仰者として歩むこととなります。

一方で新渡戸は、雑誌『実業之日本』に、「従来聞き噛つたことを青年に頒ち、又今日まで事に当り物に触れて自ら感じたことをありのままに述べ、以て後進の参考に供したい」と、「修養」譚を連載します。この連載は、ブルーカラー、すなわち工場労働者や商店の店員たちが教育を身に着けて、実業青年として実業学校などで学ぼうとしはじめていた青年の心を魅了しました。この「修養」は、日露戦争後の世代にとり、生きる心構えを日常卑近な世界から説き聞かせもので、実業青年を励ましました。それは、明治四十四年九月刊行の『修養』が天金をほどこした聖書風の造本で、大正五年三月までに四八版を重ねており、実業青年にとり一種のバイブルのようなものとして読まれていました。

日露戦争後に農村から都市に出てきた青年は、一所懸命に働きながら、自分の働いている意味を問い、精神的なよりどころをどこかに求めました。キリスト教会の門をくぐった者もあれば、仏教の門をたたいた者もいました。

大分県宇佐郡の農家の次男石川武美はキリスト教会に行った一人です。本郷教会で石川はライオン歯磨の社長小林富次郎と出会い、後に主婦之友社を創ることができました。新潟県から出てきた庭野日敬は、一所懸命正直に働いているのに報われない己をみつめ、厳しい日々のなかで、世の中を恨むのではなく自分には何か足りないのではないかと問い、日蓮宗門と出会います。そこで「供養の仕方が足りなかったのではないか」と言われると、墓地に行って墓石を一所懸命磨いたり掃除をしたりします。そうした行動のなかである種の精神的昂揚が生まれ、やがて現在の立正佼成会につながります。

新宗教として今日まで続くいくつかの団体は、この時代に発する宗教運動が母体となっています。ここには、徳富蘇峰が描いた学歴のある大正青年の相貌とは異なり、実業青年として己の道を求め、国家社会に一つの場を占めんとした姿があります。しかし社会の下積みから時代を見つめた青年には、己が一個の人間として「修養」の世界にも人間たる存在の場が見出せず、憤怒に身を焦がす者もいました。

## 朝日平吾の絶叫

「修養」の世界にも生きる場を読みとれない青年の一人が、大正十年（一九二一）九月、斬奸状「死の叫び声」を遺して安田善次郎を刺殺した神州義団の朝日平吾です。朝日は大正期の一つの青年像といえます。

安田善次郎は、安田財閥の創始者であり、東大に安田講堂を寄付した人としても知られますが、隠れたところで寄付行為をしたりする、陰徳の人でもありました。渋沢栄一は外から見てわかるように寄付を行いましたが、安田は隠れて寄付をし、また働かないのに金を求めてくる者には絶対やらなかったので、世の中では、金持ちでケチだと言われ、守銭奴の権化とみなされ、このような目に遭ったともいえます。

朝日が認めた斬奸状は、「奸富安田善次郎巨富を作すといえども富豪の責任をはたさず」と、「天誅」に及ぶ次第を述べています。

奸富安田善次郎巨富ヲ作スト雖モ富豪ノ責任ヲ果サズ、国家社会ヲ無視シ貪慾卑吝ニシテ民衆ノ怨府タルヤ久シ、予其ノ頑迷ヲ愍ミ仏心慈言ヲ以テ訓フルト雖モ改悟セズ由テ天誅ヲ加ヘ世ノ警メト為ス。

大正十年九月

神州義団々長　朝　日　平　吾

日本臣民ハ朕ガ赤子ナリ臣民中一名タリトモ其ノ堵ニ安ンゼザル者アレバ之レ朕ノ罪ナリ……トハ先帝陛下ノ御仰セナリ。（略）一視同仁ハ実ニ吾ガ神国ノ大精神タリ、サレド君側ノ奸陛下ノ御徳ヲ覆ヒ奉リ自派権力ノ伸長ヲ計ルタメ各々閥ヲ構ヘ党ヲ作シ之ガ軍資ヲ得ンタメ奸富ト賊誼ヲ結ビ奸富ハ利権ヲ占メンタメ之ニ応ジ其ノ果ハ理由ナキ差別トナリ上ニ厚ク下ニ薄ク貧シキ者正シキ者弱キ者ヲ脅シ窘虐スルニ至ル、斯ハ歴代ノ内閣総テ然ラザルナク元老其範ヲ示シ政界ノ巨星等シク之ガ元凶タリ。（略）

吾人ハ人間デアルト共ニ真正ノ日本人タルヲ望ム、真正ノ日本人ハ陛下ノ赤子タリ、分身タルノ栄誉ト幸福トヲ保有シ得ル権利アリ、併モ之ナクシテ名ノミ赤子ナリト煽テラレ干城ナリト欺カル即チ生キ乍ラノ亡者ナリ寧ロ死スルヲ望マザルヲ得ズ。（略）

最後ニ予ノ盟友ニ遺ス、卿等予ガ平素ノ主義ヲ体シ語ラズ騒ガズ表ハサズ黙々ノ裡ニ只ダ刺セ、只ダ衝ケ、只ダ切レ、只ダ放テ、而シテ同志ノ間往来ノ要ナク結束ノ要ナシ、只ダ一名ヲ葬レ、是レ即チ自己一名ノ手段ト方法トヲ尽セヨ、然ラバ即チ革命ノ機運ハ熟シ随所ニ烽火揚リ同志ハ立所ニ雲集セン、夢々利ヲ取ルナ、名ヲ好ムナ、只ダ死ネ、只ダ眠レ、必ズ賢ヲ取ルナ、大愚ヲ採リ大痴ヲ習へ、吾レ卿等ノ信頼スベキヲ知ルガ故ニ檄ヲ飛バサズ予ノ死別ヲ告ゲズ黙黙トシテ予ノ天分ニ往クノミ、吁々夫レ何等ノ光栄ゾヤ何等ノ喜悦ゾヤ。

大正十年九月三日

東宮殿下ヲ奉迎スルノ日ニ書ス

朝　日　平　吾

文章の冒頭の「日本臣民ハ朕ガ赤子ナリ臣民中一名タリトモ其ノ堵ニ安ンゼザル者アレバ之レ朕ノ罪ナリ」という明治天皇のことばは、蘇峰が説く「民本主義」にほかならず、赤子平等論の原点です。さらに、朝日平吾は新しい時代の思想、大正デモクラシーが提示した世界を、「吾人ハ人間デアルト共ニ真正ノ日本人タルヲ望ム、真正ノ日本人ハ陛下ノ赤子タリ、分身タルノ栄誉ト幸福トヲ保有シ得ル権利アリ」との認識で問いかけます。すなわち「われわれは人間であり、その人間を人間でないような状況に追い込んでいる政治とは何か」「人間であるということは、陛下の赤子であるということだ」という論理です。かくて、「只ダ刺セ、只ダ衝ケ、只ダ切レ、只ダ放テ」という観念が、「忠君愛国」の日本魂の突出として出てきます。この行動は、「只ダ一名ヲ葬レ、是レ即チ自己一名ノ手段ト方法トヲ尽セヨ、シカラバ即チ革命ノ機運ハ熟シ随所ニ烽火揚リ同志ハ立所ニ雲集セン」と、維新革命の先駆けたらんとの想いを吐露しております。ロシア革命の波涛は、未完の維新を現在まさに革命として起こすという、大正維新の実現を強く意識させたのです。

この行動は、「名ヲ好ムナ、只ダ死ネ、只ダ眠レ、必ズ賢ヲ取ルナ、大愚ヲ採リ大痴ヲ習へ、吾レ卿等ノ信頼スベキヲ知ルガ故ニ檄ヲ飛バサズ予ノ死別ヲ告ゲズ黙黙トシテ予ノ天分ニ往クノミ、吁々夫レ何等ノ光栄ゾヤ何等ノ喜悦ゾヤ」とある如く、刺し殺して自分も死ぬことが法悦の世界につらなるものとみなされています。そのため、当時の警視庁はこの檄文をさほど重大視しませんでした。しかし、この檄文はその後に続くテロの先触れとなったのです。

殺すことは仏道に仕えることであり、人間であることの主張とみなされます。「赤子」という問いかけは、大正デモクラシー、あるいは閥族打破といった動きの中にある「人間として」と同じなのです。それは平等というよりは、平準化の論理です。金持ちも貧乏人もなぜ同じように暮らせないのか、という論理です。平等ということばで言うならば、人格の平等ということになりますが、この人格という意味は「人間として同じように暮らせるべき」という発想でしかなく、まさに平準化の論理です。

この「赤子」という問いかけは、山路愛山が『日本人民史』で、天皇の赤子を虐げるものは排除してもよく、そのための革命を肯定した「反上抗官」論をはじめとし、蘇峰の「大御宝」としての「民本主義」論のように、「忠君愛国」を支える論理にほかなりません。

思うに大正青年は、蘇峰の類型した青年像のみならず、国家とは何かを自問し、己なりの明日の国家を求め、「没国是」という現実の壁、時代の闇を突破すべく、「忠君愛国」の道をひた走る青年を生み育てもしたのです。このような人物の一人に橘孝三郎がいます。

橘孝三郎は、いかに生きるべきかと自問するなかで、第一高等学校に学んでいるがその勉学には何の意味があるのか、という問題に直面して勉学を放擲し、水戸郊外の故郷に帰って愛郷塾を作りました。農業をしながら自然に回帰した生活を送りつつ、平等な世の中をめざそうとしたのです。この愛郷塾では、夕べに妹がオルガンを弾いて讃美歌を歌い、部屋の壁にはミレーの「晩鐘」が掲げられていたように、ミレー的農村生活を理想としていました。このような農村生活は、農民の現実に眼を向けるなかで、農民を虐げる国とは何なのだという問いをなさしめます。その問いかけは、やがて橘をして五・一五事件に走らせるのです。これも赤子平等論の噴出であったといえましょう。

## 第四節　革新を求め

### 昭和維新への夢

大正維新の奔流は、昭和の革新を求める運動に流れ込み、「革新を求めて　昭和維新への夢」と題された三上卓作「青年日本の歌」（昭和五年）が物語る世界に明日を託そうとします。三上卓は、海軍少佐で五・一五事件に関わった人物ですが、昭和維新にかける二四歳の想いを謳いこんでいます。「青年日本の歌」は、青年将校をはじめ昭和革新を夢見た人びとに、愛唱歌のように歌われました。その歌詞は、土井晩翠の「天地有情」や大川周明の「則天行地の歌」から、三上が気に入ったところを取って作ったものといわれます。

当時の人びとがこの歌を好んだのは、「権門上に傲れども　国を憂ふる誠なし　財閥富を誇れども　社稷を思ふ心なし」という歌詞のためだと思われます。三上のみならず農村出身の兵士と身近に接する青年将校のなかには、なぜこれほどに農民が貧困なのか、なぜ貧しい人たちが路頭に迷うのか、との思いを抱いていました。その気持ちが「昭和維新の春の空　正義に結ぶ丈夫が　胸裡百万兵足りて　散るや万朶《ばんだ》の桜花」と昂ぶる心を謳わせ、万朶の桜たらんと馳せさせたのです。この歌には、世を憂い、世に受け入れられない鬱屈した感情が噴出しています。

時代の変革とは、その時代の雰囲気に火をつけるものがあるかどうかで、成否が問われます。たとえば中国では、中華人民共和国が革命未だ成らずとの閉塞感で行き詰ったときに、毛沢東が「毛語録」によって青年たちに革命の火をつけました。それが文化大革命となって噴火します。

あるいは、昭和四十年代後半の大学闘争における「屋上の狂人」が求めた世界も、世界的な時代閉塞感を大学バリケードから突破しようとしたものといえます。東大の安田講堂をバリケードにした闘争では、「暴虐の雲光をおおい　敵の嵐は荒れ狂う　ひるまず進め　我らが友よ　敵の鉄鎖を　うち砕け」と歌いはじめ「聖なる血にまみれよ　砦の上に我らの世界」と謳いあげるワルシャワ労働歌が好んで歌われました。歌には時代を生きる青年の心情が託されていたのです。

青年たちは、持っていき場のない鬱屈感と、自分は人間なのに人間以下の生活をしているのではないかという想いが重なったとき、周りが信頼できなくなります。協同性が保てなくなるのです。そうしたとき、本当に自分が信頼できて、何でも言えるような何かを、ある協同性を求めてやみません。血盟団の首領で「和尚」と言われた井上日召の周りに集まった小沼正や菱沼五郎ら青年たちは、そのような同志でした。

## 深まる混迷

大正九年（一九二〇）十二月に宮中某重大事件が起こります。この事件は、皇太子（昭和天皇）妃に内定していた久邇宮良子《ながこ》に色盲の遺伝のおそれがあるとして問題視したもので、山県有朋が薩摩系の血が皇族に入ることを嫌がったというものです。翌十年二月十日に宮内省は皇太子妃内定に変更なしと発表しました。山県有朋は、三月二十一日に枢密院議長と元老の辞表を提出したものの、五月十八日に優諚（天皇の思召し）が下されて却下されました。この年には、九月二十八日に朝日平吾が安田善次郎を刺殺し、十一月四日に中岡艮一が原敬首相を東京駅頭で刺殺します。

時代の閉塞感はある種のテロリズムを容認する雰囲気を社会に充満させていました。大正十二年九月一日の関東大震災では、朝鮮人暴動の流言で多くの朝鮮人が殺害され、九月四日に労働運動の指導者である平沢計七・河合義虎が軍隊に殺害される亀戸事件が起こり、十六日に大杉栄・伊藤野枝らが憲兵隊に殺されました。さらに十二月二十七日には難波大助が摂政宮裕仁（昭和天皇）を狙撃しました（虎の門事件）。こうしたテロリズムの潮流は、忠君愛国を掲げて国体を信奉する右翼と言われる人たちの動きのみならず、左翼アナーキズム系列の人びとにもみられました。

あるべき日本の方向が見いだせない「没国是」という閉塞感は、明治天皇の死で国家の根軸が失われたという想いにうながされ、国家のあるべき根拠を問い質す多様な声に託して語られたのです。その声は、蘇峰が国家のあるべき根拠を「国体」の確認に求めたように、青年たちの持っていき場のない空白感を取り込んでいきます。そのような動きは、大正十四年十一月に蓑田胸喜・三井甲之が結成した原理日本社や、昭和二年（一九二七）四月に安岡正篤が開設した金鶏学院に救いを求めた軍人・官吏・財界人・華族等にもみることができます。しかし「百姓昭明にして、万邦を協和す」る世をめざす昭和という新時代は、昭和二年七月二十四日に芥川龍之介が「ぼんやりとした」不安で自殺しているように、新たなる混迷への幕開けでした。

その混迷は、昭和四年十月に始まった世界恐慌が、金輸出を解禁して金本位制に復帰し貿易の振興をはかろうとしていた日本経済を直撃し、日本経済の不況に追い打ちをかけ、農村を疲弊させ、娘の身売りが社会問題となり、止まるところがありませんでした。五年十一月には、ロンドン海軍軍縮の調印を統帥権の干犯と非難する声が高まり、佐郷屋留雄が浜口雄幸首相を東京駅で狙撃しました。六年九月十八日には関東軍が奉天郊外の柳条湖で満鉄線路を爆破し、満州の権益をまもるために満州の主要都市を占領し（満州事変）、七年三月に清朝最後の皇帝溥儀をかついで満州国を建国しました。国内には、日露戦争の血で贖った満州を「生命線」とする主張が国民の支持を受け、「赤い夕陽」の満州への夢が語られました。こうした閉塞下の夢が託されたのが「国体」という呪文でした。この呪文の下では社会主義や共産主義の運動も戦う術を失っていきます。

「国体」という観念がしだいに肥大化して語られることに対して、大正十年一月に内務省神社局は、「国体」がどのように語られてきたかを時代に位置づけた『国体論史』を刊行し、熱狂的な国体信仰に距離をとろうとします。しかし昭和という新時代の到来は、国体の精華を世界に位置づけようとの想いをうながし、紀元節を建国祭として営み、日本建国を世界史の脈絡に意味づけようとする建国祭運動が提唱されました。かつ国体観念の明徴が強く主張され、美濃部達吉の天皇機関説がやり玉にあげられます。こうした国体信仰を支えた大衆的基盤は、天皇の赤子たる私の場を国体に求め、人間が人間でありたいという想いが袋小路のように流れこんでいったことによります。その想いこそはテロルの時代をもたらしたのです。

## 「一殺多生」という問い

昭和七年（一九三二）二月九日に民政党幹部で金

解禁を断行した前大蔵大臣の井上準之助が、三月五日に三井合名理事長の団琢磨が、井上日召を盟主とする血盟団員に射殺されました。井上を射殺した小沼正は、事件の上申書で「井上日召と私は順縁で師弟となっているが、井上準之助とは逆縁で殺者受者となつた。準之助こそ私にとつて如来であり、大善知識であり、師匠であるということになる。逆縁の師匠である」と述べます。人間が人間であるためには、人間であることを妨げているものを殺すべきであり、すなわちそれがその人間を仏の道に帰すことだという論理です。同じく団を射殺した菱沼五郎は、上申書で「自分の暗殺は神秘的な暗殺である。目的を果した時に自分は初めて、自分という者を認め、団というものを認めた。それまで団が自分であり、自分が団であつた。この心理は客観的観察または人に話等によつて味わわれるものではない」と言います。ここには井上日召との師弟関係が濃密な、小さな集団の存在を見ることができます。

彼らの育った茨城県の大洗はきわめて貧しい村でした。その地に昭和三年頃より日蓮宗の僧井上日召が住み、四年に護国堂が造られ、青年の心を引き寄せます。この昭和四年に田中光顕が明治天皇を記念する常陽明治記念館を設立します。ここには茨城の精神的雰囲気のひとつがうかがわれます。井上日召は、五年に東京小石川（現文京区白山）の酒井忠正伯爵（旧庄内藩主）邸内の金鶏学院に寄食し、安岡正篤の講義を聞き、維新への志を高めていきました。

大洗の青年は、井上に出会うことで、貧困が日常的な雰囲気のなかで、生きることは死に向かった生き方にほかならないという自覚に達します。生きているということは死に向かって生きていることなのですが、彼らは急速に死に向かって駆けていく、あるいは死を賛美する生き方を己のものとしたのです。その想いこそは、この時代において人間が人間として生きることをめざせば、人間であることを妨げる連中を殺さねばならず、そのことで相手も人間になる、という考えに達したのです。師である井上日召は回想録『梅の実』でこうした想いを次のように記します。

（略）私はどの団体とも握手しなかった。というのは世間のたいていの改造運動団体または個人はことごとく国家改造という事業を生活の一部として実行しようとしているので、ところが私のは生活の全部なんだ、つまり日本人として日本国家を生きて行く大道上に障害があるから、ソレを取り片づけようというのだ。

理窟的に説明してみると、創造的国家発展の途上に横たわる障害、ソレは指導階級の無自覚からであるからして、彼らを自覚せしめ相ともに日本天皇国を生活する。というのが根本なのである。

ソレなら何故に暗殺とかいう過激な手段を取ったかというと、それは是非ない方便であったのである。

何となれば彼らの自覚を催すとして、どんな方法があるかと考えてみればスグ了解できるはずだ。彼らの金城鉄壁は出版物も志士たちの誠意も何もかもいっさいが無力なんだ。余すところは彼らの大切この上なき生命上の危機感による一点のみによって彼らを自覚に導き得べしと考えたのであった。

私にとっては私の仏行であると信じておった。私は顧みて善いとも悪いとも思わない。いっさいはこの国の発展過程における必然であると思うのみだ。

井上は、自分にとって国家改造という事業は生活のすべてなのだとなし、なぜ暗殺という過激な手段をとったかと問えば、それ以外の方法はありえず、「私にとっては私の仏行であると信じておった」と言います。自分たちを人間以下におとしめている連中は地獄の門に入るべき人間で、彼らが地獄に行く前に人間として殺せば、地獄に入らず、自分たちと一緒に仏になれるのだ、という論理です。これを殺す側の勝手な理屈だと言えば、その通りかもしれませんが、まさにこれが彼らの一殺多生の論理です。これは、朝日平吾の心情にもつながります。自分は人間でありたい、日本国民でありたい、赤子でありたい、そのために殺す、ということなのです。

## 第二維新への途—国家改造のプラン

大川周明は、血盟団のようなテロによる打開ではなく、青年将校をはじめとする同志との結合で第二維新、「昭和の第二維新を」めざし、昭和七年五月十五日の海軍青年将校を中心とした決起に、愛郷塾の橘孝三郎と共に参加します。その意図を大川は五・一五事件の尋問書で次のように述べます。

最も大なる衝動を私の魂に与へたのは共産主義の勃興でも、ストライキの頻発でなく、一は大正七年の米騒動、一は大正十年東宮殿下御成婚に関する所謂宮中重大事件でありました。（略）君民一体の国家に於て「君」は明治維新に依つて空前無比に其の神聖なる尊厳が確立されたに拘らず、「民」は今や黄金の圧迫に呻吟する様になりました。それ故に日本国体の本義を発揮する為めには是非共「民」を黄金の桎梏から解放しなければなりませぬ。従つて第二の維新が必要になり其の維新は明治維新と相俟ち相補ふべきものであります。

君民一体の国家日本は、「君」の尊厳が明治維新で確立されたにもかかわらず、「民」が資本の論理に抑えられ苦しんでいる。だから日本国体の本義を発揮するためには、民を桎梏から解放しなければならず、第二の維新が必要になる。その維新は明治維新を補完するものである、という論理です。これが五・一五事件につながっていきます。

この維新への道は、心情的なもので、具体的な国家像を提示してはいません。「権門上に傲」り「財閥富を誇る」世の革命は、北一輝が『日本改造法案大綱』（大正十二年）で具体的に提示しました。この書は、大正八年に上海で執筆したものを修正改題し、当時の政界や軍部をゆるがす具体的なプランとなりました。北は、公刊頒布にあたって、「故朝日平吾君が一資本閥を刺して自らを屠りし時の遺言状が此の法案の精神を基本としたからとて聊か失当ではない」と語っているように、朝日平吾の「人間でありたい。赤子になりたい」との想いに突き動かされてこれを書きました。

「巻一　国民の天皇」においては、まず憲法の停止をうたい、「天皇の原義」の項では「天皇は国民の総代表たり、国家の根柱たるの原理主義を明らかにす。この理義を明らかにせんがために神武国祖の創業、明治大帝の革命にのつとりて宮中の一新を図り、現時の枢密顧問官その他の官吏を罷免しもつて天皇を補佐し得べき器を広く天下に求む」と記します。北はここで「維新」ではなくて「革命」と言います。革命を起こし、憲法を停止し、非常時宣言の中で枢密顧問官らをすべて罷免して、「天皇を補佐し得べき器を」広く在野から求めて政治を執らせる、との宣言です。さらに華族制度を廃止して、普通選挙を行い、国民の自由を回復し、改造内閣を作り、改造議会を作り、皇室財産を下付しろと。ここには国家社会主義の影響がうかがわれます。

「巻二　私有財産の限度」は、私有財産に限度を設け、その限度を超えたものは国有にし、改造後は、その私有財産の超過者をそれなりに処分し、在郷軍人団を使って防備を固めるとあります。

「巻三　土地処分三則」では、私有地の限度、私有地限度を超過する土地の国納、土地徴収機関を設ける。さらに、将来の私有地限度超過者をきちんと処分し、徴収地の民有制や都市の土地市有制を定め、都市の土地は公的なものであるとし、国有地たるべき土地は、どのようなものであるかを論じます。

「巻四　大資本の国家統一」では、私人生産業限度、すなわち個人が支配する産業の制限を説きました。さらに、私人生産業の限度を超過する生産者、すなわち大資本を国有にし、そうした資本を徴集する機関を作るとともに、国家の生産的組織として、銀行省、航海省、鉱業省、農業省、工業省、商業省、鉄道省などを設けて、国有化の成果を上げていく。そこで得た莫大な国家収入を民のために使う、としています。

「巻五　労働者の権利」では、労働者の任務と、労働賃金、労働時間、労働者の利益配分を説きます。さらに労働的株主制の立法、すなわち労働者が株主として運営に参加していくこととし、また借地農の擁護、幼年労働の禁止、婦人労働の制約などを設けます。

「巻六　国民の生活の権利」では　児童の権利を謳い、国家扶養の義務、国民教育の権利、婦人人権の擁護、国民人権の擁護、勲功者の権利、私有財産の権利、平等分配の遺産相続制を説きます。

「巻七　朝鮮その他現在および将来の領土の改造方針」では、植民地朝鮮の郡県制、朝鮮人の参政権、三原則の活用、さらに現在領土の改造順序、改造組織の全部執行されるべき新領土を説きます。

「巻八　国家の権利」では、徴兵制の維持と開戦の積極的権利を説いています。

これらの発想は、社会主義的な色彩が強くうかがわれ、国家社会主義とみなされました。ここに説かれた、私有財産を整理しさらに土地など資産の分配を行うという主張には、青年将校が大いに共鳴しました。青年将校のなかには、部隊の農村出身の兵を通して農村の惨状を知り、強い危機感にとらわれていた者がいたことによります。

## 維新という波動

飯島幡司は、神戸高等商業学校（現神戸大学）から日立造船に入社し、重役になり、後には朝日新聞論説委員などを歴任した人物ですが、『昭和維新』（昭和十七年）で、戦争がなければ行き詰ると述べ、「息苦しいなか、資本家も実業家も皆、変化を求めているのだ。一番求めているのは新体制だが、その新体制を支える精神的なものというものを求めている」と、問いかけています。ここには、国民の多くが物質的には繁栄という閉塞状況の中で、己を支える精神的なものを求めている時代の雰囲気が、はっきりとうかがえます。

その精神的な新しいものを求める気分は、『昭和維新』が説くように、広い意味の「国体」を模索することとなり、大東亜戦争の大義を「国体」から出てきた「大東亜の解放」という宣布となって浮かび上がってきます。この動きは国体に自己の存在の場を求める右翼国家主義者によって運動化されていきます。

戦後、日本船舶振興会会長として力を振るった笹川良一は、日本の右翼を、「浪人右翼」「祝詞右翼」「みそぎ右翼」「暴力右翼」「大衆右翼」と、腑分けして紹介しています。「浪人右翼」は、何らかの党派を結んでどこかから金を引き出してくるのを生業とする人たち。「祝詞右翼」「みそぎ右翼」は、国体論や禊ぎなど神道的な行動を行う人たちで、祝詞と同じ思想のなかで起こったのが五・一五事件です。「暴力右翼」と「浪人右翼」は似ている部分もありますが、彼らは何らかの群れをなして右翼思想の言動を発して世間に幅をきかそうとする人たちで、「浪人右翼、祝詞右翼、暴力右翼は、超国家主義とも言ってもいいんだ」と言っています。「超国家主義」という用語を丸山真男よりも先に使って右翼の相貌を描いていたといえましょう。

こうした右翼に対して「大衆右翼」があり、笹川は自らの手になる国粋大衆党や国粋同盟は大衆右翼だと言います。これは、「人道主義に対して大衆の総意に基づいて国政を改革しようとするものであって、浪人右翼や祝詞右翼や暴力右翼と違うんだ。大衆的基盤を持ったものだ」と、主張しています。笹川が国粋大衆党を作ったのは、かつて浪人右翼的な国粋会が多くあり、一方では社会同和運動の社会大衆党があって、その両方を取って大衆を組織するためだとも述べています。それは大衆の総意に基づいて国政を改革していくことをめざしたもので、彼は「大衆的基盤がある」と主張するわけです。

昭和維新の中には、イデオロギーとしては祝詞右翼的なものがいわば信仰対象としてありました。昭和八年に神兵隊事件が起こりますが、七月十一日に発した「神兵隊綱領」はその想いを次のように宣言しています。

一、神兵隊は神勅を奉戴し、皇国の弥栄とその使命達成を期さんが為、一死以て昭和皇道維新の大業を扶翼し奉らむとす。

一、神兵隊は、自由主義、社会主義に立つ一切の機構運動を否定し、国本に立脚せる皇道政治、経済、文化の確立を期す。

一、神兵隊は、国業の進展を阻害しつゝある財閥、政党、宮中府中の奸賊及びその番犬等を殲滅して維新日本を建設し、以て皇道の世界的宣布を期す。

ここにも、神道の随神《かむながら》に基づいた国家像と強い国体信仰があります。さらに、天皇を軸にすることで、祝詞右翼よりも国体信仰をさらに政治イデオロギー化したのが北一輝らの動きでした。こうした北の影響は、国体信仰を強く受け、天皇の赤子たる場を求めた陸軍将校が決起した二・二六事件に具体化しました。

## 第五節　信仰にみる位相

### 矢内原忠雄の怒り

矢内原忠雄は、蘇峰の言葉で言えば「模範青年」の範疇に入りますが、新渡戸に「ソサエティー」を学び、「社会に生きる器としての私は何か」を常に問いながら生きました。大正二年一月、故郷の愛媛県に帰っていた矢内原は、「昨夜御大葬の思出を語り神経昂りて頻りに夢見たり」と日記に認めています。明治天皇の存在、御大葬と乃木殉死の衝撃の大きさがうかがえます。さらに夏期休暇中の同年七月三十日には小学校の遥拝式に参列、以下のように認めています。

今日は先帝陛下の御一週年なり。去年の今頃の思出よ。今更に御英明なりし先帝陛下、日本国はこれより国民的の苦しみを経て更に偉大なる将来に向はんとす。願くはわが国民と皇室と一致相愛して神の道を歩み神の眼に大なる国とならんことを。不肖願くは国難にあたりて神の道を宣揚し光栄ある日本国の歴史を輝かしうる事を。（略）（ロマ書一の二〇、二一）

この想いが、明治から大正時代を生きた青年たち、戦前エリートの多くに共通したものだといえましょう。その矢内原は二・二六事件に激し、次のように記します。

昭和十一年二月二十六日。

朝、「今日は愈々やる」との情報が某処から入つた。（略）

叛乱将校に引率せられた部隊は大部分昨年十二月入営したばかりの新兵であつたといふ。軍隊生活日尚浅き彼等は上官の命令に絶対的に服従し盲目的に行動するやう訓練せられて居り、多分上官の命令を離れては何を為すべきやを知らなかつたのであらう。然るに部下の兵士に対してかく服従を要求したる彼等将校自らは、その上官の命令を軽視して公然之に服従しなかつたのである。
　彼等は国体明徴を理由として行動した。然るに彼等自身は奉勅命令に抵抗して最大の国体不明徴者たるの事実を示したのである。

これがまさに日本の軍隊です。部下の兵士に服従を要求した将校は、天皇に直属するとなして上官の命令を軽視し、公然とこれに服従しませんでした。国体明徴を理由として行動する彼らは、奉勅命令に抵抗する国体不明徴者であって、軍民離間していると、矢内原は厳しく糾弾します。その後に国を想う憂心を吐露します。

　国の現在と将来とを思うて、私の心は憤怒の為めに打ち破れんばかりであつた。かと思へば、底知れぬ深みから涙がしきりに溢れ出て、心の火は消えた如くであつた。且つ怒り且つ悲しみ独り庭に出て降り積もつた雪の中に立てば、我等の中の若き預言者が遺した『滅びよ！』との絶叫が、潮の寄せるが如くに響いて来る。
　憮然として私は起ち上つて理髪店に赴き、戒厳司令部発表のラヂオ報道を耳にしつつ、口髭を剃り落した。独逸留学の時以来十五年間私の鼻下を飾つたものであつた。昔の預言者が衣を裂き、麻を着、灰をかうむつたのに比すべくもないが、時局に対する憤激と悲哀のしるしを身に帯びたのである。（略）（イザヤ書七の二〇）
（略）私は何はともあれ、宮城の前に出向いた。陛下の御心配を御見舞ひ申したいやうな心で一杯であつた。（略）打ち続く群衆は、黙々として歩いて行く。驚きか、恐れか、ただの一言を発する者もない。（略）大なる事件を悲しむ国民の葬列の如くであつた。その中に交つて私も亦深き溜め息と共にうなだれて歩いた。

ここには、国家の栄光像と一体化した天皇の統治に対する想いがあります。それは朝日平吾のような、天皇の赤子が人間として生きられないのは天皇の周りの人間が悪い、という論理ではありません。内村鑑三に連なる矢内原は、信仰に根ざし、キリスト教の信仰が物質的な文明の閉塞状況を明らかにする、という信念を持っていました。矢内原は、やがて昭和十二年十二月に東京帝国大学を追われるように辞め、戦時体制化のなかで国家に対峙していきます。それゆえに敗戦をまさに裁きとして受けとめました。そこから「天皇が正しい信仰を持つように」という矢内原の論理が出てきます。ここには、キリスト者として絶対者・創造主たる神と垂直に結びつくことで、神とされた天皇を相対化し、一君主たる天皇の在り方を問い質し、天皇の名を語ることで己の権力を主張する者に鋭い批判と拒否をつきつける姿勢があります。

## 杉本五郎の信仰

矢内原のように、キリスト教の信仰で問い質す者もいれば、その対極に杉本五郎のような天皇信仰に我が身をゆだね安心立命の境地に立つ者も出てきます。杉本五郎は『大義』（昭和十三年）の中で次のように述べます。

> 天皇は、天照大御神と同一身にましまし、宇宙最高の唯一神、宇宙統治の最高神。国憲・国法・宗教・道徳・学問・芸術ないし凡百の諸道悉皆　天皇に帰一せしむるための方便門なり。すなわち　天皇は絶対にましまし、自己は無なりの自覚に到らしむるもの、諸道諸学の最大使命なり。無なるが故に、宇宙ことごとく　天皇の顕現にして、大にしては上三十三天、下奈落の極底を貫き、横に尽十方に亘る姿となり、小にしては、森羅万象　天皇の御姿ならざるはなく、垣根にすだく虫の音も、そよと吹く春の小風も皆　天皇の顕現ならざるなし。
>
> 釈迦を信じ、「キリスト」を仰ぎ、孔子を尊ぶの迂愚を止めよ。宇宙一神、最高の真理具現者天皇を仰信せよ。万古　天皇を仰げ。

天皇は宇宙最高の唯一神であり、憲法も学問も芸術も天皇に信従するための方便だと。天皇は絶対であり、自己は無であることを自覚させることが、諸道諸学の最大使命である。だから、釈迦やキリストや孔子を尊ぶ愚を止め、最高の真理具現者である天皇を信仰せよ、と。こうした人間に「キリストを信じろ」と言っても、通じません。天皇を徹底して信仰し、己を無にして天皇に仕えるのが天皇信仰です。

こうした天皇信仰は、人間が人間たりえない状況にあるとき、天皇につながることによって悪を倒そうという維新の論理を生み出します。杉本五郎は、まさにそうした政治的な立場の対極にいる存在です。

　この当時、日本のキリスト者たちは、天之御中主神《アメノミナカヌシ》をヤハウェの神になぞらえ、アダムとイブを伊邪那岐《イザナギ》・伊邪那美《イザナミ》に比定した「国体神学」ともいうべき日本的キリスト教に自己の場を見いだしています。それは平田篤胤が日本の神話を解説するときに漢訳の聖書を読み、天之御中主神と伊邪那岐・伊邪那美をヤハウェの神とアダムとイブになぞらえて解説したことの逆輸入ともいえます。これが、国体宣揚による国体信仰下におかれた日本のキリスト者たちの一つの姿でした。彼らはけっして反国家的なのではなく、信仰を国家のためにどう生かすかという発想をしていたのです。戦後の日本のキリスト教会は、その辺のことにほとんど目をつむり、あたかも「民主主義」を担う信仰であったかのように振る舞っています。まさにキリスト教は国家のために役立つものであり、文明の道具になる、という明治開化期以来の発想を、いまだ引きずり続けてきたからにほかなりません。

　矢内原の信仰と杉本の信仰は、非政治的純粋さという点ではよく似ています。当時の国体イデオロギーとは別個な部分であり、彼らは、そのような絶対者への目があるから、国体に託して説かれた非常時の論理を相対化して読めたのだといえます。

## 第六節　天皇の声

### 憤怒の想い

　二・二六事件の首謀者は事件鎮圧後、天皇に対する憤怒の想いにかられ、ある者は恨み節を謳い、ある者は無念の思いを淡々と認めています。彼らには天皇に直属しているという強い想いがあり、それを問い質し超越する術がありませんでした。

　昭和十一年（一九三六）二月二十六日に二・二六事件が起こり、鎮圧後一七人に死刑の判決が出ます。七月十二日に一五人が処刑され、磯部浅一と村中孝次は残されますが、八月十四日に民間人の北一輝と西田税に死刑が求刑され、十九日に北、西田、磯部、村中が処刑されます。

磯部は判決を受けた後、獄中日記に次のように記します。

八月一日　余は多弁を避けて結論だけを言つておく、日本改造法案は一点一角一字一句ことごとく真理だ、歴史哲学の真理だ、大乗仏教の政治的展開だ、日本国体の真表現だ、大乗仏教の政治的展開だ、余は法案のためには天子呼び来れども舟より下らずだ。

八月十一日　天皇陛下は一五名の無双の忠義者を殺されたのであろうか、そして陛下の周囲には国民が最もきらつている国奸らを近づけて、彼らのいいなり放題におまかせになつているのだろうか、陛下　われわれ同志ほど、国を思い陛下のことをおもう者は日本国中どこをさがしても決しておりません、その忠義者をなぜいじめるのでありますか、朕は事情を全く知らぬと仰せられてはなりません、仮りにも十五名の将校を銃殺するのです、殺すのであります、陛下の赤子を殺すのでありますぞ、殺すと言うことはかんたんな問題ではないはずであります、陛下のお耳に達しないはずはありません、お耳に達したならば、なぜ不義の臣らをしりぞけて、忠烈な士を国民の中に求めて事情をお聞き遊ばしませぬのでございますか、何というご失政ではありましょうか。

八月二十七日　毎日朝から晩まで、陛下をお叱り申しております。天皇陛下　何というご失敗でありますか、何というザマです、皇祖皇宗におあやまりなされませ。

ひたすら天皇への恨み言をつづっています。それに対して村中は獄中記『丹心録』に淡々と己が想いを認めています。

われらは護国救世の念願抑止しがたく、捨身奉公の忠魂噴騰して今次の挙をあえてせり。(略)天皇と国民と直通一体なるとき、日本は隆々発展し、(略)

(略) 全国民はよろしく機に乗じ一斉に蹶起して軍閥官僚をいっさい否認し、しかして財閥政党を打倒して、これらいっさいの中間存在特権階級を否認排除して、至尊に直通直参し奉らざるべからず。

彼らには、自分たちこそが貧しい人間、虐げられている人間の友だ、大衆的基盤だという想いがありました。そのために、北一輝が提示した「日本改造」に共鳴し、国家を改造すべく天皇のための革命を起こそうとしたが、無惨にも天皇に裏切られたのです。

## 「兵卒タナカ」の告発

大衆は、こうした青年将校が向けた眼差しに対し、どのような想いで天皇と国家を見つめていたのでしょうか。民衆は、現実の苦悩を満州への夢に託し、戦争に時代の闇を突破する何かを期待しながらも、一方で己の場とは何かを探していました。

ゲオルグ・カイザーの『兵卒タナカ』という三幕ものの戯曲があります。これは、チューリヒで一九四〇年（昭和十五）に出版され、その年の十一月二日にチューリヒのシャウシュピールハウスで初演されました。その上演に日本公使館がクレームをつけ演目から外されます。内容からいって日本領事館は当惑し、怒ったことでしょう。

第一幕は、北国の貧しい農村に、軍人になった息子（タナカ）が帰ってくるという場面です。この貧しい農家は一生懸命迎える準備をしますが、息子は村が困窮していることを新聞で知っていますから、軍隊でもらった給与をためて買った焼酎や干し魚を土産に帰ります。帰ってみると、父親たちが酒やたばこを買ってきて歓迎の宴の準備をしていました。

息子は同僚を連れて帰り、妹のヨシコと結婚させるつもりだったのですが、妹のヨシコがいません。「ヨシコはどこへ行った？」と言うと「地主のところへ奉公に行っている」と言います。村の者たちが「いい軍服を着ているな。いい靴を履いているな」などと言い、息子は「これは天皇からもらった。天皇は自分の財産の中から、俺たち兵隊に、こういうものをくれているんだ」というような会話を交わします。

第二幕は遊廓の場面です。タナカたちは、射撃演習で大隊最高点をあげたので、外出許可をもらって遊廓に行く。女たちを割り振られ、タナカのところへ出てきたのが、驚くことに妹のヨシコです。「なぜこんなところへ来た」と聞くと「地主に小作料を払うために女衒に身を売るほかなかった」と言います。そこでタナカは、自分が帰ったときに父が村の人たちに振舞った酒やたばこや宴会料理は、妹を売った金でまかなわれたことに気づきます。

そこに下士官が来て「兵隊のドタ靴が並んどるな」「いちばん上玉を出せ」と言います。玄関番が妹のヨシコを出そうとしますが、タナカはヨシコを刺し殺し、下士官も刺し殺します。そして、軍法会議にかけられることになります。

第三幕は軍法会議の場面です。タナカは、何故そんなことをやったかと詰問されますが、沈黙を守ります。そして、死刑の判決を受け、天皇に恩赦を願うなら願えと言われたときに、タナカは「（はっきりと）陛下がおれに許してくれとおっしゃるべきであります」と。「法廷は、驚愕のあまり硬直状態に陥る」なかで、タナカは語ります。「陛下があやまるべきであります――観兵式場で」と。連隊が整列し、軍楽隊が曲を奏ではじめる。突然楽隊がやみ、生き物がみんな死に絶えたようになる。この沈黙を破ることのできるかたは天皇陛下だけだ、として次のように語ります。

　そのとき、陛下が自分をお呼びになる――タナカ。自分は隊列を離れて、白い馬に乗った陛下の前に立つ。すると陛下がおっしゃるんだ。タナカ、おまえは朕がこの連隊に支出している金がどこから出ているか知っておるか？　全国各地の連隊に使う金が？　おまえにはいまそれがわかったろう。朕はその金を朕の懐から出したのではない。高い利子を払うために妹まで売らねばならないほど辛い思いをしているおまえたちからとりたてたのだ。これは許しがたいことである。朕は鞍からおりて、おまえの前に身を投げて、おまえの立っている足もとに土下座しなければならん。しかしおまえは許してくれるだろうな。おまえ以前には、まだだれも朕に訴え出てきたものがなかったのだ――おまえが最初の男だ。おまえはほかの連中よりもえらい――一個の人間だ。朕は天皇であるにすぎない。朕は国内の連隊を全廃せよと命ずることはできない。軍隊で生活しているものが多すぎるからな―しかし朕は、おまえや、妹を持つ幾百万の兄たちの身に起こったようなあのいまわしい事件のないように気をつけるつもりだ。おまえたちが行進するときもこれからは太鼓を奏するだけにしよう。暗い葬送の太鼓だけに。この太鼓は、終わることのない人間の悲しみの歌を奏でるのだ。その歌は悲しく、不面目なものだ―これで満足してくれたか―償いは十分すんだか？　朕の謝罪は十分であったか？　タナカ―朕はおまえの許しを乞いたい。おまえが朕を許してくれぬうちは、朕は天皇でありたくない。（非常に強く）天皇陛下がおれにこうあやまってくださったら―広い観兵式場で―そしたらおれも、天皇陛下の罪を許すつもりだ―。

「法廷は恐ろしい静けさに包まれている」なかで、裁判長が「衛兵！　タナカを監視せよ！」「（タナカに）おまえなどは恩赦を賜わることはできん」「革命的な危険思想と、不敬な言辞が、毒のようにほとばしり出てくる」「おまえは死刑に処せられて当然だ。処刑はただちに執行される！」と。しばらく後に一斉射撃の銃声。ふたたび静寂。

劇の最後に記されたト書きは「法廷は空《から》である―その空の法廷に天皇自身がそこにいるようにみえてくる御真影」と記されています。劇中に一度も登場してこない天皇がこの劇の主人公であり、天皇を告発した作品にほかなりません。これがこの戯曲のあらすじですが、作者のG・カイザーは一度も日本に来たことがなく、報道などで見聞きしたことだけで書いたもので、まさに作家の優れた想像力の産物です。作品は民衆の悲惨な日々の元凶は天皇にあると告発しています。しかし日本の民衆は、タナカの告発を受けとめながらも、天皇に救済を求め、その恩愛に期待したところに悲劇の根深さがあったといえましょう。

この戯曲に書かれた内容は、二・二六事件のリーダーの想いと重なるのではないでしょうか。彼らのなかには、自分たちの隊にいる貧しい農村出身の兵士たちの、悲惨な想いを天皇が晴らしてくれないのは、天皇を取り囲んでいる連中がいけないからだ、天皇に直接嘆願すれば、天皇は赤子たちの声を聞き届けてくれるだろう、という想いがありました。この想いこそは、二月二十六日に決起する前提にあり、赤子の父たる天皇によせる信仰の故に、獄屋にあっても天皇に呼びかけ続け、果たされぬ想いが憤怒として噴出したわけです。ここにある悲劇は、明治に造形された立憲君主制の政治システムと、それを支えるイデオロギーであった君臣関係の論理が特化して噴出してきたとき、国体信仰が抱えていたギャップがいかに強かったたか、虚妄の物語であったかを白日に曝したものにほかなりません。

**誄歌という問いかけ**

二・二六事件は、身近な者にとり、処刑された者と時代を併走することで生涯問い続けねばならない重い課題と受けとめられました。歌人齋藤史は、その想いを問い返すことで誄歌《るいか》を詠い続けた一人です。その歌には天皇と時代を問い質す歌人の心象風景が読みとれます。齋藤史は、二・二六事件にかかわったとして軍法会議で処分された予備役少将齋藤瀏の娘です。首謀者の一人とされた栗原安秀とは父瀏が旭川第七師団にいたときの幼馴染であり、決起した青年将校の心情に想いを寄せるものがありました。史は事件の日「濁流だ濁流だと叫び流れゆく末は泥土か夜明けか知らぬ」という歌を、処刑の日には次のような歌を詠みました。

額の真中に弾丸をうけたるおもかげの
　立居に憑きて夏のおどろや
御裁きに死にしいのちを思ふとき
　夏草の陽にくるめき伏しぬ

これらの歌から二・二六事件に対する人びとの心情を想いみると、人びとのなかには二・二六事件に加担して処刑された者たちに対する強いシンパシーがあったのではないかと思われます。青年将校たちの思い込みの激しさを、当時の人は「純真」と言いましたが、そこには時代の危機感がうかがわれます。齋藤の歌にはそのような時代をめぐる精神的雰囲気が詠まれているのではないでしょうか。

戦後、齋藤史は、時代に対峙し、父のふるさとの長野に閉じこもって歌を作りました。事件で捕らわれた父への想い、さらに自分の親しい者たちの死に対する共鳴感がいかに強いものだったかを物語ります。

その齋藤史が平成九年（一九九七）の歌会始に召人として初めて出席したとき、「野の中にすがたゆたけき一樹あり風も月日も枝に抱きて」と詠みますが、二・二六事件で天皇が殺した者たちに対する想いを抱きながら詠ったのでしょう。二・二六事件で衝撃を受け、事件で死んだ者たちへの共鳴盤を持っていた一歌人が、閉ざされた日々を想い、やっと天皇と和解したのかもしれません。

## 昭和天皇の独白

昭和天皇が侍従に語った談話を記録した由利静夫・東邦彦編『天皇語録』（昭和四十九年）から、天皇が当時の状況をどのように捉えていたかがうかがえます。

天皇は、昭和六年の桜会の陸軍青年将校によるクーデター未遂事件（三月事件）のときに「軍紀がゆるむと大事をひき起こすおそれがあるから、軍紀は厳守するようにせねばならぬ」と語ります。また秩父宮が、この時勢だから親政も必要ではないかと問うたときには、「憲法の停止のごときは、明治大帝の創制せられたるところのものを破壊するものにして、断じて不可なり」と応じています。秩父宮は当時弘前連隊にいて、事件を起こした将校たちは彼が上京して支援してくれるのを期待していました。天皇の発言は、こうした秩父宮の言動ともかかわるわけです。

天皇の胸中にあったのは、あくまでも立憲君主制の王なのです。だから、昭和七年の五・一五事件で犬養毅が暗殺されたとき、西園寺公望に後継首相の条件を「ファッショに近き者は絶対に不可なり」と述べています。かつ資本家の暮らしが批判されることに対しては「質素なる生活を希望しながら諸般の事情のために、父祖の設けし広大なる家屋にとどまらざるを得ざるものもあらん」（八年十月）と、彼らは批判されてはいるが、本人たちは必ずしも望んだわけではなく、父祖が大きな家を残したからそこに住んでいるにすぎないのではないか、と資本家をかばっている。

農民については、「将校等、殊に下士卒に最も近似するものが農村の悲境に同情し、関心を持するは止むを得ずとするも」（九年二月）となし、この段階で軍内の雰囲気を的確に知っており、青年将校たちの動向を危惧しており、「趣味を持ち過ぐる時は、却て害ありとの仰あり。（略）農民の窮状に同情するは固より、必要事なるも、而も農民亦自ら楽天地あり、貴族の地位にあるもの必ずしも常に幸福なりと云ふを得ず。（略）農民も其の自然を楽む方面をも考へ、不快な方面のみを云々すべきにあらず、要するに農民指導には、法理一片に拠らず、道義的に努むべきなり」と、農村の惨状に眼が向いていません。この発言を二・二六事件の青年将校たちが聞いたなら仰天したことでしょう。農村の窮状がわかっているようでわかっていないのです。翌二月には、「善政はたれもねがうところなるが、青年将校なぞの焦慮するがごとく急激に進み得べきにあらず」とも語ります。

昭和十年四月に美濃部達吉の『憲法撮要』（大正十二年）などが発禁処分となったときには、「機関説でいいではないか」「美濃部はけっして不忠な者ではないと自分は思う」と言います。この年の秋には、侍従が今年の夏は天候が不順で過ごしづらかったと言うのに対して、そんなことを言うな、農民たちは大変だと言い、さらに「このごろの天気は無軌道なるが、政治もまたしかり」（九月二十六日）と言います。十二月には「軍部に対して安心ができぬ」とも、他人事のように語っています。

翌十一年二月二十六日の事件の日、「とうとうやったか」「まったくわたしの不徳のいたすところだ」となし、翌日には「鎮撫に出かけるから直ちに乗馬の用意をせよ」「朕がもっとも信頼せる老臣をことごとく倒すは、真綿にて朕が首を絞むるに等しい行為なり」と激怒しています。この言葉は、立憲君主たろうとした天皇の姿を表したものとして、よく引き合いに出されます。二十八日には、決起将校に対して「自殺するならば勝手になすべく、このごときものに勅使など、もってのほかなり」と述べ、青年将校たちが天皇に寄せた思い込みとは大きなすれ違いが起こっていることがわかります。この天皇の言葉の端々には、ヨーロッパ旅行を通して立憲君主制の王とは何かを学んできた天皇の姿勢があり、君臣一体を旨とした忠君愛国を説く国体論的天皇像との間に大きなすれ違い、乖離があったことが読みとれます。

## 国体信仰の果てに

戦後の歴史学は、戦前について天皇制絶対主義となし、一括して「天皇制」なる言説で歴史を問い語ってきました。「天皇制」と言えば、何か解りあえるような雰囲気がただよっていました。この「天皇制」という言葉はいつから登場したのでしょうか。「天皇制」なる用語は、コミンテルンの一九二七年（昭和二）のテーゼにおけるロシア語の「君主制」という言葉をして、三二年テーゼで「天皇制」と翻訳したことで生まれたものです。「君主制」に代わり、日本特有の君主制を「天皇制」と称したわけです。コミンテルンは、一九三二年七月の「政治テーゼ（草案）」で、「同志諸君！　諸君こそブルジョアと地主の政府の権力を打倒し、プロレタリア独裁を樹立する軍隊とならねばならぬ」として、まず最初に「天皇制を倒せ！」と呼びかけました。ここに一九三二年の「日本に於ける情勢と日本共産党の任務に関するテーゼ」（三二年テーゼ）は、当面する革命の主要任務の第一に「天皇制の転覆」を掲げ、日本共産党は天皇制の打倒をめざしました。

国家は、こうした共産主義者の運動に治安維持法で対処し、昭和八年二月二十日に『蟹工船』（昭和四年）などの作品で国家を脅かしていた小林多喜二を築地署で虐殺するなど、情け容赦なく弾圧していきました。「天皇制」という言葉は、このような弾圧の時代と一対になることで、「血ぬられた天皇制」として一人歩きしていきます。そこでは、「日本に於て一八六八年以後成立した絶対君主制は、その政策は幾多の変化を見たにも拘らず、無制限絶対の権をその掌中に維持し、勤労階級は対する抑圧及び専制支配のための官僚的機構を間断なく造り上げた」という呪縛で歴史が問われたのです。このような天皇制論は、特殊日本を強調することにおいて、時代を覆う国体論の陰画であったといえましょう。

　しかし日本の君主の称号と国名の対外的表記は、明治以来というもの、「皇帝・エンペラー」であり、「JAPAN」でした。この表記が問題とされてくるのは、国体明徴の動きと連動したもので、「JAPAN」を「大日本国」にしようという意見が強くなり、「皇帝・エンペラー」ではなく「天皇」と書かせるようにという建白が再々にわたり提起されます。初めのうちは内閣も外務省も取り合いませんでしたが、国体を言挙げし、己が忠誠心を誇示する国体明徴なる言説が世間の風潮として強まるなかで、昭和十一年の二・二六事件後の四月十八日に、国号が「大日本帝国」、御呼称が「天皇」と記載することとなし、外交文書を「大日本国天皇」とすることに決めました。すでに郵便切手は昭和九年に「JAPAN」を「NIPPON」と表記するようになり、現在もそれが続いています。

　しかし宮中では、こうした決定にかかわりなく、永年の慣行によって「JAPAN」と「エンペラー」であると報じています。いわば天皇が存在する世界は、「国体」というイデオロギーの呪縛があらゆる面で強まっていくなかにあっても、時代の風潮にかかわりなく、開かれた君主制の論理で動いていたのです。

　天皇をめぐる世界は、このように国体信仰が狂気のごとく深化していくなかにあっても、明治以来というもの、皇室が自らを「帝室」と言い、皇居を「宮城」と言っていたように、一般君主制の意識がありました。その背景には、明治憲法における立憲君主制のタテマエを天皇も認識しており、政治システムとして存在していたことによります。この原則が大正から昭和にかけて、いわば「没国是」と言われる精神的空洞化が日常化してくるなかで、問い質されたのです。そこでは、ヨーロッパで栄えた精神的文化とは違う何か、日本固有の原理を求めようとしたとき、その器としてお題目であった国体に眼をつけ、国体信仰が各人多様に粉飾して登場してきたのです。この国体信仰は、杉本五郎の「大義」のように純化したかたちにまで昇華できないのであれば、政治イデオロギーとしての国体信仰を説かざるを得ません。

そのため国体を揚言し喧伝すればするほどに、閉塞感がつのり、時代の呪縛に身動きできなくなったのです。

そこでは、赤子という原理に寄りそうことで「人間でありたい。人間をこんな状況にしている政治はいけない」という動きに突き動かされたとき、国体革命論が北一輝に見られるような国家改造の動きとして出てくるか、あるいは大東塾に見られるような徹底した国体信仰に回帰していくか、どちらかしかありませんでした。影山正治をはじめとする大東塾の人たちは、陸軍葬をはじめとする戦死者の公葬を神式で行うべしとする忠霊神葬運動を展開し、戦争完遂のための皇国維新をめざしました。敗戦の時、影山庄平代行と一三名の塾生は、「十四柱の皇魂誓って無窮に皇城を守らむ」と、代々木練兵場で自決します。ここにはひとつの純化された信仰の在り方がうかがえます。

昭和維新という幅広い動きのなかには、維新という呪縛にとらわれ、「国体」に回帰していくことで時代閉塞感を打開し、生命を輝かさんとした者がいました。この存在を読みとるには、アジアの解放を大義とした戦争を、米軍の呼称である「太平洋戦争」とか、あるいは「十五年戦争」とみなすのではなく、当時の呼称である「大東亜戦争」に託された想いに探るべきではないでしょうか。大東亜戦争は「思想の戦争」と意識されていました。思想の戦争とは、まさにヨーロッパ的な支配に対するアジアの解放、西郷隆盛に見られる文明への目であり、アジアが一つになって白人の支配と戦い、アジア解放をめざすためのものと認識されました。この幻想を問い質すには、「美しい国」などという言説にこめられた維新とか国体に託して問いかける世界を亡霊とみなし、国体という呪縛にとらわれてきた歴史を読み直す作業が求められましょう。

第五章

# 天皇という磁場

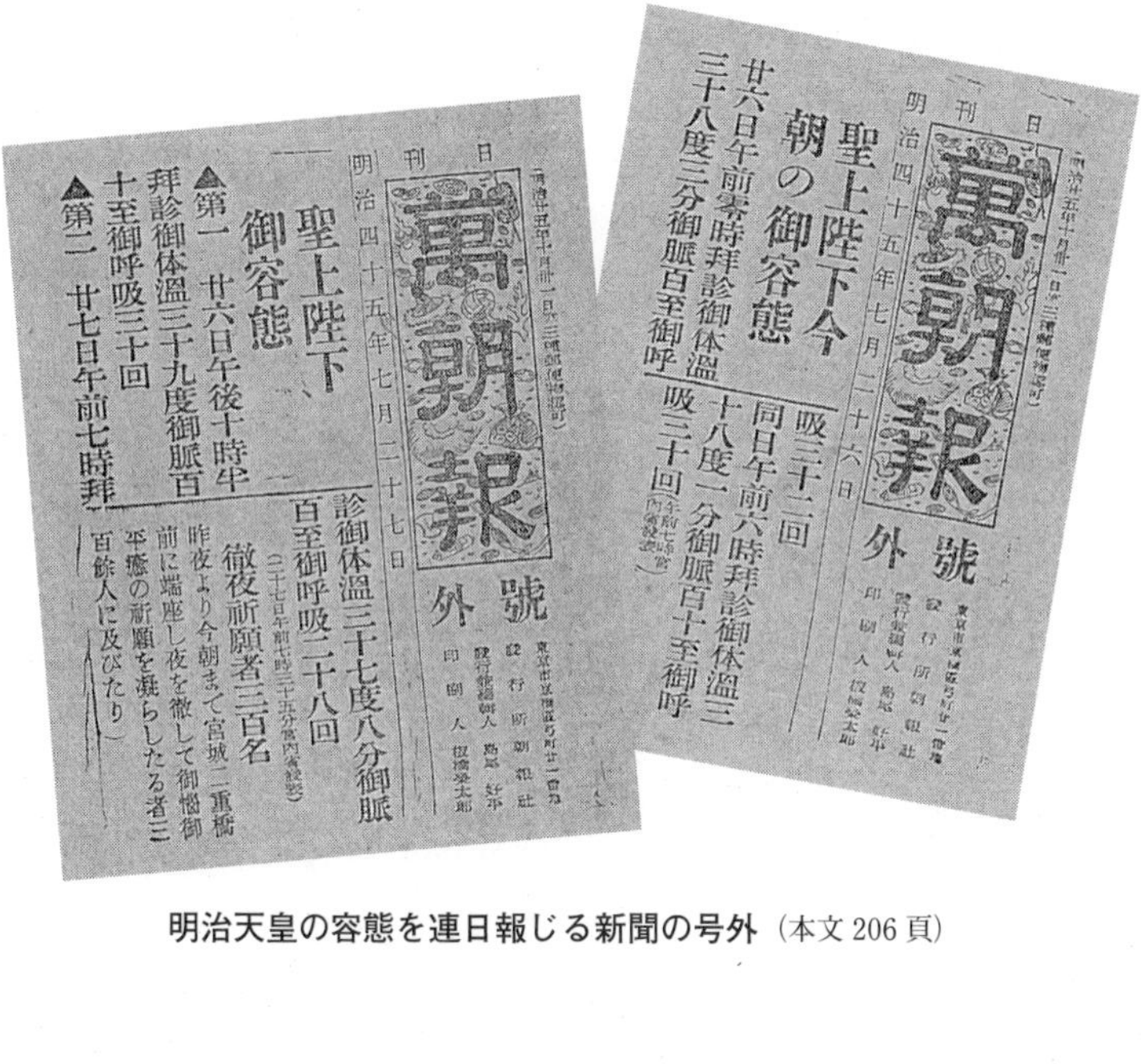
日刊 萬朝報 號外
明治四十五年七月二十六日
聖上陛下今朝の御容態
廿六日午前零時拝診御体温三十八度三分御脈百至御呼吸三十二回
同日午前六時拝診御体温三十八度一分御脈百十至御呼吸三十回（午前七時宮内省発表）

日刊 萬朝報 號外
明治四十五年七月二十七日
聖上陛下御容態
▲第一 廿六日午後十時半拝診御体温三十九度御脈百十至御呼吸三十回
▲第二 廿七日午前七時拝診御体温三十七度八分御脈百至御呼吸二十八回（二十七日午前七時三十五分宮内省発表）
徹夜祈願者三百名
昨夜より今朝まで宮城二重橋前に端座し夜を徹して御悩御平癒の祈願を凝らしたる者三百餘人に及びたり

明治天皇の容態を連日報じる新聞の号外（本文206頁）

天皇とは磁場のようなものではないでしょうか。強い磁場もあれば、弱い磁場もあります。磁場にのみこまれて自爆した昭和維新にまつわる人たちもいます。

明治天皇が重態のときには、病状が発表されるごとに一日に何回も号外が出され、東京市内の交番には容態書が張り出されました。全国各地で天皇の平癒を祈願する国民の姿がみられ、宮城に向かって遥拝し、神社詣をはじめ寺院が法要を営み、キリスト教会で祈祷会がもたれました。新聞は、こうした国民の姿を「赤誠」の現れと報じ、「忠誠」心を競わせました。天皇の死を告げる黒枠の号外は悲しみの渦を巻きおこします。日本列島の住民は、このような号外を日ごと見ることで天皇につらなる血を実感し、天皇に思いを寄せていきました。まさに天皇の「御不予」から「崩御」にいたる日々は、「民のため心の休む時ぞなき身は九重の内にありても」と詠う天皇の存在を、民衆に最も身近に感じさせた秋だったのです。

このような天皇の存在とは日本人にとってどのようなものだったのでしょうか。

## 第一節　天皇を巡る言語様式

### 「天皇」という呼称

「天皇」という語は、文章に記載する際に、闕字《けつじ》・平出・台頭などという特別な作法があります。天皇にかかわる文字を書くとき、その前を一字空けるとか、行を変えて行頭にもってくるとか、普通の行より高く出すという書き方をします。こうした作法は必要ないということを実証しようとしたのが、若き福沢諭吉でした。

天皇は、初め「大王《おおきみ》」と呼称されていましたが、「大王天皇《おおきみのすめらみこと》」となり「天皇《すめらみこと》」になっていきました。「大王」は王《きみ》のなかの王たる大王でした。それが大王天皇になり、「天皇」という呼称が成立します。

天皇号の成立は、「天皇」という文字が法隆寺金堂薬師如来像光背銘と天寿国繍帳などに書かれているので、かつては七世紀初頭の推古天皇の時代ではないかと言われていました。最近は、七世紀後半、六五五年の斉明天皇のころに天皇号が成立したのではないかと考えられています。六七四年に唐の第三代皇帝の高宗が「皇帝」を改め「天皇」という称にしたことが根拠の一つとされています。王の中の大王であったものが天皇になることによって、国号も「倭」から「日本」になっていきます。

天皇は、「すめらみこと」とともに、国家や宇宙といった広い空間に対応する「あめのした」という読みがされていました。これは、天皇即ち国家という観念が強かったことを示すといえましょう。律令官人は、このような天皇の存在をして「大君は神にしませば」と讃えたのです。天皇も国家の災害は己の不徳がもたらしたものとして、天地の神々に詫び、天皇たる己を律しようとします。かつ天皇は、姓をもたないことで、他者と異なる存在でありました。

まさに天皇は、このような王の王たる存在である証として、神武天皇の国づくりに始まる天皇の系譜が途切れることなく続いているという「万世一系」の皇統という神話に求め、ここに日本国の他国と異なる固有なる王権の根拠を求めました。このような国家の在り方は、日本の国柄とみなされ、国体として絶対視されていきます。かくて天皇をめぐる世界は、時代とともに神聖なものとみなされ、一個特別なる固有の空間を形成しました。

## 天皇の居住空間

明治維新前の天皇は、その存在している場が特別なものとみなされ、御門《みかど》・御所《ごしょ》・内裏《だいり》・禁裏《きんり》などと称されていました。これはある特定の空間にいる人という意味合いで、具体的なイメージを含まない呼称です。したがって、特定の天皇の名前が呼ばれることはありませんでした。天皇という存在は、具体的な実態をもって語られるよりも、きわめて抽象的な存在だったとも言えます。

十六世紀に来日した宣教師ガスパル・ビレラの記録には、日本にはミカド（御門）とクボウ（公方）＝室町将軍がおり、クボウの主君はミカドである。ミカドは都では尊敬を受けているが、天上人のようで大地に足を踏むことがなく、その存在はローマ法皇に似ている、と紹介しています。こうした認識は、十六世紀以後に来日した外国人にとり、共通したものでした。十八世紀初頭に来日した朝鮮通信使に随行した申維翰は、天皇は将軍の「形代《かたしろ》」（『海游録』）のようなもので、「号令が王城から出ることはない」となし、年号、暦書を国中に行い「謝恩の礼」があるだけだと。オランダ商館長に随行したツュンベリーは「宗教上の皇帝」（『江戸参府随行記』）となし、開国後に来日したエルギン卿に随行したローレンス・オリファントは「日本の精神上の皇帝」「教皇の機能ときわめてよく似ている」存在で、「単なる傀儡《かいらい》にすぎない」（『エルギン卿遣日使節録』）と紹介しています。まさに天皇は、「御所」なる空間に封じこめられた者にすぎず、具体的実態が見えない者でしかないため、ローマ法皇から類推しうる精神的な存在と理解されたのです。

明治になってからの天皇を巡る特有の用語法たる天皇語を見てみると、居住空間を指す言葉だけでも、禁廷、禁中、大内など二十有余に及ぶほどあります。明治二十一年（一八八八）に天皇の新居が落成し、十月二十七日の告示で「宮城」と称すると布告し、皇居が宮城という呼称になりました。一方、京都の御所、大宮御所、仙洞御所などは京都皇宮（京都御所）と呼ばれることになります。

大嘗祭をはじめとする即位の式典は、明治二十二年に成立した皇室典範で西京と言われた京都で行うと規定しています。東京は政治的な首都ではあっても王城の都ではない、というのが明治以降の日本の在り方でした。現在の京都は、王城の京であるため、明治二十年代まで西京という呼称が広く使用されていました。さらに北海道開拓を進めるためには北の京を作らなくてはならないとして北京論が提起されもしました。「京」は政治的思惑と絡んで主張されています。ここにも国家がいまだ流動的である様相がうかがえます。

ちなみに、東京の「宮城」が「皇居」になるのは、宮内府が明治二十一年の告示を廃止した敗戦後の昭和二十三年（一九四八）七月一日です。皇居はThe Imperial Palaceと英訳されています。この「宮城」「皇居」をめぐる問題が脚光を浴びたのは、昭和十四年十月一日の興亜奉公日にあたり、宮城遥拝か皇居遥拝かという議論が起こったときでした。宮内省は宮城遥拝としました。そこには世界的に共有しうる「パレス」としての感覚があったものと思われます。皇統の固有性を強調する「皇居」でないところに、ある開かれた君主制への目が読みとれるのではないでしょうか。そこには開化の気風が刻印されています。なお、興亜奉公日は、昭和十四年九月一日に、毎月一日を前戦の将兵に感謝し、神社に参拝、君が代を斉唱し、宮城遥拝で一日をはじめ、一汁一菜、禁酒禁煙ですごす日と決定したもので、国民精神総動員運動の一つとして位置づけられたものです。

## 身体の用語

天皇の身体に関する用語としては、体については「玉體《ぎょくたい》」、顔については「龍顔」「天顔」「玉顔」、声については「玉音」、歩くと「玉歩」、といった特有の言い方が用いられました。また、病気になったら「御不予《ごふよ》」「御不例」「御違和」と言われました。

大久保利通は、天皇を巡るかかる言語空間から生まれる天皇という存在の希薄さにつき、慶応四年（一八六八）正月二十三日の「建白書」の中で、天皇の状態を道理に反したことと、厳しく糾弾しています。

主上と申し奉るものは玉簾の内に在し、人間に替らせ玉ふ様に、纔《わずか》に限りたる公卿方の外、拝し奉ることの出来ぬ様なる御さまにては民の父母たる天賦の御職掌には乖戻《はいれい》したる訳なれは、此御本道理適当の御職掌定りて初て内国事務之法起る可し

天皇について「今其形跡上の一二を論せんに、主上の在す所を雲上といひ、公卿方を雲上人と唱へ龍顔は拝し難きものと思ひ」、玉体は「寸地を踏玉はさるものと余りに推尊奉りて、自ら分外に尊大高貴なるもの丶様に思食させられ、終に上下隔絶して其形今日の弊習となり」、と雲の上の存在のように言うからいけないのだ、と言うわけです。大久保は、顔のある統治者を造形しなくてはいけないと思っていました。西洋の君主が、一、二名の従者を連れて国内を巡り、人民と交わり、民情を知ることで統治者たる存在を高めているように、天皇はそうなるべきだと。

討幕をめざした戊辰内乱における奥羽戦争では「天子様は伊勢神宮の末裔」と布告しています。仮名垣魯文らの教導職もこの論理で天子の存在を具体的に説きました。さらに旧幕府の拠点、遠き日に蝦夷の拠点であった奥羽の地を天皇は民衆に顔を見せて歩きます。まさに天皇は、帝国憲法発布までに、六大巡幸を実施し、全国を巡ったのです。

しかし帝国憲法発布後は、その神聖さを保つという点から、天皇が姿を見せるのは、帝国議会開院式、陸海軍の大演習と、東京帝国大学と陸海軍各学校の卒業式くらいになります。まさに天皇は、卒業生に恩賜の金時計を、あるいは恩賜の軍刀や短剣を授けるというかたちで、最も忠良なる官吏と軍人たちのエリートにその存在を示し、大演習で「頭主」たる姿を兵士にみせるとともに、御真影で神聖な天皇の姿を示し、民に寄せる想いを御製に託して語りかけたのです。

大正天皇はいささか明治天皇と違っていたようです。明治天皇は行幸に行っても、相手に直答したり自分の声で質問することはないのですが、大正天皇は侍従を通さず自分で質問したりしました。たとえば県知事に、何でこの辺の物産はこのようなものしかないのかと訊いて侍従が驚いたといいます。大正天皇は、皇太子時代に、傅育官湯本武比古に連れられて街で地球儀を買ったりもしています。店の人はあとで皇太子と知って、恐れ多く思って献上しに行ったといいますが、彼にはそうした素朴な感覚があったようです。

昭和天皇は、明治天皇に倣ったので、そのようなところはありませんでした。天皇には、前天皇の在り方を否定することで、自己の存在を示そうとするところがあったのかもしれません。

## 天皇か皇帝か

かくて、天皇はしだいに顔のある統治者になっていきますが、それに伴って天皇の称号について「天皇」か「皇帝」かの議論が起こってきます。

明治十六年（一八八三）四月、宮内省は、外国に発送する公文に用いる天皇・皇太后・皇后の称号について「外国人には皇帝陛下・皇太后陛下・皇后陛下とし、在外公使・領事等には聖上・皇太后宮・皇后宮または天皇陛下・皇帝陛下・皇太后陛下・皇后陛下と書すこと」と定めます。そして二十年六月に宮内省は内閣記録局の照会に対して「天皇陛下の尊称は専ら内事に用い、皇帝陛下の尊称は内外に相通用するものなること」と回答しています。外交関係では「皇帝」を用いることを明らかにしたわけです。

この呼称は昭和になって混乱しはじめます。国体明徴が叫ばれてくる時代のなかで、国号統一という問題が提起され、大正十五年三月に「国号の呼称使用に関する請願書」で「ジャパン」を「ニホン」か「ニッポン」にせよとの主張がされましたが、幣原喜重郎外相は本請願の不採択を請議。しかし昭和二年一月には「我が国国号の統一顕正に関する件」が第五二議会に提出され、国号問題が帝国議会を騒がせ、内閣を困惑させるまでとなります。かくて昭和十一年に国号は「大日本帝国」、元首の称号は「天皇」と決定されます。十五年七月二十六日に閣議決定された「基本国策要綱」では「帝国」が「皇国」となりました。

このような呼称にこだわったのは、国体明徴を宣揚することで、日本の国家体制の特質、他国との相違を、万世一系の世界に冠たる天皇であることを強調し、大日本帝国であるというかたちで示そうとしたからです。「日本」にすると頭文字が「N」でアルファベット順の後ろの方だが、「大日本」にすれば「D」で前に来る、だから大日本にしよう、といったことが帝国議会で大真面目に論議されたのです。これは、外務省にとってみれば迷惑極まりないことですから、このようなことは国際的に慣行がないと抗弁しますが、押し切られてしまいます。

いわば天皇にかかわる呼称は、当初立憲君主国家の君主の一称号でしたが、日露戦争で「一等国」となった日本の他国と異なる存在根拠をどこに求めるかを問うなかで、日本の国体がもつ歴史的個性を強調し、世界における日本の超越した場を主張すべく、「皇帝」ではなく「天皇」に移行していきます。かくて日本は、「ジャパン」「エンペラー」に代わって、「大日本帝国天皇」を宣言しました。

## 第二節　天皇・皇后の営み

### 宮中祭祀

最近、天皇の労働過重をいかに解消するかという観点から、宮中祭祀をどう整理するかが議論になっています。ここには祭主としての天皇の存在を見ることができます。

天皇が皇族・官僚を率いて自ら祭典を執行するのが大祭で、天皇は御告文を奏上します（親告）。大祭は、元始祭（一月三日）、紀元節祭（二月十一日）、春季皇霊祭（春分日）、春季神殿祭（春分日）、神武天皇祭（四月三日）、秋季皇霊祭（秋分日）、秋季神殿祭（秋分日）、神嘗祭（十月十七日）、新嘗祭（十一月二十三～二十四日）、先帝祭（毎年崩御日に相当する日）、先帝以前三代の式年祭（崩御日相当日）、皇妣たる皇后の式年祭（崩御日相当日）で、式年祭は崩御日から三年、五年、一〇年、二〇年、三〇年、四〇年、それ以後は百年ごとに行われます。

皇霊祭は明治十一年から春・秋の二回行われるようになりますが、それより前はそれぞれの天皇の先帝祭が毎年行われていました。あまりにも回数が多くて役所の仕事に支障をきたすので、皇霊祭として春と秋にまとめて行われるようになりましたが、これは仏事慣例をまねたものです。

そして準大祭として、皇室・国家の大事にあたって天皇自らが神宮や宮中三殿、神武天皇の山陵、先帝の山陵へ親告する祭祀が行われます。二・二六事件が終わった後にも親告されていますが、この事件が宮中にとっていかに重大な事件だったかがうかがえます。

天皇が皇族・官僚を率いて親ら拝礼する小祭は、歳旦祭、祈念祭、明治節祭、賢所御神楽で、掌典長が奉仕し、御告文の奏上はありません。

宮中三殿とは賢所、皇霊殿、神殿の総称で、天照大神が奉祀される賢所の御神体が三種の神器の宝鏡（八咫鏡《やたのかがみ》）です。宝剣（天叢雲剣《あめのむらくものつるぎ》）と神璽（八坂瓊《やさかにの》曲玉《まがたま》）は側近に奉安され、天皇が動くと共に移動します。これは剣璽渡御とか剣璽動座と呼ばれ、お召し列車にはこれを置く場所が設置されている由。皇位の継承は、明治の皇室典範第一〇条に、「天皇崩スルトキハ皇嗣即チ践祚《せんそ》シ祖宗ノ神器ヲ承ク」と規定されています。

明治になって決められたこれら儀礼の構造は現在もそのまま続いており、天皇は賢所に独居して皇祖皇宗の神々と対話するわけですから、心身疲労はかなり激しいものと思われます。昭和天皇は、皇太子の頃、ヨーロッパからの帰国後、正座できるようにと母貞明皇后から厳しく訓育された由。これは天皇の最も重要な務めが祭祀を営むことと認識されていたがためです。

### 帝王学事始め

明治天皇は幼くして皇位についたため、その教育には国家の命運がかかっていました。そのため平田大角、玉松操などの国学者・儒学者が軸となって国書や漢書を進講する御講釈が始まります。明治五年（一八七二）から加藤弘之が「国法汎論」と「西国立志編」を講じ、文明世界に眼を向けることとなります。この段階から「御講書始」の儀となり、『明治天皇紀』明治五年正月七日の項には、この間のことを、次のように記しています。

是の歳御講学の情況明かならずと雖も、時風洋学の行はるること盛なるがため、経書の進講は一時廃せられて専ら和漢の歴史・西洋翻訳書の類のみ用ゐらるることとなり、弘之は独逸国国法学者ブルンチリーの著を自ら抄訳して国法汎論と題せる書を進講し、又独逸語の御練習に奉仕す、其の御練習に用ゐたまへる独逸語読本・独逸文字骨牌等は今尚東山御文庫に現存す、読本には鉛筆を以て親ら注記したまへる所、或は傍線を附したまへる所あり、但し御練習は初歩に止まりしものの如し、(略) 太政大臣三条実美、聖徳の日々に高きを瞻仰して歓喜し、五月之れを在外の全権大使岩倉具視に報じ、斯くの如くならば、今後一箇年の御修養は能く万機親裁の実を挙げさせらるるに至るべしと陳ぶ

加藤がドイツの法学書を抄訳した「国法汎論」とともにドイツ語を天皇に教え、天皇はドイツ語の読

本に自ら鉛筆で注記したり傍線を付したりしたが、練習は初歩でとどまったとあります。

明治天皇は、「大学」「孝経」「論語」「孟子」「詩経」「禁秘抄」「通俗三国志」「資治通鑑」「史記」「日本書紀」「神皇正統記」「貞観政要」「十八史略」「日本外史」など、治者たる者が学ぶべき治政の書物はほとんど読んでいます。さらに加藤らに教えられた西洋流の知識の上に、明治十八年には西村茂樹から「英国文明論」と「万国公法」を進講され、国際知識や文明の論理を学びます。漢学・国学ばかりでなく、ヨーロッパの政治制度や歴史が帝王学の一端として教えられたのです。

岩倉具視は、明治十年、幕末維新以来の詔勅布達の趣旨を天皇に語ります。幕末以来の詔勅布達を天皇に代わって出した張本人が、その意義を天皇に解説するわけです。重臣らは、天皇に君主としての素養を傾注する中で、天皇親政の実を挙げるべく帝王学を丁寧にほどこしていきます。そこには、国家のかたちを確立したいとの想いがありました。

## 親政という幻想

明治天皇は、父孝明天皇が慶応二年（一八六六）十二月二十五日に崩御したのを受け、翌三年一月九日に十六歳で践祚し、四年正月十五日に元服、三月十四日に紫宸殿で国是五箇条を天神地祇に誓い（五箇条御誓文）、国威宣揚の宸翰を宣布し、二十三日大坂に行幸、大坂滞在中の閏四月一日に太政官代東本願寺大坂別院で英国公使ハリー・パークスが捧呈するヴィクトリア女王の信任状を受け取ります。新政府は、四月十一日に江戸を開城して統治体制を固めていくなかで、閏四月二十一日に「王政復古し、万機を親裁」するとして政務親裁の日課を定め、二十二日に天下に布告しました。その日課は、生活空間である後宮（奥）より表御殿に移り、辰の刻（午前八時頃）より申の刻（午後四時頃）まで学問所で万機の政務を総攬し、時に大臣が政務に専念している様子を見、その余暇に文武の道を学ぶというものです。

かつ天皇の齢が若く政務が総裁らに委任されているが、「万機宸断」すべて天皇が裁断しているとなし、天皇の側近くに仕える秘書たる近習に「従来一切の弊風を矯め、専ら力を天皇の文武二道修養の裨補に輸し、聖智を啓発」（『明治天皇紀』明治元年閏四月二十一日）することに尽くすべしと、その心得を定めました。その心得は、①御前の事決して他に漏らすべからず、②政事に関し当路を経ずして直奏をなすべからず、③御前において厳に卑俗非礼の言行をなすことを慎むべし、④朝夕勤仕の間、いやしくも君恩になれ、天威を冒瀆するがごとき行動なかるべきは勿論、内外に対し威権を張るべからず、等々。ここに親政への第一歩が踏み出されました。同時に政体書で西欧諸国にならい太政官を立法・行法・司法の三権に分割する政体改革をなし、近代国家をめざすことになります。

なお横井小楠は、玉座（八畳間の中央に二枚の高い畳を敷いて上を敷物で覆い、座右に煙草盆を備えたもの）で万機を総攬する天皇の仕事ぶりに感激し、このような盛事は「千余年来絶無に属す」となし、仰ぎ見た天皇の姿を家族に書き送っています。その顔は長くして、色浅黒く、長身で声大きく、十人並の気量だが「並々ならぬ英姿、恐悦無限」と。玉座の側には近習が仕え、臣下の者は敷居を隔てて候し、煙草盆に天皇の喫煙がうかがえます。

新政府は、武家政治の恩沢に慣れてきた東国を統治するためにも、徳川に代わる新しい統治者たる天皇の慈愛と威光を示すことが急務の課題でした。慶應四年七月十七日には、天皇が「万機を親裁し億兆を綏撫」するために、「東国第一の大鎮四方輻輳の地」たる江戸に「親臨以て其政を視る」ので、江戸を「東京」とする。ここには、「海内一家東西同視」の所以となし、九月八日の明治改元の詔勅であらためて「躬親万機之政」と述べるように、親政の実現による全国統一への強い想いが表明されています。

この親政は、「親裁」「総攬」「万機宸断」などとの表現にみられますが、「親臨」「親裁」「親統」として問い質さねばなりません。「政務親裁」の実態は、「総攬」にみられますように、政務に臨む「親臨」ともいうべきものです。天皇は、青年君主として成長し、進講で洋の東西にわたる知識を身につけていくなかで、はじめて「親裁」への期待が高まります。ここに天皇が親しく政治を執る親裁論をめぐり、内閣と天皇の側近くに仕える侍補との間で権力闘争がおこりました。

西南戦争終結後の宮中には、参議内務卿大久保利通が入り、明治十年に設置された侍補とともに、天皇に親しく帝王学を授け、親政の実をあげることが期待されました。しかし十一年に大久保利通が島田一郎らに暗殺されます。その「斬奸趣意書」は、大久保殺害の理由として、「凡政令法度、上天皇陛下の聖旨に出るに非ず、下衆庶民の公議に由るに非ず、独り要路奸吏数人、臆断専決する所に在り」となし、天皇の命令と言うがそれは大久保をはじめとする悪官吏たちの命令ではないか、と糾弾していました。政府は、大久保の死を受けて、直ちに参議の伊藤を内務卿にし、西南戦争後の動揺する政情の安定をはかります。

宮中では、こうした事態に対処すべく、侍補の元田永孚や佐々木高行らが危機感をつのらせます。現政府への批判が天皇に及び、天皇の存在が否定されかねないとして、「万機親裁の実を挙げること」を天皇に奏上します。天皇が政治に関わり、政治の実を挙げるようにと。

伊藤博文ら内閣はつぎのように反論します。

閣議之れに答へて曰く、今後日々内閣に臨御して、大臣・参議等々の政務を議するを聴きたまひ、又時時諸省に臨幸して局課の執務を天覧あらせらるることに内決せり、但し内閣臨御の際、侍補陪侍して行政上の機密を聴かんことは、宮中・府中混同の虞あるを以て之れを許す能はず、

(『明治天皇紀』明治十一年五月十六日)

侍補はその職務を強調して反論します。

侍補の職掌たる常侍規諫・闕失補益の主なる点は政事上にあるを以て、其の任を尽さんとせば常に閣議を聴くの要あり、故に其の権を得ざるべからず、(同書)

天皇が内閣に臨御して政務を聞き、各省に臨幸して執務を天覧し親裁の実を挙げるのはいいが、そこに侍補が出ることは許さない。機密が漏れ、宮中と府中の混同が生じると。一方、侍補も黙っていません。討議された内容をきちんと天皇に伝えるのが侍

補の仕事だから、閣議を聞く権利がなくてはならないと主張します。侍補と政府の対立は、大久保に寄せる侍補の信任が厚かったのに対し、伊藤への信任がなかったことによります。

伊藤は、「侍補をして政治に関与せしむるの結果は、漢土に於ける宦官の如き弊害を生じ、宮中・府中の別を紊すに至るべし」と、厳しく糾弾しました。侍補らは「宦官云々の言を聞くや頗る悪感を懐きて」激怒します。そうした経緯を経て十二年十月十三日に、侍補制度を廃止し、「大臣壱名毎日宮中ニ侍シ時々御前ニ伺候ス」「参議壱名定日宮中ニ侍シ時々御前ニ伺候ス」、そして各省の事務太政に関わる者は主任の長官大臣と共に説明するということで決着がつきます。

侍補が廃止された後、元田永孚は侍講としてさまざまな諮詢に参与しよく務めたので、天皇の信認厚く、大臣らも元田永孚が天皇を補佐し、機密を漏らさないことを信じ、機密事項の相談に参与することを許すようになり、天皇に奏上することがあればまず元田に内々に述べさせるようにするなど、伊藤との関係も良好になりました。

かくて天皇は閣僚たちが決めたものを認めるという親統のかたちをとるようになり、これが帝国憲法下の基本的な在り方として整っていきます。いわば親臨・親裁論でゆれた天皇親政の論議は、親統論として決着をみることとなります。しかし天皇統治への期待は、危機に対処する方策として、島田一良の「斬奸趣意書」に見られるように、また後の二・二六事件においても、親裁論が求められました。しかし、大日本帝国憲法下においては、立憲君主制となり、英国型スタイルの皇帝学が採られて親統論になります。伊藤博文が帝国憲法の解釈をした『憲法義解』は親統論であり、美濃部達吉の天皇機関説につながるものです。

## 御歌所―御製という問いかけ

天皇は、親政をめぐる動きのなかで、その想いを歌にたくして吐露していきます。その場が御歌所であり、天皇の詠んだ歌が御製です。宮中では、明治初年には歌御会始《うたぎょかいはじめ》あるいは御歌会始《おうたかいはじめ》でしたが、明治二十年以降は歌御会始で一定し、大正十五年の皇式儀式令で歌会始となり、現在まで続いています。

その第一回は明治二年正月二十四日に京都御所内の小御所で行われました。歌を出せるのは、皇族、華族、勅任官で、五年から判任官も許され、七年に御勅題を一般に発表し、国民詠進歌も見られるようになります。一般国民でも御題に応じて歌を出すことができるようになったのです。このとき出されたた詠進歌は四一三九首でした。十一年十二月に「選歌の制」が採用され、翌十二年一月の御歌会始で一般国民の詠進歌の中から選んだものを御前で披露するようになります。この作法が今の新年歌会につながります。

このときに、使用する紙や書く形式などが決められ、歌題が出されることとなります。また、会に臨む天皇の服装は通常礼服、皇后は通常服たるローブモンタント（一種の夜会服）と決められます。二十一年には、侍従職のなかに設けられていた御歌掛に代わり、御歌所が設置され、高崎正風が所長に就任します。


やがて、御製は坪内逍遥らに英訳させ、『インデペンデント』など外国の新聞に送って日本の天皇の歌として紹介させるようにしました。

この御歌会は、天皇が歌によって自己の意思である大御心を民に示すとともに、民の歌を見ることで民の想いを知ろうとする場であるのみならず、かつ民の天皇に寄せる想いを育む場ともなったのです。

このような天皇の営みを支えた世界には、宮内省という表と奥と称された私的な空間がありました。

## 表の世界

天皇の公的空間である表の世界は宮内省（戦後は昭和二十二年（一九四七）より宮内府、二十四年より宮内庁）が管轄しますが、内閣の外に天皇の側で常に補佐（常侍輔弼）する内大臣がおり、内大臣府を統括します。内大臣府が御璽国璽を管理し、詔書勅書その他内廷の文書に関する事務を掌りました。

重要な国務は枢密院に諮問されます。枢密院は、大日本帝国憲法草案審議のために明治二十一年（一八八八）に設置され、大日本帝国憲法で「天皇の諮詢に応へ重要の国務を審議す」る機関と位置づけられ、その諮問事項は、皇室典範・憲法と付属法令・国際条約の締結・戒厳の宣告などの勅令・条約など広範囲に及び、大正期以降に「憲法の番人」といわれるようになりました。三十三年には、教育制度をはじめ内閣官制や官吏の服務規律、文官の懲戒・任用・試験・分限に関する勅令などを審査事項に加え、政党と議会の勢力を抑えようとします。そのため藩閥勢力の拠点ともみなされました。

大元帥陛下である天皇の軍務に関しては、明治二十年に天皇直属の軍事参議官が置かれ、二十九年には侍従武官府官制で、侍従武官が陸海軍の将校から任命され、天皇に常侍奉仕して、軍事に関する奏上奏答及び命令の伝達をなし、観兵・演習・行幸その他祭儀・礼典・宴会・謁見等の際に天皇のそば近くで仕えることを任としました。軍事の諮問機関としては、三十一年に軍事上の最高顧問として、元帥府が設置されました。元帥府に列する陸海軍大将が「元帥」と称します。三十六年には軍事参議院が設置され、参議官の範囲を拡大し、重要軍務の諮問に応じて参議会を開催し、意見を上奏します。

天皇の側近として奉仕する侍従は宮内省に属し、明治四年に侍従長が置かれ、公卿の家柄であった元堂上公家より一名、士族より一名が任命されました。侍従長の下にいる侍従が生活空間である「奥」を支えました。奥にはさらに女官がいます。これが大奥の女官です。

宮内省は、幹部職員には親任官・勅任官などの高官が居並び、部局長の大半を華族出身者がしめたように、きわめて浮世離れした役所でした。天皇の奥御殿は男子禁制で、宮内大臣・侍従長・皇后宮大夫といえども入出できず、御奥の廊下に「申し口」という受付があり、事務をとりしきる命婦《みょうぶ》に取次を依頼せねばなりませんでした。そのため宮中の勢力は女官が握り、大正期以後は侍従職と皇后宮職の下にありました。いわば表はたんなる受付窓口の観を呈していたそうです。

## 御奥の暮らし

役所の実権を握っていた女官は、勅任の典侍《てんじ》《すけさん》、奏任の権典侍《ごんてんじ》、掌侍《しょうじ》、権掌侍《ごんしょうじ》各自には、称号、いわば源氏名《ごんすけさん》があり、一字の人《ないしさん》は士族出身、二字の人《ごんないしさん》は華族出身となっていた由。彼女たちは江戸時代と同様、天皇の性的対象ともなる存在でした。

側室となった女官は、柳原愛子（父、権中納言柳原光愛《みつなる》）が典侍で「早蕨」、千種任子（父、子爵千種有任）が権典侍で「花松」、園祥子（父、伯爵園基祥）が権典侍で「小菊」、明治天皇崩御により大正元年七月に皇太后典侍となり、明治天皇妃美子《はるこ》（昭憲皇太后）に仕え、大正二年十一月より皇后宮典侍として大正天皇妃節子《さだこ》（貞明皇后）に仕えています。このほかに懐妊しませんでしたが、権典侍の小倉文子「緋桜」、権典侍の姉小路良子「藤袴」がいました。

これら側室の存在は、天皇家のみならず、華族家においても多くみられたことで、家存続に必要不可欠なシステムと認識されていました。生まれた子は、男子なら宮家を創立し、女子なら華族家に配分していくことで、皇室をささえるネットワークが形成されたわけです。しかし　大正天皇は一夫一婦を文明の規範とみなし、この論理が現在まで遵守されています。

しかし巷では、天皇の御落胤という風聞に側耳をたてるように、側室の存在に天皇も「我ら下々」と同じ人間との感をもち、ある親和感をいだいて見る趣があるようです。このようなゴシップ談義は、天皇制批判の言説とみなすよりも、天皇に近づきたい心意の一表現とみなせましょう。

女官の下には部屋子として針命《しんめ》、さらにその下に仲居がいます。衣服の裁縫などをする係なので針命といい、仲居は炊事当番です。典侍の局は、八畳二間と六畳二間と三畳三間に台所という広さで、針命が四五人、仲居が一人を抱えていた由。また下の者が典侍ら女官を呼ぶときには「だんなさん」といいましたが、これは江戸城の大奥と同じです。この奥のしきたりは、敗戦後に宮内府長官となった田島道治が皇太后（貞明皇后）に新任の挨拶に行ったとき、「女官が一疋（織物二反）一厘五毛時代の『酒肴料』なるものをうやうやしく差しだした」のにみられるように、世間とズレたものでした。田島は、こうした宮中の在り方を改革すべく力を傾けることになります。

このような奥の暮らしはどのようなものか、帝国弘道館編『明治聖徳録』(明治四十五年)の紹介を手がかりに、その一端を垣間見ることとします。明治天皇の一日は、午前六時の起床に始まり、七時賢所参拝、八時前後に朝食、休息、九時に侍医の診察を受け、大元帥服に着替え、一〇時に表御座所へ行き、国務を処理。昼食は居間で正午にとることとなっていますが、業務繁多で午後一時、二時になることもめずらしくない由。ふたたび表御座所で政務を総攬。午後七時三〇分から八時頃に皇后とともに夕食。食後に「睦まじく」談話し、このときに献納された書冊に眼を通し、一〇時三〇分から一一時の間に就寝。きわめて規則正しい日々であると。なお、起床し、着替えて、厠に行き、「消毒し又幾度となく白羽二重にて漉したる冷水」で手を洗い、毎朝入浴します。その風呂は、白湯の中に塩を入れて沸かした塩湯です。皇后は、天皇より三〇分早く起床、夏は毎朝入浴し、冬は「千葉の御腰湯」を使った由。ここには健康に配慮した強い清浄の観念がうかがえます。

食事は和洋折衷で、天皇は日本食を好み、肉より魚、魚より野菜で、ことに蚕豆《そらまめ》・茄子・芋の類を甘く味付けしたのが好物だったようです。魚では、長良川の上流か伊豆大仁の鮎と琵琶湖の鰉《ひがい》を好み、現地より取り寄せるほどでした。「ひがい」は、琵琶湖のコイ科の骨の堅いさかなで、明治天皇が取り寄せるほどに好きな魚ということで「魚」に「皇」で「鰉」なる字がつくられたのです。寛ぐときには、夏はぶどう酒、冬は日本酒を飲んだそうです。牛乳をまぜたコーヒーを飲み、皇后は毎朝パンと牛乳でした。宮中という世界は、このような日々の営みですが、神秘の帳が時とともに厚く閉ざされていき、天皇が見えない存在となったのです。

## 天覧という様式──国技・国劇の造形

民とのつながりを強めようという流れは、天覧と呼ばれる国技・国劇の観覧にみることができます。明治天皇は相撲が好きで、西郷隆盛に親しみをいだいたのは彼が天皇の相撲相手をしてくれたからだとのことです。

天皇は、明治十七年三月に浜離宮で東京大相撲協会の力士による相撲を催し、勝った力士に菊と桜の一枝を与え、特に良かった者には賞金を出しています。かつ、全力士と行司に金と酒肴を与えてねぎらいました。このとき陪席したのは、親王・太政大臣・参議と外国公使はじめ文武官、およびその家族、併せて三千余人とのことです。この年は、群馬事件、加波山事件に続き、秩父事件、さらに飯田事件と自由民権を掲げた民衆の叛乱が起こっています。天皇をめぐる世界は、困民党や借金党に身を託さねばならない民の想いに心寄せる眼がなく、相撲に興じていたといえましょう。

明治四十二年に東京駅を設計した辰野金吾によって両国に相撲常設館が完成し、国技館と命名されました。翌年、皇太子（大正天皇）はカモ猟の帰途に国技館に立ち寄り、相撲を見物し、一〇〇〇円を相撲協会に寄贈しています。

相撲が国技と言われるようになったのは、この常設館の命名委員長の板垣退助が文学者の江見水蔭の手による開館式披露文にヒントを得て、国技館と命名したことによります。この「国技」なる呼称が一人歩きをして、現在では相撲を国技と思いみなしたにすぎず、日本で相撲を国技として公的に位置づけているわけではありません。「国技」とか「伝統」と言われるものは、ある時代の意思を代弁して造形され、時代人心を呪縛するものといえましょう。

国技もさることながら、新国家にとっては、ヨーロッパ諸国のオペラに相当するような日本の国劇をどのように造形するかが問われていました。明治九年四月に明治天皇は岩倉具視邸に行幸し能楽を見ますが、これが東京における能楽天覧の最初です。このときは梅若、観世、宝生の三流派が演じ、西洋料理が振る舞われました。

武家式楽として江戸時代を生きた能楽は、明治になって全く廃れてしまいます。その能楽を経済的に援助して支えようとしたのが侯爵蜂須賀茂韶でした。能楽の衰退を憂えた天皇は明治十一年には内帑金三〇〇〇円を下賜します。この三〇〇〇円は能楽衣装料として、十七年六月に宮内省が保管し一八年六月には元利合計が三五〇〇円となり、能楽保存の沙汰書を侍従長徳大寺実則に出しています。なお天皇は、能楽を好み、謡曲を謡い、耳学であるが興に乗じて時に独吟し、女官らを召して謡ったそうです。

しかし能楽が国劇になるのには難しいものがありました。次に目をつけたのが歌舞伎です。明治十三年に寺島宗則は天皇の行幸を仰いで歌舞伎を天覧に供したいと願い出ましたが、岩倉が歌舞伎を下賎なものとして反対します。歌舞伎の天覧は、岩倉没後の二十年四月二十六日に井上馨邸に天皇が行幸することではじめて実現しました。

井上は、この天覧を実現するために、前年の十九年から末松謙澄や外山正一らに演劇改良会を設立させ、「河原者の芝居」と下賎視されていた歌舞伎を近代演劇として改良し、舞台の構造も変えます。さらに条約改正が行われた後に外国人に見せられるような演劇が日本にも必要だということになって、はじめて天覧となったのです。このときは市川団十郎、尾上菊五郎、市川左団次という当代の人気役者三人が出演して、「勧進帳」や「元禄踊」などを演じました。さらに二十七日には皇后、二十九日には皇太后の順で観覧しています。そこには順番があり、皇室が打ち揃って同時に見ることはできなかったのです。

かくて、歌舞伎の地位が社会的に認知され、やがて現在の歌舞伎座の社会的位置づけが定まります。しかし歌舞伎も国劇のようであって、国劇とはなりえなかったのです。

その後、歌舞伎に対する新しい劇として新派が出てきますが、その新派も日本を代表する劇とはなりえず、さらに沢田正二郎らが新しい国劇たろうとして新国劇を登場させますが、やはり国劇とはなりませんでした。

国民文化を作るということは、簡単な問題ではなかったのです。そうした意味では、近代日本には国民文化があるようでなかった、造形できなかったといえましょう。国民文化を担ったのは浪曲であり演歌かもしれません。また国民劇は「忠臣蔵」といえるのではないでしょうか。いわば相撲とか歌舞伎のような芸能は、民衆の暮らしに根付いていただけに、新しい文明の衣装をきせて、国家の体面という鋳型にはめこむのには困難が伴ったのです。しかし新しい西洋の宴は、日本の味付けで宮中行事に組み込まれていきました。

## 観桜会・観菊会

観桜会・観菊会は、現在の天皇主催による春と秋の園遊会につながるものです。井上馨は、条約改正に伴う皇室外交を盛大にするために、春秋二回、宮中の御苑に各国外交官を招待して観桜・観菊会を催すこと、また三大節日に各国公使を参列させることを提案し、それがきっかけとなって明治十三年十一月に初めて観菊会が行われます。

この会に出る服装として、文官はシルクハットにフロックコート、婦人が掛緋袴か白襟紋付または洋服と決められました。天皇は、皇后を伴い、軍装に菊花章を着け、その後に親王、右大臣、参議、勅任官、陸海軍の将官、各国公使、英国領事という順でならびました。また招待した各国公人で天皇が握手をするのは、当初特命全権公使たるアメリカ・ロシア・イタリアの公使とその妻、およびドイツ公使のみです。天皇や皇后はやたらに握手をしません。

翌十四年四月には観桜会が催されますが、このときには陸海軍軍楽隊が「君が代」以下五曲の洋楽を演奏しました。それまで宮中の行事で演奏されるのは雅楽のみでしたが、これ以後に楽人たちは洋楽の演奏を命じられるようになります。

公使以外の外国人を招くようになるのは、明治三十年に日清戦争の戦費調達などで世話になった外国商工会議所の所長を招く話が出て、あまりにその数が多いので、横浜商工会議所長ロビンソンだけを招待したのがその初めです。日本の財界人は三十七年、日露戦争と絡んで、東京・京都・大阪・横浜・名古屋の五市、および愛媛県の実業家が招かれました。その後、資産があって時世に貢献した者も呼ぶ習慣が広がってきました。この慣習は現在の宮中園遊会にもつながっています。

こうした園遊会は、ひたすらイギリス王室のスタイルを学んだものです。また、宮中晩餐会の料理はフランス料理を基にしたものになります。

## 第三節　「聖徳」という言説

### 明治天皇の崩御

明治四十五年（一九一二）七月二十一日の『東京朝日新聞』は「聖上陛下御重態」を報じ、以後、病状が発表されるたびに諸新聞の号外が出ます。平癒祈願を宮城前で祈る人が日ごとに増え、両国の花火大会をはじめとする夏の諸行事が中止されていきました。神社・寺院・教会では平癒を祈る催しが開かれ、キリスト教会では「陛下御平癒各派合同祈祷会」などがもたれました。

明治天皇が亡くなったのは明治四十五年七月三十日午前零時三〇分で、黒枠の号外が出ます。そのときの喪失感について『陸奥日報』は「天柱折れて四海暗黒吾人臣民只泣哭の外なきのみ噫万事休す」（大正元年七月三十一日）と記しています。日本国中がこのような感覚の中で黒い帳の内にありました。各国の新聞が共通して書いたのは、「明治天皇の死によって世界は最も偉大なる人物の一人を失った。天皇の治世はおそらく日本の歴史中、最も深く記憶すべき時代として永久に伝えられるであろう」という、イギリスの新聞『タイムス』の記事と同様のことでした。また同紙の日本駐在記者は「明治天皇の死とともに、日本の国運は下り坂に向かうだろう」と本国に打電しています。

内村鑑三は、そのとき日光で避暑をしていましたが、札幌農学校以来の信仰の友、植物学者宮部金吾宛の葉書に「天皇陛下の崩御は哀悼に堪へません、自分の父を喪ひしが如くに感じます、明治時代は其終りに来りつつあります、昼と呼ばれる中に働かうではありませんか」と認めています。さらに「闇中の消息」では「天地が覆へりしやうに感じます。聖書に謂ふ所の『日も月も暗くなり、星その光明を失ふ』とは斯かる状を云ふのであらふと思ひます」（『聖書之研究』一四五号、大正元年八月）と、その心中を述べています。このような感覚が、不敬事件で糾弾された内村がいだいた天皇に寄せる想いだったのです。

また、日本基督教会の指導者である富士見町教会

（東京市麹町区、現千代田区）の牧師植村正久は「明治天皇の轜車を奉送す」（『福音新報』大正元年九月）る想いを認めています。

国民は明夕を以て青山の祭場に、明治天皇の御遺骸を奉送せんとす。基督者は当日其の教会堂に参集して之が為めに礼拝を行ない、皇室の為め国民のために祈りを捧ぐることとなるべし。（略）維新の大業、憲政の樹立、光栄ある四十五年間の政、国勢前古無比の発達、将来益隆なるべき進運、忠良なる臣民の最も深厚なる敬愛、何れか其の冠冕《かんべん》の宝玉として輝かざるものあらんや。

これが当時の日本のクリスチャンの一般的な在り方でした。彼らにはキリスト教の信仰は国家の器であり、文明の先端を担うのはキリスト教だという強い想いがありました。それゆえ植村は天皇の業績を「何れか其の冠冕の宝玉として輝かざるものあらんや」とも書きます。それが明治天皇に対する想いだったのです。

## 徳冨蘆花の哀悼

徳冨蘆花は明治天皇の崩御を聞いたとき「吾生涯の中断されたかの様に感じた」と述べています。

余は明治元年十月の生れである。即ち明治天皇陛下が即位式を挙げ玉うた年、（略）余は明治の齢を吾齢と思い馴れ、明治と同年だと誇りもし、恥じもして居た。

陛下の崩御は明治史の巻を閉じた。明治が大正となって、余は吾生涯の中断されたかの様に感じた。（『みゝずのたはこと』大正二年）

蘆花は、大逆事件のとき、兄の徳富蘇峰に事件関係者の助命を働きかけるように依頼し、当時の宮内大臣渡辺千秋にも嘆願の手紙を出しました。また、第一高等学校で「謀叛論」という講演をします。その中で「世田谷には、松陰神社と豪徳寺があり、豪徳寺には井伊直弼の墓がある。直弼と松陰は宿敵だった。しかし、二人とも国家のために尽くした。謀反というものは、時代を進めるものなのだ。だから、大逆事件のこの者たちを、処分するのではなく、寛大な処置で報いたときに初めて天皇の御徳というのはあるのだ」と語りました。一高生たちは襟を正してこれに聞き入り、教室に入りきれないため廊下が鈴なりになって、誰一人として声をあげるものがなかったといいます。この講演でも述べるごとく、蘆花も明治天皇の聖徳に多大な期待を寄せていましたが、天皇の死によってそれが中断されたという想いを抱いた一人でした。

## 聖蹟を問う

明治天皇の没後、明治天皇を祭神として祀る明治神宮が創建され、聖徳記念絵画館が外苑に建てられます。ここには、当時の洋画、日本画を問わず、最高峰の画家たちの手になる明治天皇の一代記を描いた絵が展覧されています。

各地の聖蹟調査がなされ、明治天皇が行幸した地が聖蹟になります。そのひとつが東京郊外の地、聖蹟桜ヶ丘です。昭和五年には、教育勅語渙発四十周年記念として、各地で明治天皇の聖蹟にかかわる報告書が出されました。福島県では、『福島県史上不滅の聖光　明治大帝聖蹟文献集』を刊行し、明治天皇の行幸を詳細に跡づけ、それに関わる文献を報告書としてまとめています。また、大正天皇の即位では「御大典記念」誌が各地で刊行されました。

天皇と人民、天皇と臣民のつながりは、天皇にまつわる事蹟を聖なる器となし、それにまつわる記憶を掘り起こし、意味づけをする作業を通して確認されていきました。行幸があると必ず行幸誌が出され、記念碑が造られます。明治天皇のみならず、大正天皇も昭和天皇も現天皇においても、お手植えの常緑樹を植えます。お手植えの常緑樹は、天皇の記憶を想起させ育む器であり、その地と天皇をつなぐ回路となる依り代ともいうべきものです。明治天皇が訪れた聖蹟があることによって、その地域社会の記憶が呼び起こされ、お手植えの松が常に青々としていることによって、天皇と地元との関係性が再確認されます。あるいは、石碑に彫られた御製を通して、いかに民を想う天子様かという想いが、醸成されていく。

それはたんなる政策的な行為にすぎないかもしれませんが、歴史としてはそれだけで終わりません。

これらの記念碑をはじめとする聖蹟を通して天皇の物語が作られ、その物語が語られることによって天皇につらなる歴史の厚みが出てきたのです。

## 第四節　天子さま

### 頭首たるお天子様

大正十三年（一九二四）の昭和天皇御成婚の記念として、五味正知編の『皇太子殿下御成婚奉祝　童謡集』（大正十三年）なるものが、各府県と植民地の小学生が創作した天皇をたたえる歌を集めた作品集として刊行されました。冒頭が学習院初等科で、ついで東京府・京都府・大阪府から各県となり、北海道・台湾・朝鮮・満州となっています。沖縄県はありません。わたしの所蔵しているのは、古書店で入手したのですが、表紙をめくると「田鶴子さん　浩さん教育の最大の遺産なり　春一　一九二四、四」なる献辞が書かれています。「教育の最大の遺産」という想いで読まれたのでしょう。

僕等がかうして学校で　おけいこする事出来るのも　お天子様のお蔭じやぜ　みんな一生懸命に　お上の為や国の為に　共に学んで仕まうやなー（山口県大島郡椋野尋常小学校　尋六　今田重一）

色が黒くて　達者なおからだ　目がねをかけて　かつぱつなおすがた　軍服つけた　質素なおみなり　皇太子殿下は　おえらいな（台湾基隆尋常高等小学校　高一　高橋みどり）

いきいきごげんき生神様　世界一しゆうあそばして　からだいためず生神様　寒いところは北海道　暑いところは台湾島　いちいちまわつてあたたかい　御手々で民をなでられた（台湾苗栗尋常高等小学校　尋四　西村秋江）

天皇陛下はありがたい　洪水でても　火事があつても　地震があつても　すぐにお金をくだされる　天皇陛下はありがたい（朝鮮忠清南道石城公立普通学校　三年　姜金石）

ぢしんに家をつぶされて　火事にやかれてかはいさう　親にはなれてどこへいく　まよひ子になつたこどもたち　道をさがし家さがし　親に

はなれてかはいさう　天皇陛下はごしんぱい
皇后陛下もごしんぱい（満州開原尋常高等小学
校　尋三　森永美津乃）

子どもたちは、それぞれの皇太子像をお国ことばで綴り、「己の想いを吐露しています。「お天子様」「生神様」ということばで語られ、軍服姿が眼に焼き付いていることがうかがえます。子どもたちは、学校で教え込まれた天皇像を通して、皇太子への想いを語っていきます。作品には、骨の髄まで、天皇と天皇の国日本が刻み込まれていることがうかがえます。まさに日本人は、母乳のときから天皇を呑みこみ、育ったのです。その母乳は、台湾・朝鮮・満州など植民地でも飲まされたので、日本の子ども以上に生のままで吐き出されています。それが愛国心だとして。

かく身に刻み込まれたお天子様が根づいた究極の世界は、戦死者とともにあり、死者の存在を輝かせる「頭首」としての天皇です。靖国神社には各戦役における全国の戦没将兵が祀られており、その大祭に天皇は参拝し、死者たちの頭首だったことを確認します。かつ天皇は宮城内で最も神聖な場所である宮中三殿の近くに振天府をはじめとした御府と有光亭（威海衛の戦闘の関係者を祀ってある）を建立し、戦没将兵の姓名録、将校及び相当官の写真、関係する遺品を蒐集して納め、戦死者を想起するなかに、戦争を通して己の場を読みとろうとします。この追体験する作法は、皇族にも学ばせ、皇室が何によって支えられているかに想いをはせることともなります。

靖国神社は、軍人勅諭五十年祝典記念として、昭和七年に日暦で祭神となった戦死者の名前を記載した『靖国神社祭神祭日暦略』を刊行しました。それは、昭和五年二月から遺族に命日を通知して家庭で拝礼するように指導したのをふまえ、「日毎日毎の英名」を略記して命日祭を当該神社で営ませようとしたものです。ここに戦死者が生まれた鎮守の社で命日祭を執り行うようになります。それは、郷党社会が戦死者の死に想いをはせ、鎮守の杜から靖国神社への回路を確かなものとしたいがためにほかなりません。

かかる靖国への回路は、『主婦之友』昭和十四年六月号に掲載された靖国神社臨時大祭参列遺族の座談会における、遺族の談話に読みとれます。

齋藤　うちの兄貴は、動員がかかってきたら、お天子様へ命をお上げ申しとうて申しとうてね、早う早うと思うとりましたね。今度は望みがかなって名誉のお戦死をさしてもらいましてね。

森川　あの白い御輿が、靖国神社へ入りなはった晩な、ありがとうて、ありがとうてたまりませなんだ。間に合わん子をなあ、こないに間にあわしてつかあさってなあ、結構でござります。

このような語りが延々と続きますが、靖国に寄せる戦死者の遺族たちの想いの原点には、こうした感覚がありました。靖国神社は、国家のために死んだ者にとり、一つの救済の場であったのです。戦死者を慰めてくれる最大のものが天皇の存在であり、天皇は靖国神社に詣り、戦死者を悼み、日常的に宮中の御府で戦死者をお祀りしているという構造です。

同志社を創立した新島襄が卒業したアマースト大学では、学内のメモリアルヒルに、同大学出身者の戦死者の名前を遺しています。このような風景は、欧米の大学で広く見られることで、大学キャンパス内の一風景となっています。イギリスの大学には、第一次世界大戦のときにドイツ側で戦った人の名前、ドイツ人留学生の名前を見ることができます。

国家のために死んだ者をいかに処遇するかについては、日本では天皇が慰霊するシステムが構築され、天子様の幻影が大きな役割を果たしていたのです。キリスト者の矢内原忠雄は、神社論において、「今後、御利益的な神社はなくなるが、本来の信仰の神社は残る。もう一つ残るとすると、戦没者を祀った神社であろう」と述べています。欧米のキリスト教会が国家による死を教会堂などで祈念しているように、日本では国家に殉じた者を「神社」という器に祀ったのです。ここには、救済をもたらす超越者の存在をして、天皇にしか見出せない日本の闇があるのかもしれません。

## 恩愛の絆——貧者・病者の友として

昭和十八年（一九四三）に、軍国の母顕彰式が行われます。これは主婦之友社が主催で、文化事業報国会として軍国の母を顕彰する式典でした。

軍国の母とは、大東亜戦争以後、御国の英霊として出征兵士を送り出した母親です。国は、子どもを軍国の兵士として天皇に捧げた母親、忍耐強く殊勲勇士を育て上げた母親、息子が特攻隊員となった母親、そうした軍国の規範として戦死した兵士の母親を表彰しました。かくして、信仰の対象としての天子像と、救済者としての天皇像が広がっていきます。

恩寵を下し賜る存在としての天皇を演出した一つが社会福祉事業へのかかわりです。日本の社会事業施設には、キリスト教系のものも含めて、歴史的由緒のある施設のほとんどに、昭憲皇太后や貞明皇后の行啓碑が建立されています。

明治以来、天皇の名で済世救民に関わった主なものには次のようなものがあげられます。

慶応四年四月二十二日

大政一新の趣旨に基づき、人倫の大道を明らかにし、民心を作興せしめよとの趣旨により、大坂裁判所に市中の孝子・節婦・高齢者を録上させる。

明治元年十月二十日

東幸綏撫を諭告し、養老・旌賞・賑恤の典を全国に挙行。

十一月二十五日

東幸の際、沿道府藩県の孝子・義僕及び職業の励精する者を褒章し、七十歳以上の高齢者・水火罹災者を賑恤したが、これを拡充して全国に及ぼす。

明治十一年四月二十三日

東京府に脚気病院・癲狂院設立の費として内帑金二万三〇〇〇円を賜う。

明治十六年五月二十八日

東京府養育院に三〇〇〇円、有志共立東京病院に六〇〇〇円を賜う。

明治十九年十月二十六日

皇后、有志共立東京病院総裁に就任。

明治二十年四月二十六日

皇后、東京慈恵医院の事業を奨励する令旨。下賜金二万円。

明治四十四年二月十一日
施薬救療資金下賜の勅語。一五〇万円下賜。

明治天皇は、慶応四年に高齢者に恩寵を与え、養老・賑恤を行ったのを皮切りに、数々の済世救民事業を行っています。明治十六年に下賜金を与えられた東京府養育院は現在の東京都板橋の養育院につながる病院であり、有志共立東京病院（のち東京慈恵医院）は今の東京慈恵会医科大学附属病院です。明治十九年には、皇后が有志共立東京病院の総裁に就任しますが、この病院は治療費を払えない人たちのために創られた病院です。

明治四十四年に出された勅語は、大逆事件に対処したもので、「貧民済世の勅語」と言われ、恩賜財団済生会を設立します。このとき天皇は「此の事業たる朕一人のみを以て行ふにあらず、朕が臣民と倶に行ふもの」と問いかけており、最初の済世会病院が東京赤羽橋（現港区三田）に設立されました。済世会病院は都市下層社会のひとびとの医療をめざしました。さらに、大正十年（一九二一）以後は毎年、紀元節に内帑金を下賜して全国の社会事業団体の保護奨励をするようになります。

貞明皇后は、学校に行けない子どもたちへの援助と福祉にも熱心でした。昭憲皇太后も貞明皇后もハンセン病には特に熱心で、療養施設を見舞い、下賜金を与えています。そのため、ハンセン病者の貞明皇后らに寄せる想いは熱いものがありました。それは被差別部落の人やアイヌの人たちも同様で、社会的に強く差別され、疎外された人たちは天皇や皇后に救済者を見いだしていたのです。天皇・皇后は、それらの人びとに天子様としての威光を見せ、恩愛を寄せることで、「救済者」たる相貌を現し、強い磁場を構築していったのです。

一方で中間層やインテリは、欧米の思想に「神」を見出し、あるイデオロギーを絶対者とみなすことで、天皇という磁場に距離をもてたといえましょう。しかし、その信仰が揺らぐと磁場に吸い寄せられ、「国体」への信仰を言挙げしていきました。

## 母の悲愁

こうした天皇と人民の関係は、母の悲愁を歌った

「瞼の母」や「九段の母」などの歌が描き出した世界に、見出すことができます。

「瞼の母」は長谷川伸の作品です。この作品には幼くして母と別れた実体験が投影されています。長谷川は、昭和八年二月十二日に「瞼の母」と探しつづけていた生母こうと異父弟である当時第一高等学校(現東大教養学部)教授であった法哲学者三谷隆正、外務省人事課長三谷隆信と念願かない対面することができました。女子学院院長の三谷民子は、隆正、隆信の異母姉にあたり、この対面後に演劇をこころざす生徒の進路につき長谷川伸に相談するなどしています。ちなみに三谷隆信は、戦後に昭和天皇の侍従長となり、田島道治とともに宮中改革に取り組みます。

この「瞼の母」は、新国劇で島田正吾の忠太郎が評判をとり、映画となり、昭和十一年に坂口ふみ緒作詞、沢しげと作曲の歌謡曲となり、流行しました。番場の忠太郎に託された歌は、「軒下三寸借り受けまして　申し上げますおっかさん　たった一言忠太郎と　呼んで下せえ呼んで下せえ　たのみます。会わなきやあ良かった泣かずに済んだ　これが浮き世と言うものか」と、まだ見ぬ母親を想い焦がれる子の悲愁が謳いこまれています。なお滋賀県番場(米原市)の蓮華寺には、昭和三十三年に長谷川伸が寄進した番場忠太郎地蔵尊(南無帰命頂礼　親をたづぬる子には親を　子をたづぬる親には子をめぐり合わせ給へ)があり、ドライブインには忠太郎の銅像があります。

また昭和十四年には、満州事変から「支那事変」へと、大陸での戦死者が増大していくなかで営まれる靖国神社臨時大祭に参列する遺家族の心に寄りそった歌「九段の母」(石松秋二作詞、能代八郎作曲)が発表されます。「九段の母」は、「上野駅から九段まで　かってしらないじれったさ　杖をたよりに一日がかり　せがれきたぞヤ会いにきた。鳶が鷹の子うんだよで　いまじゃ果報が身にあまる　金鵄勲章がみせたいばかり　逢いに来たぞや九段坂」と、語りかける世界には、僻陬の故郷から、死んだ子を訪れる母の想いが託されています。

ここに描かれた世界では、我が子を「天皇の子」となし、天皇を親とし、天皇に捧げざるをえなかったがために、母親は「瞼の母」にしかなれなかったのです。ここには、大御心にとらわれてでしか生きれない母の慟哭があります。

このような母と子の関係は、日本の「転向」といわれる現象にも見ることができます。共産主義などの運動に関わった人たちは、思想検察によって、心を殺され、抱ける思想からの転向を誓います。当時の新聞は、これら転向者が出所してくると、「母のもとに大声で泣き」という記事で紹介し、天皇の恩寵を描こうとしています。ここには、「放蕩息子」が母に回帰し、天皇の子として蘇生していくことが示唆されています。いわば党に奪われた子、党に捧げた子、その子は死んで帰ってくるか、「社会的失格者」となって帰ってきたのです。

## 第五節　国体という呪縛

### 「国体」という問い

伊藤博文は、憲法を制定するために明治十五年（一八八二）に渡欧し、ウィーンのシュタインのもとで、国家は人格的な実在として自らの意思を形成する存在であることを学びます。シュタインは、国家意思形成の作用が憲政 Constitution であり、行為の作用が行政 Administration となし、国家の自我の表象が君主であり、憲政を議会が、行政を政府が担うと説きました。こうした考えは、福沢諭吉が『時事小言』で、政体を Constitution、政務を Administration としているのにちかいものといえましょう。国体は、こうした理解と結びつくなかで、時代の相貌を負わされて論じられていきます。それは、Constitution を狭義の「憲政」としてではなく、国家意思の根源にかかわるもの、「国のかたち」としてみなしたことによります。

明治期の「国体」は、天皇の詔勅によれば、つぎのようになります。

- 国家の名分（明治元年八月奥羽に下し給へる勅語）
- 国政、国の秩序（明治二年正月毛利敬親を徴する勅語）
- 思想上の国風（明治二年九月刑律を改撰するの勅語）

・国の精神（明治四年九月服制を改むるの勅語）
・国の組織（明治九年九月元老院議長熾仁親王に国憲起草を命ずる勅語）
・国の建て方（明治十五年一月陸海軍人に下し給へる勅語）

さらに大正期には、内務省神社局が大正十（一九二一）年一月に『国体論史』を刊行し、「国体」とは何かを問い質します。それは、「近時思想界の動揺に際して、或は危険思想の防遏《ぼうあつ》といひ、或は其の善導」のために、思想の根本にある「国家観念」「国民道徳」の問題を明らかにすることが問われている状況に対処するうえで「我国体の淵源を明らかにし、国民をして国体に関する理解を徹底せしむる如きは最も緊要にして且つ最も有効なる方法」との認識で編纂されたものです。編纂には神社局嘱託の清原貞雄があたりました。いわば『国体論史』は、大正デモクラシーのもとで、共産主義等の思想運動が注目されてきた時勢に対処し、国家の精神的思想的根拠を明確にしたいとの想いから刊行されたものです。それは、国家として、国体の何たるかがいまだ提示されていないだけに国体の根拠を各種の文献にさぐり、「国体観念」なるものの時代における在り方を論じたものです。二十世紀の今日は「君主国体は殆ど絶滅に傾きつゝあり」、西洋の国体研究といえば主に国法学上の問題か、広い意味での国家学上の問題となっている。日本では、この二様に取扱われるか、国家学または国法学上の語とされている。しかし日本の国体は、「神代より伝はり来れる国体にして所謂神権主義の国体なり、天照大神以来の伝統なり、所謂正統一系万世に亘りて変らず、即ち天子は神の権威を以て万民をしろしめす事になる」というように、特殊なものであることにも言及しています。

このような国体観念は、「大和民族」のみのときは「挙国同一祖先」で「祖先崇拝の観念」を国体の基礎観念としても差し支えなかったが、「新附の民」たる植民地の異民族が増加し、「内地人」たる日本人でキリスト教徒となり、また宗教を信じない者でも、「皇室に対して専心一意忠義を尽す」者がいるように、国体観念と国体に関する教育の基礎を広く行っていかないと、「危険なる時勢に到着」することになるとの危機感を表明します。今日の日本が、「君主国体」で永続するには「立憲政体」を守れば、「吾人の考ふる時間の範囲内にては永久に維持せられ」るが、「権力階級」が政権を握り、権力を濫用して国民全体の利害得失を顧みず、憲法を形骸化すれば、「累を皇室に及ぼす恐あり」となし、この点さえ注意すれば「歴史的に純撲」で、進歩と保守、貴族と平民とが「古来調和し来れる日本国民なれば、予は今日世界に於ける国体の中、日本の国体は最も安固なる国体なりと断言す」と述べています。

かく国体とは何かを問い質し、「世界無比、宇内に卓絶として類を絶するもの」と説く類は、「儀式的祝嘉詞」として述べるならいいが、国民に「衷心より我国体の優秀なるを了解せしめんとする」には「何等益なき事」で、外国人からみたら「妄想誇大狂」とみなされようと、国体信者の愚を詰問し、「抑も国体とは如何なる意味なりや、予は『一国が国家として存立する状態なり』と云はんと欲す、広義に失するが如きも、斯く云はざれば国体なる語の内包を云ひ尽さゞるものと信ず」と述べるにとどめています。

日本は、「綜合家族制」を「立国の根本義」としているため、朝鮮・台湾・樺太を植民地となし、「他民族」を加えて発展しようとしていることを危ぶむ者もいるが、「権威と恩恵」をもってし、「新附の民族をも同一様の範型に容れ」られるような「立国根本義」を求めていけばよい。そこで「綜合家族の如く堅固なる能はざるは明な」として、「天孫降臨の神勅」を絶対視するのは愚だとします。

或は天孫降臨の神勅によりて我国体は定まるとするもの多し、然れど誤れり、神勅の有無に拘らず、我国家の社会的成因が吾万世一系の皇位を肯定し、其他を否認するものなり、神勅は只其事実を表明せるものに過ぎず、我神代史は歴史と神話と相半するに似たり、或は神勅を以て、一の神話にして国民の理想を表明すれども歴史事実にはあらずと思考するものあり、然れども我国体論に於ては神勅が真事実なると、将神話なるとは根本問題にはあらず、神勅が史実なるにもせよ、神話即ち民族的理想の表明なるにもせよ、我社会的事実に変る事なく、我国体論に於ては動くことなきなり。

### 国体をめぐる相克

内務省は、国体を「一国が国家として存立する状態」と認識するものの、「神勅」を絶対視する国体信仰とは距離をおいています。かつ「憲法も教育勅語も、素より厳存する所の事実を顕彰せるものにして、我国体之に依つて定まるものにあらず」となし、統治権の主体をめぐる「国法学者」間の議論に言及し、まとめとしています。そこでは、「統治権の主体は国家」とする美濃部機関説を批判し、「国家は天皇御一人の利益の為めに存立し活動す」「天皇の神聖を犯し、惹て国体の尊厳を危くするものなり」と説く上杉神権説に道理がないとし、このようなことを「宣明」する必要もなく、規定することでもないと厳しく論難し、次のように結びます。

国民の大多数は数千年来養はれたる忠魂を以て身を捨てゝ皇室に尽さん事を希い、又歴代天皇は反対に玉体を後にして国民を憐み給えり、是れ実に我国体の善美なる一表章なり、然るに今冷かなる法理に依りて天皇を神聖視する事を期制せんとす、所謂贔負の引き倒しにして、下は国民の皇室に対する忠義の熱情に水を注ぎ、上は御歴代の聖徳を無にせんとするものなり。要は憲法に、神聖にして犯す可らずとあるに依りて説明し尽されたりと信ず。此上下睦々、而して互に相犯さざる社会組織即ち、総合的家族制の結果として、我国体は其優秀を永遠に渉りて発揮するなり。

このような国体理解には大正期の思想潮流が読みとれます。しかし国体への眼は、昭和十二年（一九三七）に文部省が『国体の本義』を頒布し、さらに十六年に文部省教学局が『臣民の道』を刊行するなかで、『国体論史』が「妄想誇大狂」と論難した世界にひきずられていきます。そこには、「思想国難」なる言辞で国体明徴を喧伝し、忠誠心を競う嵐に翻弄されていく時代の空気が読みとれます。

『国体の本義』は、「国体を明徴にし、国民精神を涵養振作」すべきという急務の課題に対応するために編さんされたもので、国民を襲う思想の相克、生活の動揺、文化の混乱に対処するためには国体の本義を体得せねばならないと呼びかけています。その国体は、万世一系の天皇が皇祖の神勅を奉じて日本を永遠に統治し、一大家族国家として忠孝の美徳を発揮すると規定されています。天皇は皇祖皇宗の御心のまま日本を統治する「現御神《あきつかみ》」です。現御神・現人神《あらひとがみ》とは、絶対神とか全知全能の神のことではなく、皇祖皇宗の「神裔」である天皇に現れ、天皇が皇祖皇宗と一体となり「永久に臣民・国土の生成発展の本源にましまし、限りなく尊く畏き御方」であることを示しています。そのため天皇は、統治権の主体で、親政が基本とされます。しかし日本は、伝統精神を捨てて西洋思想に没入したため、共産主義運動の流行、天皇機関説問題が知識階級にみられるように、今こそ「西洋思想の本質の究明とその国体による醇化」が求められているとなし、「我が国民の使命」を宣言します。この国民の使命は、「国体を基として西洋文化を摂取醇化し、以て新しき日本文化を創造し、進んで世界文化の進展に貢献する」こととなし、次のように結んでいます。

現下国体明徴の声は極めて高いのであるが、それは必ず西洋の思想・文化の醇化を契機としてなさるべきであつて、これなくしては国体の明徴は現実と遊離する抽象的のものとなり易い。即ち西洋思想の摂取醇化と国体の明徴とは相離るべからざる関係にある。

世界文化に対する過去の日本人の態度は、自主的にして而も包容的であつた。我等が世界に貢献することは、ただ日本人たるの道を弥々発揮することによつてのみなされる。国民は、国家の大本としての不易な国体と、古今に一貫し中外に施して悖らざる皇国の道とによつて、維れ新たなる日本を益々生成発展せしめ、以て弥々天壌無窮の皇運を扶翼し奉らねばならぬ。これ、我等国民の使命である。

ここには、天皇機関説を排撃するなど、国体明徴運動の教本たる性格があるものの、西洋文化の全面否定にまではいたっていません。西洋文化の醇化徹底なくして、国体明徴もなしえないと主張することで、「妄想誇大狂」の徒と一線を画し、国体明徴で世界文化を覚醒するという想いが強く主張されていました。

しかし『臣民の道』は、日米開戦前夜という状況下、「世界人類を個人主義・自由主義・唯物主義等の支配下に置いた旧秩序は、今や崩壊の一途を辿り、未曾有の世界的変動の中に、新秩序の建設は刻々に進行してゐる」という「世界史の転換」に臣民たる者の道を示し、国民道徳の昂揚振起をはかろうとしたものです。日本は光輝ある皇紀二六〇〇年、昭和十五年という秋、「欧米の搾取と暴圧との桎梏を打破し」、アジアを解放するという「歴史的使命に基づく道義的世界建設」に向け、「東亜新秩序建設」への大きな第一歩を踏み出し、総力戦体制の強化をめざします。そのためにも天皇が「皇祖皇宗の御心のまにまに、親の子を慈しむにもまして国民を慈しみ給ひ、国民は天皇を大御親と仰ぎ奉り、ひたすら随順のまことを致」す「臣民の道」を、「国即家の我が国体の精華」と想い定めねばならないと説きます。「皇国臣民」は「この身この心は天皇に仕へまつるを以って本分」となし、「勤務はすべて天皇に仕へ奉るつとめの真心から出発しなければならぬ」と教えられます。

かくて「皇国臣民の道」は、いかなる職にあるを論ぜず、「国民各々国家活動の如何なる部面を担当するかを明確に自覚し、自我功利の念を棄て、国家奉仕をつとめとした祖先の遺風を今の世に再現し、夫々の分を竭くすことを以つてこれが実践の要諦とする」と位置づけます。その実践には修練の徹底が肝要で、「国体の本義に徹し、自我功利の思想を排し、国家奉仕を第一義とする国民道徳」の振起が強調され、「光輝ある皇国日本の赫奕《かくえき》たる大義を世界に光被せしめなければならぬ」と。ここに小牧治の『奉仕の道徳学』(昭和十九年)が誕生します。いわば『臣民の道』は、総力戦の道徳として、国体精神を編成活用したものにほかなりません。

まさに国体観念は、国体明徴が声高に宣揚されていくなかで、「儀式的祝嘉的」世界が実態をもち、「妄想誇大狂」の人びとが忠誠心を競うなかで、夜郎自大の砦となり、日本を盲目にしていくことになったのです。そこでは、『国体論史』にみられた理性的な目が失われ、『臣民の道』が説き聞かせた世界が「国体の精華」と強調されたのです。

**国体と国語教育**

このように国体という言葉が独り歩きし、時勢に合わせた解釈がされるなかで、「皇国の道に則りて初等普通教育を施し国民の基礎的錬成を為す」と謳った「国民学校令」が昭和十六年三月一日に公布されました。「皇国の道に則」るとは、①国民道徳の体得、②国史の事実から「皇国発展の相」を明らかとなして皇国の大生命を感得し、③国土国勢を明らかにし、④これら国民性・国民精神・国民文化等を日本国の言語である国語で表現理解しうるようにすること、と位置づけられます。ここには、日本の言語たる国語の習得をこそ、国民の義務とみなす国語観が表明されていきます。

皇紀二六〇〇年の昭和十五年には、柳宗悦が「国語問題に関し沖縄県学務部に答ふるの書」で「標準語」普及で沖縄語の矯正撲滅をはかる県当局に反撃し、柳田国男が「日本方言学会の設立にあたりて」で「同一であったろう所の日本語」の再統一を提起したように、「標準語」たる国語の強調、「おくに言葉」たる方言矯正をめぐる確執が表面化してきます。それは、各府県で礼儀作法と正しい言葉である標準語使用が徹底されたことによります。標準語たる国語の使用は、国民精神総動員の武器であり、国論統一の器とみなされたのです。それだけに国語の使用は、言葉が異なる「異語民族」とされた台湾・朝鮮等の植民地統治にとり、越えねばならない大きな障壁とみなされていました。

朝鮮では、南次郎総督が「新東亜建設」をめざす「帝国の重責」は「国民資質の醇化向上」にあるとして、国体明徴・内鮮一体・忍苦鍛練の三大教育方針を徹底させ、「大国民たる志操、信念の練成」を教育の基幹とするとの「諭告」に基づき、昭和十三年に第三次朝鮮教育令が発布されました。この教育方針は「朝鮮教育の三綱領」として示され、朝鮮の教育者は「国のため力つくさむわらはべを教ふる道にこころたゆむな」という明治天皇の御製を胸に「教育者精神総動員」に励みます。「三綱領」の世界は、①皇国臣民たる自覚の徹底、②内鮮一体の信念の確立、③鍛錬主義教育の徹底、を掲げ『国体の本義』に基づき、「忠は、天皇を中心とし奉り、天皇に絶対髄順する道である。絶対髄順は、我を捨て、私を去り、ひたすら天皇に奉仕することである」との道を指し示した「皇国臣民の誓詞」に具体的に説かれていました。児童生徒は「其の一」を、教師は「其の二」を読み、臣民たろうと励んだのです。

其の一

一、私共は　大日本帝国の臣民であります

二、私共は　心を合せて　天皇陛下に忠義を尽くします

三、私共は　忍苦鍛錬して　立派な強い国民となります

其の二

一、我等は皇国臣民なり　忠誠以て君国に報ぜん

二、我等皇国臣民は　互に信愛協力し　以て団結を固くせん

三、我等皇国臣民は　忍苦鍛錬力を養ひ　以て皇道を宣揚せん

ここに展開された朝鮮における「臣民教育」は、神社参拝の強要をはじめとし、日本植民地における教育の規範とされ、「異語民族」を「日本臣民」に醇化させるという名目で言葉を奪い、心を踏みにじるものにほかなりません。その臣民たる証は、正しい国語たる日本語を使用し、臣民たる己を問い語れることとみなされたのです。まさに国語は、臣民たる精神が宿る世界であり、国体精神を顕現する器とみなされたのです。このような殖民政策は、東京帝国大学で殖民政策を担当していた矢内原忠雄が「官治的内地延長主義」と指摘したように、徹底した同化政策でした。

朝鮮で展開していく「臣民教育」は、植民地教育の枠組みから一人歩きをはじめ、日本国内の国民学校における練成教育で「臣民」たる己を高める規範とされました。まさに国語は、昭和十七年の第四期国定国語教科書『小学国語読本』巻九の「国語の力」が問い語るように、「国語を忘れた国民は、国民でない」とみなされ、「国語を尊べ。国語を愛せよ。国語こそは、国民の魂の宿る所である」と位置づけ

られたのです。この国語への眼は、敗戦後も引き継がれていったように、国体なる世界に想いを寄せる精神を培養する器としてありつづけています。

## 第六節　天皇制への目

### 敗戦の秋

昭和二十年（一九四五）八月、連合軍によるポツダム宣言の受諾に際しては、軍隊の中で戦争継続派と服従派の二派が激しく拮抗しクーデター論まであ りましたが、服従派が抗戦派を抑えて、継戦しないことが決定されます。それでも陸軍内でいくつかの反乱が見られました。

ここに実現した日本の敗戦は、軍隊については無条件降伏ですが、国全体は「国体護持」を主張していたように有条件降伏です。その点でドイツとは異なっています。ドイツは、統治の主権者が崩壊した後の完全な無条件降伏であったため、占領軍の主権行使になりました。しかし日本は、国の政治形態が有条件降伏であり、ポツダム宣言の範囲内での服従を求められましたが、独自の政策を取ることもできました。

徳富蘇峰は八月十五日の玉音放送を聞いたときの想いを、八月十六日の日記に次のように認めています。

至尊躬から御出馬あらせられ、軍機も政事も御自身に御統帥御親裁あらせらるるより外に、途はないと考え、とてもそれが実行出来るや否やは、保障し難きが、本土決戦の目的を達する為めには、それより外に道はないと考え、当局に向っても、国民に向っても、その事を力説した。

（『徳富蘇峰　終戦後日記―頑蘇夢物語』）

蘇峰は、天皇がラジオ放送で、本土決戦で皆死んでくれとの言葉があるのではないかとの想いにとらわれ、赤飯を炊いて待とうとします。本土決戦をする以外に「皇国」を守護する道はないとの信念によります。そのため降伏を告げる天皇の言葉に驚き、天皇に「終戦」の非を問い質す諫言をします。蘇峰は、「立憲君主」であろうとした天皇を責め、「主上の御教養の結果は、日本的ではなく、むしろ外国的であり、恐らくは最も英国的であり、殊に英国政体上の智識を、皮相的に注入申上げ、立憲君主とは、全く実際の政治には頓着なく、高処の見物をし、当局者に御一任遊ばれ」（九月三日）、「当局者」の言うがまにするのが「天皇の御本務」と言い、そのため天皇は、聡明にもかかわらず、「明治天皇とは対蹠的の御人格を陶冶」してしまったと慨嘆します。さらに、昭和天皇は外国の知識を身につけることで、天皇たる大権を忘却したと蘇峰は怒り、なぜ臣民に「死んでくれ」と言わなかったのか、とも述べます。ここには、天皇の赤子に殉ずるべく、「忠君愛国」を宣揚してきた言論人蘇峰の面目があります。

昭和天皇は大正十年（一九二一）にヨーロッパ外遊をなし、欧州大戦の激戦地を巡覧し、イギリス国王から親しく統治について学びました。できれば戦争を避けたかったし、己の役目は立憲君主としての務めを果たすことにあると想いながら、大元帥陛下として戦争という大きな闇に墜ちていったのです。その葛藤は、戦争下でもゴルフに興じ、二・二六事件の将兵に向けた冷たい眼差しに読みとれます。国体明徴の言辞に辟易し、国体論者を「妄想誇大狂」者ともみなしていました。蘇峰は、国体を信奉し、白皙帝国主義の打倒をめざす「大東亜」の夢に身を投じたものの、若き日の鋭敏なジャーリストの感性を摩耗し、居場所を失っていたようです

戦争の道に狂奔する国家に対峙していた矢内原忠雄は、敗戦を神の裁きと受けとめ、「詔書を新聞にて拝誦、『朕は現人神にあらず』と仰せらる。日本の国に義しき神観の確立せらるる萌し乎。之れ日本の救の基礎なり、出発なり。祈るべし。感謝すべし」（昭和二十一年一月一日）と日記に記しています。そして信仰の友南原繁が東京帝国大学総長に就任したお祝いの祈祷会で、天皇と国民のための祈りに感動した一人です。また友人と会食したとき、天皇の食事が寂しくてひどいものだと聞いて嘆きます。ここには日本のキリスト者がみせる典型的な相貌があらわれています。

戦後、東京帝国大学総長に就任した南原繁は、昭和二十一年（一九四六）二月十一日の紀元節に大学正門に日の丸の国旗を掲げ、安田講堂で式典を行い

ます。これはプロイセンの哲学者フィヒテの行為に倣ったと思われます。さらに四月二十九日には天長節の祝典を開催します。

南原は、占領下で開催した紀元節式典で「新日本文化の創造」という演説を行い、熾烈な民族意識はあったが、日本人が「おのおのが一個独立の人間としての人間意識の確立と人間性の発展がなかったこと」が国民自身の内的欠陥と指摘し、「日本精神そのものの革命、新たな国民精神の創造」による「国民の性格転換」、「政治社会制度の変革にもまさって、内的な知的＝宗教的なる精神革命」が現在問われている「真の昭和維新の根本課題」と説きました。かつ天皇の人間宣言は「日本神学と神道的教義からの天皇御自身の解放、その人間性の独立の宣言」となし、人間天皇として戦争に道徳的・精神的責任を感じているであろうとの想いで、日本再建の根本的基礎が道徳的責任、道徳問題にあるとの念より、天皇に退位を示唆しました。この想いは、建国神話と歴史に民族の理想を読みとり、「昭和維新の精神的革命の範となり給うた皇室を戴き、古き伝統に新しき精神を接木して、わが民族の真の永遠性と世界における神的使命を見出し、一致団結して新たな『国生み』――新日本の建設と新日本文化の創造に向って、堅き決心をもって邁進しようではないか」との呼びかけとなりました。南原には、明治の子として、皇室に寄せる強い共鳴盤があります。それだけに天皇が道徳的責任を自覚し、贖罪として退位することを祈念したのです。そこには、いかなる権力も道徳に優越しないとの念があり、天皇の道義的退位が国民の道徳的責任観念を覚醒するとの強き想いがありました。しかし退位は無く、国民の精神革命は忘却されたところに現在の混迷があるのではないでしょうか。

安田講堂での紀元節演説は、大勢の大学生を集め、占領下で民族たる存在の場を見出せない者に、大きな励ましとなりました。

## 宮中改革の動き

宮中では、新渡戸稲造の弟子の田島道治が、芦田均に請われて宮内府長官として改革に参入します。侍従長には、内村鑑三の門下生で、法哲学者の三谷隆正の弟で、外交官だった三谷隆信が就任します。義宮（常陸宮）の傅育官村井長正は矢内原の弟子です。

敗戦は天皇の存在を脅かします。芦田均は、首相として、宮中改革に取り組み、「天皇制」との呼称でかたられる皇室の在り方を新しい日本国憲法に相応しいものにしようとしています。そのためにも天皇の側近を更迭し、新しい血を宮中に入れようとしました。宮内府長官には、金森徳次郎（憲法担当国務大臣、のち国会図書館長）、南原繁（東大総長）、高木八尺（東大教授）、堀内謙介（外交官）が候補となりましたが、田島道治（昭和銀行頭取、日銀参与、貴族院議員）に決まります。南原・高木は内村鑑三の弟子、田島は新渡戸稲造の弟子です。田島は、就任を要請されたとき「新しき天皇の在り方について、又御退位の然るべきこと」を語っています。天皇退位は、南原・堀内からも出ていたことでした。

芦田は、昭和二十三年五月二十一日に葉山御用邸で天皇に拝謁し、宮内府長官に田島道治、侍従長に三谷隆信を認めてもらい、宮中新体制が発足しました。この間、天皇は、二十三年四月初めに、政府の変わる度に宮内府の長官が代わるのは面白くないと言い、現在の長官・侍従長とは「よく気が合ふので」などと話し、人事の交代に拗ねています。人事をめぐっては、吉田茂が松平慶民長官の意を受けてマッカーサーに松平の留任を書面で訴えたり、天皇が小泉信三を是非と言ったとか、いろいろな動きがみられました。田島・三谷の認証式は、六月五日に行われます。芦田は、認証式のようすを「陛下は厳格な顔をして居られたが、私は自分の考が皇室の御為めになると確信してゐたから平然としてゐた」（昭和二十三年六月五日）と日記に認めていますが、「厳格な顔」に天皇の意ならぬ不機嫌な怒りを読みとったのではないでしょうか。ここに爵位のないトップが宮中に初めて誕生したのです。

芦田・田島は、宮中の守旧派を抑え、改革を進めるとともに、退位問題に心を悩ませています。昭和二十三年七月八日には、退位問題を「真剣に話し」「結局二人は最後の瞬間まで白紙で臨まうといふ事を申合せた。と同時に万一それが実現する場合は両人共責任をとる決心をしなくてはなるまいとの話」をします。天皇退位問題は、芦田内閣が昭和電工問題で窮地にたたされる状況下の八月二十九日に、かなり突っ込んだ話をしています。田島は、天皇は退位の意思がなく、日本再建に寄与することが責任を果たすことだとの考えのようだと述べ、「天皇は私心のない、表現人《ママ》そのものであり、職についた人間は信頼して御使ひになる」「高松宮については今後も心配だ、何しろ頭がよくて＊＊＊＊＊〔一六字削除〕」というような、就任三カ月の感想を話しています。

退位問題が検討されたのは、東大総長南原繁が天皇の道義的責任を問い、東大教授横田喜三郎が「天皇退位論」を新聞に発表するなど、極東国際軍事裁判の終結を前に、天皇の退位問題が世間の話題となっていたがためです。田島は、退位が「帝政」維持にどのような影響を与えるか、皇太子が若年のため摂政の適任者がいないのではないか等々を心配し、高松宮云々はこの件と関係しての発言ではないかと思われます。GHQの静観、総選挙の争点にならないように各政党間の協定など、退位問題が政治化することへの懸念が表明されており、芦田・田島の意思統一がなされたようです。

天皇の関心は、昭和二十一年の食糧メーデーや翌年の二・一ストなどにみられる社会情勢、さらに巡幸での見聞もあり、共産党の動向に神経を使っていたようです。昭和二十二年七月二十二日に外交問題で内奏した芦田に、「共産党と言つても我国では徳田（球一、日本共産党書記長）の如きさへ神宮では鄭重に礼儀をつくしたといふからロシアの共産党とは全く同一でないと思はれる」と話しています。芦田は、当時の日本共産党書記長徳田球一も野坂参三も「日本人には相違ありません」と応じます。まさに、ここには母乳とともに呑みこんだ愛国心、国体の呪縛から自由でない日本人の相貌がうかがえます。

三谷侍従長は、臣下である東条英機らが絞首刑になったことで、苦悩していた天皇の姿を見ています。村井長正は田島に、天皇も謝罪をしたほうがいいのではないかと進言し、三谷は天皇に言われて幻の詔書を書きます。そこには、朕は即位以来二十余年このようにやってきたが、善隣のよしみを失い云々とあり、「屍を戦場に暴し、命を職域に致したるもの算なく、思ふて其人及其家族に及ぶ時、寔に忡怛の情禁ずる能はず。戦傷を負ひ戦災を被り或は身を異域に留められ、産を外地に失ひたるものなり亦数ふべからず」云々などと認められており、これらを克服して国威を宣揚しよう、といった内容で締めくくられていたそうです。

天皇は自らこれを言葉として発することを望んだようですが、吉田茂らがそれを止めたと言われます。もし天皇が謝罪をすると、皇祖皇宗が皆謝罪することになる、というのが理由だった由。

宮中改革のひとつに、皇太子の英語の教師としてクエーカー教徒のエリザベス・ヴァイニングが担当することになったことも挙げられます。このように戦後の宮中には、侍従グループに新渡戸・内村門下生が大きな力をもち、ある種のキリスト教の雰囲気があったようです。それは、皇室をして、民主主義の相貌を担わせることとなります。

## 天皇制の護持をめざして

政府は、外務省調査局が中心となり、ポツダム宣言の受託直後から、国体護持の方策をさぐるべく「天皇制維持ノ合理的根拠」「維持ノ消極的根拠」などの研究にとりかかります。

この研究では、外務省調査局一課長三宅喜二郎が中心となってまとめた『天皇制維持の合理的根拠（未定稿）—天皇制研究の中間報告—』が、冒頭の「天皇制に関する理論的究明の必要性」で、「国体を護持し得ると否とは終局的には我国民の心構如何に懸る次第」となし、「我国民の大多数の意見は天皇制維持にありと観察せらるる」が、なぜ「天皇制が適当なりや、また必要なりやの根拠に付ては一般に明確なる意見及信念」をもっていないようであるとなし、連合国の心底は想像できないものの、日本国民の意見を天皇制廃止に向かわせ、天皇の権威を減殺しようとして、働きかけているようだ。我国民は、天皇制維持の根拠につき明確な信念を有しないとき、やがて内外の圧迫・勧誘・扇動等に動かされる恐れがある。それだけに、天皇制が実質上、民主主義と衝突しないという「消極的根拠」にとどまらず、「天皇制を維持することの利益」「天皇制を支持することの必要」とする「積極的根拠」を明らかにせねばならず、それは広く国民を首肯させ連合国を納得させるものでなければならない、と研究の意図を述べています。

そこには、民主主義は多数決の政治であり、衆愚政治になりやすい。権力の交代がなされるが、それは決して人民に幸せをもたらしはしない。超越した天皇の存在は、こうした政治を正道に正す上で必要なのだ、といった論理が延々と述べられています。その論拠となったのは、早稲田大学教授京口元吉「天皇制維持の歴史的根拠」、同帆足理一郎「天皇制維持の理論的根拠」、前東京大学教授矢部貞治「天皇制と民主主義」、早稲田大学教授中村弥三次「天皇制と民主主義」、安岡正篤「政体と天皇制」などの成果でした。かくて民主主義が衆愚政治に墜ちこむという弊害を正すものが天皇制にはあるとなし、天皇制維持への自信が生まれてきます。

このような天皇制維持に向けた政府の研究会とは別に、天皇と皇室の存在が多様なかたちで紹介され、報道されていきます。その一端は、日本孤児援護会編の『民主的になられた天皇御一家』にみられるように、理想的な天皇一家の光景を写真入りで紹介し、家庭の模範たる皇室像を提示したなかに読みとれます。日本孤児援護会は、旧皇族の賀陽恒憲を顧問として、この写真集を売ることで孤児を救済することを宣伝にしています。いわば皇室は、言論が自由化されたことで、好奇の眼にさらされ、南朝の後継者を自称する「熊沢天皇」の出現をはじめ、言論空間をにぎわせる格好の素材でした。それは、皇室の存在をして、身近なものとなし、国体の帳を払ったかの趣をもたらしました。

思うに天皇を中心とした統治システムは、明治期には軍事主導でした。大正期には文化的相貌を帯びたものの、昭和天皇になって軍事主導にもどります。現在では天皇が民主主義の担い手になっています。こうした民主主義の象徴は、皇族の家庭像などを媒介にして広がっていきます。それは大正天皇以後、しばしば登場した世界であり、大正天皇や華族家が模範的な家庭像をイメージさせる存在として機能しました。そこには、日本が家の国なのだとなし、家があって国がある。いわば大正天皇以後の天皇の在り方は、家を家庭に置き換えることで、「天皇はわれらの祖先だ」という感覚が途切れることなく時代の声に吸収される回路として生き続けています。

**天皇の国と向き合い**

このような天皇の国日本の問題は、すでに明治四十四年初頭に河上肇が「日本独特の国家主義」（『中央公論』三月号）なる論文で鋭く告発しています。河上は、ヨーロッパは人格を中心にしているが、日本は国格を中心としている。天皇により頼み、国家により頼んでしか、自己の存在を主張できない。それが日本国民だと問い質しています。外国では、一人ひとりが人格を持った存在であるがゆえに、政府に対して一人ひとりがものを言うし、そういうなかで政治形態も変わっていっている。人格が自分なのである。日本には人格がなくて国格がある。国家に依存するかたちでしか、己の存在という場を考えられない。いわば西洋が「天賦人権、民賦国権」なのに対し、日本は「国賦人権、天賦国権」であり、その結果、西洋人の人格に対し日本人は国格を重んじる。天皇は、「完全なる国格を保有し」「国家の利害を自己の利害とし」、「国家の公の利害の外別に個人としての私の利害を有し給はず。故に日本人の信仰よりすれば天皇は最高最貴の方」であると。これを乗り越えられない限り変わらないのではないか、というのが河上肇の問いかけです。かく河上は日本の国家主義を問い質し、日本は「強き国家と弱き個人」の社会であるがため、国家は強いが一個の日本人として弱いがため、国家の真の強さを期待しえないことを示唆しています。河上の目は、南原が「人間意識」と問い質した根を明治末年にとらえており、「天皇の国」に対峙しうるものでした。

思うに日本人は、ここに提起された問題を自覚的に問い質すことなく、国家に、組織に、集団への帰属意識で動かされているのではないでしょうか。一人の人間として、己の存在する場を確かめるには、ある絶対的なる者との垂直な関係で、己の立ち位置をはからねばなりません。それは天皇を絶対者に見立てることではなく、天皇をも超越した存在に眼を向けたときにはじめて可能になるものです。日本では、天皇が国家であるとなし、絶対視することで己の場を保とうとしたがために、人間たる存在が希薄になったのではないでしょうか。

南原繁が占領下の日本人に呼びかけた「人間に対する目」の弱さとは、天皇があって私があるのではなく、日本人が一人ひとり、己の存在とは何か、自らがどのような存在かを考えることが必要だとの問いかけです。この問いに応えるには、絶対的な何かとの垂直関係に眼を向け、我とは何かに想いいたすことではないでしょうか。南原繁にとっては、それが内村鑑三から学んだ信仰でした。戦時下に信仰を説き続けた矢内原忠雄にしても同じです。彼らは、師内村鑑三と同じように、天皇という存在へのある種の共鳴盤をもちながらも、その磁場に距離をとり、己の場を堅持していました。それは信仰による内的権威性をもっていたからにほかなりません。多くの日本人の場合、その垂直に仰ぎ見る眼が天皇に向かったが故に、天皇という磁場にからめ取られ、磁場が放射する外的権威性によってでしか己の存在する場を得ることができませんでした。

この外的権威によりたのむ思考の回路は、日本のコミュニズムにも見られたことで、「共産党」という権威への信仰ともなっていました（左翼天皇制）。それだけに一人ひとりが、どのようなかたちで天皇の在り方と向き合い、己の場を築けるかが、日本の近代を読みとる上で問われているのです。

天皇という存在が放射する磁場がどのように働いているのかを一つひとつ掘り下げていくなかで、「私」がどのように己の存在の場を確保するかという問題を問い続けていくことが必要なのだと思われます。その問い質す作業は、「天皇制」を云々し、否定することでこと足れりとするのではなく、私が一人の人間として、どのような内的権威性を身につけて生きれるかということでもあります。思うに日本近代史は、「尊皇思想」の破砕と飛散の歴史でした。それだけに、天皇崇拝が問い語る威厳のメカニズムに適度な遠近法をもって歴史を描きたいものです。

# エピローグ

## 時代と併走する営み
### ―一九一〇年という時空から見えてくる世界―

明治天皇は、維新の復古革命によって政治的君主たる存在を世に問い、日本列島を一つの国家に造形し、「欧州的帝国」たる道をひた走り、その存在を大なるものとしました。ここに描いた日本の相貌は、時代を生きた天皇と併走することで時空間を旅する営みをなし、天皇を基軸とする国家の在り方を問い質さんとしたものです。そこで見えてきた世界は、天皇という磁場にとりこまれ、天皇との関係性でしか己の存在を計れない日本人の姿です。その姿には、時に応じて「美しい国日本」なる言説に身を託し、己の場を主張することでしか生きて在る証を見いだせず、独りよがりの自己愛に身をゆだね、自己優越感に浸る夜郎自大な自画像が読みとれます。

このような自己存在の証である天皇の存在を否定しようとした事件が、明治四十三年（一九一〇）の大逆事件で、時代の人心を震撼させました。この年は日韓併合の年でもあります。日韓併合は、東アジアの冊封・朝貢体制を国際法の体系で再編してきた日本が清朝皇帝に代わり、日本皇帝たる明治天皇が頂点に立つ秩序、東アジアにおける新たなる冊封・朝貢体制ともいうべき新秩序の構築に道を開きます。この道は、天皇をして、大東亜共栄圏の皇帝たらしめようとの想いをうながしたのです。それは大逆事件の対極ともいうべき営みにほかなりません。ここには陰陽二つの日本の自画像が表出されています。

この二つの出来事は、今年二〇一〇年が一〇〇年目ということで、帝国日本の在り方を問い質す素材とされ、それらの歴史が何かと世間の話題となることでしょう。いわば臨機応変に時空間を飛び回り、五〇年、一〇〇年、一五〇年というような周年で見えてくる世界を回想するのは、時空を旅する一作法にして、ある過去と併走していく最も素朴な営み方です。そこで、時間軸を輪切りにして一五〇年前と五〇年前を垣間見ることで、時空を旅する世界から何が見えてくるかを確かめておきます。

一五〇年前の一八六〇年（万延元）は、一月に日米修好通商条約を批准する万延元年遣米使節を乗せたポーハタン号と幕府軍艦咸臨丸が品川沖を出帆して米国に行き、三月三日に大老井伊直弼が水戸・薩摩の浪士に桜田門外で暗殺されました。これ以後、幕閣はテロにおびやかされます。咸臨丸には、船長勝海舟の下に、若き福沢諭吉が、ポーハタン号には、仙台藩士玉虫左太夫らが乗船しており、文明国を探索する志に燃えていました。

五〇年前の一九六〇年（昭和三十五）は、日米間の新安保条約締結に反対する「安保闘争」が列島を覆い、熱い政治の季節が吹き荒れた年です。日本は、米国に基地を提供し、その核に庇護される国家として存立していく道を選択しました。この道は、やがて沖縄の基地が米軍の極東戦略の拠点とされ、現在問われている基地問題の固定化につながります。当時の気分には、富士山を背景に米軍の戦車と赤いヘルメットが描き出された選挙ポスターが雄弁に物語るように、列島が米国に蹂躙されている従属国日本との想いであり、ある種の反米ナショナリズムともいうべきものが横溢していました。ここに声高に説かれた反米ナショナリズムは、大東亜戦争を思想の戦争となし、白皙帝国主義の打破を掲げた戦争下の皇国日本というナショナリズムと裏腹の一卵性双生児ともいうべきものにほかなりません。日本知識人に特有な反米・嫌米感情の根はこうした気分にうながされたものといえましょう。

一九一〇年（明治四十三）という年は、このような五〇年前・一五〇年前の世界に対し、天皇がその存在を問いかけられた時代でした。そこでこの明治四十三年から使用された第二期国定教科書が問い語る世界から時代に参入していくこととします。

## 「大国民」という問いかけ

日本は、日露戦争の勝利で「欧州的帝国」たる場を確保し、国民に「大国民」たる責務を説き聞かせます。第二期国定教科書は、「大国民」の育成という課題を果たすべく、小学五年生の『尋常小学読本』

巻一〇の第一九課「勇ましき少女」で嵐の夜に難破船の水夫を救助した「灯台番の娘」ダーリンを、六年生の巻一二の第二〇課「辻音楽」は路傍でバイオリンを弾く老辻音楽師を助けた「情深い紳士」バイオリンの名手ブーシェーの逸話を紹介しています。ここにはある開かれた精神への眼がうかがえます。

その一方で教科書は、帝国の版図に住む人びとの暮らしを、「あいぬの風俗」（巻一〇第二二課）に続き、巻一一で「台湾より樺太へ」（第九課）「樺太より台湾へ」（第二四課）「韓国の風俗」（第二六課）等で紹介した後に、第二八課「同胞こゝに五千万」が以下のように謳いあげます。

一　北は樺太・千島より　南台湾・澎湖島　大洋の波に洗はるる　大小四千の島々に　朝日の御旗ひるがへす　同胞ここに五千万

二　神代はるけき昔より　君臣分は定まりて　万世一系動きなき　我が皇室の大みいつ　あまねき光仰ぎ見る　同胞ここに五千万

三　武勇のほまれ細戈《くはしほこ》　千足《ちたる》の国の名に負ひて　礼儀は早く唐人も　称へし其の名君子国　祖先の遺風つぎつぎて　同胞ここに五千万

四　瑞穂《みずほ》の国と農業は　開けぬ地なし野も山も　商工業の発達に　皇国《みくに》の富を起さんと　勤勉・努力たゆみなき　同胞ここに五千万

五　智は東西の長を採り　文明古今の粋を抜く　建国以来三千年　歴史の跡にかんがみて　日進月歩ゆるみなき　同胞ここに五千万

六　東洋平和の天職は　かかる我等の肩の上　東方文明先進の　任務は重き日本国　上下心を一にして　同胞ここに五千万

七　修身の徳是なりと　教育勅語のり給ひ　戦後経営かくこそと　戊申の詔書かしこしや　大みことのりたふとびて　同胞ここに五千万

かつ天皇の故地をたどる「大和巡り」（巻一〇第二六・二七課）で日本の原風景を追体験し、「世界各国皆市場　いよいよ産業励みつゝ　国の富をばふやさかし」と謳った「国産の歌」（巻一二第一三課）で各地の物産を紹介しているように、日本がめざすべき国のかたちが提示されています。

そして卒業を前にした六年生が習う『尋常小学読

本』巻一二は、「同胞ここに五千万」と謳いあげられた讃歌を受け、最終学期の教材に相応しく第一課が「天皇陛下の御製」にはじまり、第二八課「卒業」で締めくくります。その構成は、勝利の栄光を第二課「日本海海戦」に読み、ついで「我が国の農業」「国産の歌」「貿易」「南満州鉄道」「欧羅巴《ヨーロッパ》の三大都」「主婦の務」等で国民に求められる世界を総括した後に、第二四課「大国民の品格」、第二五課「自治の精神」、第二六課「帝国議会」、第二七課「軍人に賜はりたる勅諭」を学び、「卒業」となります。この教科書は、世界の帝国となった日本の現状と課題を問い、国民たる責務を体系的に説いたものとして優れた内容です。

「天皇陛下の御製」は、「身を修め、世に処するの道を示」す教育勅語と戊申詔書を拝読し、「御聖徳の山よりも高く、御仁愛の海よりも深きを仰ぎ奉らざらん」となし、天皇が「万機の政」をみるかたわら、折にふれて詠んだ御製に「常に国家を思ひ、臣民をあはれみ給ふ大御心」が「拝察」されるとして、「神代より承けし宝をまもりにて、治め来にけり、日の本つ国」「承けつぎし国の柱の動きなく、栄えゆく代を尚いのるかな」「古の書《ふみ》見る度に思ふかな、おのが治むる国は如何にと」を掲げ、「祖宗の大業を承けて、明治の聖世を開かせ給へる御盛運故なきに非ず。我等臣民も亦祖先の遺風に従ひ、一致協同して、此の国家を護らざるべからず」と説きます。ついで「忠勇なる我が臣民」に寄せる想い、義勇奉公の心を振るい、「国に尽す誠は一なり」と各御製に合わせて解説し、最後に「波風のしづかなる日も船人は、かぢに心を許さざらなん」に寄せ、「治に居て乱を忘れざるも此の心なり。学問を修むるにも、事業に従ふにも、常に此の心ありてぞ其の目的は達し得らるべきと訓戒します。かくて天皇の存在は、臣民たる国民の身心に深く突き刺さり、帝国日本の「大国民」を呪縛したのです。

ここに求められた「大国民の品格」は、「世界強国の国民たる名誉を負ふものは、国民としても之に相応する品格を備へざるべからず」と問いかけ、「国民各自の行為をつゝしみ、品格を重んずるは即ち国民の品格を高むる所以なり」となし、文明国民たる公徳心と「人種・宗教・風俗の如何を問はず、いはゆる四海兄弟の精神を以て等しく之を親愛するは大国民の度量なり。国力我に劣れる国民を見て、やゝもすれば軽侮の念を以て之を迎へ、甚だしきは之と交るを喜ばざるが如きは、却つて我が国民の度量の狭く、品格の低きを示す所以にして、国交を傷つけ、随つて国力の発展をさまたぐること多し」と諭し、「我等五千万の同胞は常に大帝国の国民たるを思ひ、一言・一行の間にも、大国民の品格を高むるの用意あるべきなり」と「大国民」たる自覚をうながしています。

この「大国民」には、「時は金なり」という資本主義の精神と「自治の精神」が強調されるとともに、「義勇の務御国に尽し、孝子の誉我が家にあげよ」「弾丸《たま》に死すとも、病に死すな」とする「出征兵士」（巻一一第一四課）の世界が刷りこまれていました。まさに忠良なる天皇の臣民たる道は、いかなる大国民になろうとも、迷うことなく歩まねばなりませんでした。いわば国民は、良き臣民であるとともに、「大国民」たる品格を身につけることが問われていたのです。こうした品格の問いかけには開かれたナショナリズムへの眼を読みとることができます。しかし品格と度量という課題は、開かれた世界に通用するものをめざすのであれば、いかに臣民たる呪縛から自由になりうるかを問うことともなります。

### 韓国に向ける天皇の目

天皇は、「欧州的帝国」となった日本の皇帝として、一九一〇年をめぐる世界に向き合い、東アジアに帝国固有の世界を構築する道を歩みはじめます。その歩みは、『明治天皇紀』を素材に略記すれば、次のような世界として展開していきました。

日本は、日露戦争で北緯五〇度以南の樺太を領有し、明治四十年（一九〇七）三月十四日に樺太庁官制を公布し、本格的な樺太統治をはじめます。しかし韓国では、戦勝国日本の強権的介入に反発し、六月十五日に第二回ハーグ平和会議に皇帝が密使を派遣、第二次日韓協約の廃棄を求めました。伊藤博文統監は七月七日に韓国皇帝の責任を追及し、十二日に対韓処理方針が裁可され、十九日に韓国皇帝は譲位に追い込まれました。韓国各地で反日暴動が起こったがため、日本は二十四日に歩兵第一二旅団の朝鮮増派を決定し、二十五日に第三次日韓協約および秘密覚書を調印。それは、韓国内政を統監の指導下におき、日本人を官吏に任命し、法令の制定、高等官の任命などは統監の承認・同意が必要なこと、大審院長・大審院検事総長・各部次官などに日本人を採用し、韓国軍隊の解散を規定したものです。かくて八月一日に京城で韓国軍隊解散式が挙行されましたが、各地で義兵運動が展開し、日本の統治に抵抗します。日本は、十月八日に韓国駐箚《ちゅうさつ》憲兵に関する件を公布、ついで十一月一日に在韓日本人警察官吏はすべて韓国警察官に任命し、朝鮮統治が強化されます。その統治は、明治四十一年十月一日に韓国統監府が警察犯処罰令、台湾総督府が台湾違警令を定め、強権的なものとして展開していきます。

明治四十二年（一九〇九）六月十四日に副統監曽禰荒助を統監に任命。閣議は、七月六日に対韓施策大綱「憲兵・警察官の増派、日本人官吏の権限拡張など」を決定。十月二十五日に韓国軍人軍属の犯罪審判を特別陸軍軍法会議で裁くなどとなし、韓国の植民地化がすすみます。この韓国併合への道は、二十六日に伊藤博文がハルピン駅頭に暗殺されたことで、早まります。

伊藤の遺骸は、十一月一日に横須賀着。天皇は勅使を官邸に差遣、宸衷を伝宣。誄詞を賜い、養子文吉に男爵を授けます。四日の国葬は市民数十万が見送り、東京府下荏原郡大井町字谷垂（東京都品川区西大井）に葬られました。

天皇は、明治四十三年一月一日に宮内大臣岩倉具定を韓国皇太子英親王垠の鳥居坂御用邸に遣わし、銀製文房具一揃・仙舟筆掛物三幅・西洋玩具三種を贈ります。年賀の挨拶という気配りで、韓国併合への地ならしです。

二月十四日、旅順地方法院は伊藤を暗殺した安重根に死刑宣告、三月二十六日執行。

この間、併合の気運は、「伊藤博文、ハルピンに斃れるや、韓国廟堂中一進会に属する者も、自国独立が終に望むべくもないことを覚り、爾来日韓合邦を唱え、皇帝に奏し、統監と議す。在京有志の間に朝鮮問題同志会なるもの起こり、日韓併合の已むべからざることを説く」なかで、熟したとみなされました。ちなみに一進会は、韓国宮廷中の親日派で、日本の指導下に自国独立の確保をめざす政治結社です。ここに五月三十日、陸軍大臣寺内正毅を統監に兼任、山県伊三郎を副統監に任じます。統監曽禰荒助が病で上京し、山県有朋・桂太郎・寺内正毅と謀り、辞官を伝えていたことによります。

天皇は、正毅の統監兼務を「一朝有事」の際に懸念あると表明しましたが、桂首相自らが陸相を兼ねて「緩急事に当る」と述べ、「宸慮を労したまふことなからんことを乞」うたのです。閣議は、六月三日に併合後の韓国に対する施政方針一三箇条で、当分の間、憲法を施行せず、大権によりて統治し、総督を置いて一切の政務を統括する等々を決定します。

政府は、韓国併合を前にして、六月二十一日に拓殖局官制を制定、即日施行。この官制は、「近時我が版図に入れるもの、曩に台湾あり、後に樺太あり、関東州・韓国も亦我が統括する所と為る、而して是れ等殖民地に対する監督は、内務・外務等の各省に分属し、殊に韓国の如きに至りては、其の監督の機関を欠くの憾あり、故に新に拓殖に関する方針を確立し、拓殖局を設置し、内閣総理大臣の下に之れに関する事務を統理せしめんとする」ものです。

総裁は内閣総理大臣兼大蔵大臣桂太郎、副総裁は逓信大臣兼鉄道院総裁後藤新平が兼ね、後藤を親任官待遇としました。二十二日には拓殖局官制を公布し、内閣総理大臣に直隷、台湾・樺太・韓国および外交を除く関東州に関する事項を統理する植民地統治が整備されました。二十四日には韓国警察事務委託に関する日韓覚書調印。二十五日に山県伊三郎は、赴任の途につくを以て、新任の統監府総務長官・参与官・統監秘書官とともに鳳凰の間で天皇に拝謁、千種の間で宸餐にあずかりました。二十九日には、二十四日に交換した韓国警察事務委託の覚書を二十八日上奏、統監府警察官署官制制定。

七月五日、閣議は統監寺内正毅の渡韓に関する諸案件を商議します。天皇は下関より軍艦で渡航すべきを命じ、韓国皇帝への親書・御贈品等のことが諮られました。次いで八日八日にも韓国併合に関する閣議。寺内、桂とともに山県有朋を訪問、意見を交換し、十二日に韓国併合断行のため寺内正毅が渡韓します。親書は次のように認めています。

大日本国皇帝敬みて　大韓国皇帝陛下に白す。朕茲に統監子爵寺内正毅を遣はし往きて其の職に就かしむ。正毅は素より朕か信任する所なり。朕は実に貴国将来の施設を画策措置して機宜を愆つことなく以て克く其の任に副はむことを疑はす。陛下之に倚頼し幸に謀献を嘉納して其の政をして成ることあらしめられは則ち貴我両国の福なり。敢て腹心を布き併せて陛下の康寧を祈る

明治四十三年七月十二日

東京宮城に於て

御名

御贈品は、皇帝に御紋附七宝鉢一個、皇后に御紋附蒔絵手箱一合、太皇帝に御紋附銀花瓶一対、太皇帝妃に御紋附蒔絵手箱一合。二十五日に寺内は皇帝・皇后らに親書・贈品を奉呈。以下、次のように続きます。

八月十六日、寺内正毅、韓国内閣総理大臣李完用を統監官邸に招き、併合条約に関する覚書を手交。「覚書の要に曰く、日韓両国は境土相接し、人文相同じく、古来吉凶利害を倶にし、終に分離すべからざるの関係を有せり、是れ帝国が敢へて前後二回の大戦を賭し、数万の生霊と幾億の財帑とを犠牲に供し、以て韓国を擁護したる所以なり、爾来帝国政府は孜々として韓国の扶掖に尽瘁したり」と、日本が韓国に寄せてきた想いを問いかけたのです。

八月二十二日、韓国併合。

八月二十九日、詔書を発して前韓国皇帝を冊して王となし、昌徳宮李王と称し、韓国の国号を改め朝鮮と称し、朝鮮総督府を設置。朝鮮に施行すべき法令に関する件公布（法令を総督の命令で規定）。朝鮮貴族令を出し、朝鮮における臨時恩賜にあてる国債（五分利付き三〇〇〇万円）を発行します。

九月一日、宮中三殿に韓国併合奉告祭。この日は、八月八日の東海・関東・東北地方一帯の豪雨で各地が大洪水にみまわれ、鉄道・通信が不通となり、浸水四四万三〇〇〇戸、うち東京府一八万五〇〇〇戸

という惨状に、天皇・皇后が臨時水害救済会に金一万円を下賜。

九月十日、朝鮮駐箚憲兵条例公布。二十九日、朝鮮総督府官制（総督は陸海軍大将とし、他に政務総監をおく）を公布。十月一日に韓国統監寺内正毅が初代朝鮮総督に任命され、朝鮮は軍事力を背景とした武断的統治がなされたのです。

ここに日本国皇帝たる明治天皇は、「前韓国皇帝を冊して王と為」すことで、清朝皇帝に代わり東アジアにおける新たな冊封・朝貢体制を軍事力で構築しました。この秩序は、やがて大東亜共栄圏という妄想を生み、その頂点に位置する皇帝への道を歩ませることとなります。この営みは、国際法の秩序を掲げ「欧州的帝国」へとひた走った日本が帝国として自立することで、欧州的な世界秩序に対峙していくことにほかなりません。

**殖民帝国の枠組み**

日本は、韓国併合への道筋をつける道程で、満州経営をめぐり明治四十三年（一九一〇）一月二十一日に米国が提議してきた満州鉄道中立案を拒絶、七月四日の第二回日露協約で、満州の現状維持と鉄道に関する相互協力、秘密協約で特殊利益地域を分けることとし、南満州の統治を安定させます。かつ五日には、天皇が参謀本部付陸軍歩兵大尉江藤源九郎を御座所に召し、南洋諸島の実況につきその見聞する所を奏せしめ、終りて茶菓を別席に賜い、南洋諸島への強い関心を示しています。

明治天皇は、韓国併合が「一朝有事」をもたらすことを懸念しているように、七月十二日に侍従武官長男爵中村覚の台湾派遣を決定。中村は、二十二日出発、陸海軍守備の状況および「蛮界討伐」の実況を視察し、総督府職員・討伐軍隊・警察官に酒肴料を、其の公務に因る傷病者に菓子料を賜うなどし、九月七日に帰京。十三・十六・二十の三日にわたって復命をなし、十四日皇后に拝謁、宜蘭方面における「蛮界討伐」の写真を献上しました。台湾統治の安定は、韓国併合という大事業を前に、なによりも求められたのです。そのための視察であり、酒肴料や菓子料を下賜することで天皇の恩愛を実感させたのです。

ついで二十九日には、樺太島鎮護の社殿を豊原町の東方高地に創設、大国魂命・大己貴命・少彦名命の開拓三神を祀り、社号を樺太神社、官幣大社としました。これは台湾神社創設の例に準じたもので、ここに植民地樺太の守護神が誕生しました。日本は、植民地に神社を創設することで移住者の精神的結集をはかります。それは日本の植民地経営の方策で、これらの海外神社の存在は現地住民にとって重荷となるものでした。

日本は、あらたに樺太を領有し、朝鮮を併合したことで、植民地統治の機構を整備していきます。このことは、明治四十三年（一九一〇）二月二十八日に竹越与三郎・新渡戸稲造・江木翼らによって殖民学会創立総会が催されたように、日本の植民地経営を学問的に支える研究をうながします。新渡戸は、東京帝国大学の殖民政策学を担当し、台湾や朝鮮の経営を助言しました。

この二十八日には、沖縄経営に一区切りつけるために、沖縄県諸禄処分法を制定し、二十九日公布、金禄・社禄・僧侶飯米を国債により処分することとしました。ここに政府は、内国植民地よりも、海外植民地の経営に力をそそぐこととなります。いわば日本は、日韓併合により、植民地統治の枠組みを構築していくことで、植民帝国として大きな一歩を踏み出したのです。

この歩みは、実は日露戦争の勝利を「日本にはためいているのは、実はイギリスの旗であつて日本の旗などではない」（ガンジー『ヒンドウ・スワラジ』一九〇九年）「日本はアジアにおいて、朝鮮の敵であるだけではない、同時にインド、ベトナム、中国、フィリピンの公敵である」（劉師培「亜洲現勢論」『天義』一九〇七年）とみなしていた目を無視したものにほかなりません。まさに日本はアジアの圧制者たる貌を時と共に露わにしていきます。

## 帝国日本の亀裂

日露戦争の勝利は、日本を帝国にしたとはいえ、戦争がもたらした負担が大きな翳となり、社会には暗雲がたれこめていました。明治四十一年（一九〇八）三月三日には麻布歩兵第一連隊の兵卒三二人が隊伍を組んで脱営、十八日には大阪歩兵第六二連隊の兵卒一三人が脱営と、天皇の軍隊が揺らいでいました。十月十三日には戊申詔書が出され、人心の教導がめざされます。しかし一方には、このような亀裂をみつめることなく、四十三年二月一日に野間清治が『雄弁』を創刊、二十六日に川上音二郎が大阪北浜に帝国座を創立、開業式を営んだように、帝国誕生という気分が横溢していました。

明治四十三年は、こうした亀裂が噴出するかのごとく、五月十九日にハレー彗星が地球に接近することで、流言・噂・不安が飛び交います。その渦は、五月二十五日に宮下太吉の逮捕にはじまり、六月一日に幸徳秋水、八月までに天皇暗殺を企図したとして和歌山・岡山・熊本・大阪で関係者の逮捕が続き、大逆事件として世を震撼させました。事件は早くも十二月十日に大審院で幸徳秋水ら二六人の第一回公判がはじまり、翌四十四年一月十八日に二四人が死刑の判決。十九日に一二人を無期に減刑。二十四日に一一人、二十五日に一人死刑執行。事件は、天皇を否定する精神を裁いたものだけに、沈黙の塔に深く潜むことをうながします。

和歌山県では、新宮の大石誠之助らの逮捕に関し、政府の神社合祀が人心を荒廃させ大逆事件をもたらしたとの政府を論難する声があがり、合祀でなくなった神社の復祀がなされました。事件は、社会主義者を断罪するのみならず、一村一社を旨とした内務行政を問う声をあげさせたのでした。

それだけに天皇は、国家の統治に疑念をもち、その存在そのものを否定する者に怯え、皇室の藩屏たる華族の現況を憂い、同年九月一日に華族総代を召喚し、華族の風紀を戒める勅語を発します。老いを迎えた天皇は、白樺グループにみられる学習院の「軽佻浮薄」な気風を懸念し、乃木希典を院長にして皇族・華族子弟の教育に当たらせます。ちなみに乃木院長時代の学習院には、皇太孫迪宮裕仁（昭和天皇）、淳宮雍仁（秩父宮）、光宮宣仁（高松宮）などの皇孫、山階宮芳麿王、久邇宮朝融王、華頂宮博忠王らが在籍していました。

皇室を制度的に強固なものとすることが緊要の課題と思われました。そのためには、皇室典範のみの皇室に関わる法規を整備し、皇位継承はじめとする法体系の整備が急がれました。ここに明治四十年から四十三年にかけて、皇室の法規が確立します。

皇室会議令　明治四十年二月二十七日
皇室祭祀令　明治四十一年九月十八日
登極令　明治四十二年二月十一日
摂政令　明治四十二年二月十一日
立儲令　明治四十二年二月十一日
皇室成年式令　明治四十二年二月十一日
皇室服喪令　明治四十二年六月十日
皇室身位令　明治四十三年三月三日
皇室親族令　明治四十三年三月三日

明治天皇は、迫りくる老いを意識し、皇室法規の整備をしながら、大逆事件という翳をみつめ、日韓併合がもたらす帝国の明日を想い描いていたのです。

### アトラス的負荷の下で

韓国は、明治三十六年（一九〇三）の第一期国定教科書『小学歴史』の一―第四「神功皇后」で「新羅を従へなば、熊襲は、おのづから、平がんとおぼしめき。（略）新羅王、大いに、おそれて、たちまち、降参せり。それより、百済も、高麗も、みな、わが国に従へり」と説き聞かせたように、古来より日本に従う国とみなされていました。このようにして埋め込まれた記憶は、明治四十三年の第二期国定教科書『尋常小学日本歴史』巻二「韓国の併合」で、「韓国は我が保護の下にあること既に数年に及びしが、尚其の常に禍乱の淵源たるにより、天皇は日・韓相互の幸福を増進し、東洋の平和を永遠に確保せんが為に韓国を併合するの必要を認め給ひ」との記述を素直に受けとめます。

さらに韓国併合は、「東洋の平和を永遠に確保」するための処置から、第三期国定教科書『尋常小学国史』で「其の国多年の弊政は全く除きがたく、民心なほ安からざるを以て、国利民福を進めんには、日・韓両国を合はすの外なきこと次第に明かとなり、韓民中にも之を望むもの少からず。ここに於て韓国皇帝は、統治の権を天皇に譲り、帝国の新政により て、ますます国民の幸福を増さんことを望まれ、天皇また其の必要をみとめたまひしかば」と、韓国の乱れた政治を正し、韓国の民心を安定させ、「国利民福」を進めるための方策とみなされました。この認識こそは、韓国併合をいまだに是とみなす日本人を育て、現在までつながる日本の韓国像を規定しています。まさに併合は、帝国日本の証とみなされ、滋賀県の「併合記念桜」が物語るように歓迎されたのです。

日本のキリスト教会は、植村正久が指導する日本基督教会の『福音新報』七九二号（明治四十三年九月一日）が「大日本の朝鮮」と題し、「申命記　三一章」をもとに、「神が此の国民の『祖先等に与へん』と誓はれしものなりと感ぜずんば有らず（略）日本は韓国の併有に於て、自己の親権を行へるものと解釈せらるるを最も至当なりと信ず」と併合を位置づけました。

日本メソジスト教会は、『護教』九九六号（明治四十三年八月二十七日）で「韓国合併後に於ける日本の責任」を論じ、「そもそも日本は戦勝もしくば征服によりて韓国を併呑したものではない、一に東洋の平和、韓民の安寧幸福を思ふて茲に至つたのである。而して日本は之がために高価の犠牲を払つて居る、もし日本が戦勝の余威を以て臨んだならば半島の問題は最終的解決が出来て居たかも知れぬ、然るに一旦日本が韓国を世界に紹介して万国対等の独立国たらしめた責任上より対韓政策を立てて今日に推移て来たのであるから、今回首尾よく合併を成遂げたりとて小康に安んせず先見ある政策の下に指導の責任を尽し他日鶏林八道の民をして合併の恵沢を感ぜしむる様にせなければならぬ」と、国家の論理を追認し、日本の責務を説きます。

日本組合教会は、『基督教世界』一四〇八号（明治四十三年九月一日）に「韓国合併と韓人伝道」を掲げ、「今回の事たる実に日韓両国民の幸福を全ふする唯一の道たるや毫も疑ひを容るるの余地なし。（略）速かに其思想感情の上に於て全然日本国民と同化し合一し来るに在るのみ。是れ豈に基督の謂る死して又蘇るの福音にあらずして何ぞや」と、合併を唯一の道となし、韓国伝道を提起しました。ここに組合教会は、総督府と一体となり、朝鮮伝道に力を尽くしていきます。

内村鑑三は『聖書之研究』一二三号（明治四十三年九月十日）の「領土と霊魂」で、「国を獲たりとて喜ぶ民あり、国を失ひたりとて悲む民あり、然れども喜ぶ者は一時にして悲む者も亦一時なり、久しからずして二者同じく主の台前に立たん、而して其身に在りて為せし所に循《よ》りて鞫《さば》かれん、人、若し全世界を獲るとも其霊魂を喪はば何の益あらんや、若し我領土膨脹して全世界を含有するに至るも我が霊魂を失はば我は奈何にせん、嗚呼我は奈何にせん」と、国を失った民の哀しみに想いをはせ、「嗚呼我は奈何にせん」と呻いたのです。そこには、「からだを殺しても、魂を殺すことのできない者どもを恐れるな。むしろ、からだも魂も地獄で滅ぼす力のあるかたを恐れなさい」（マタイによる福音書　一〇章二八節）と問いかける強き信仰がありました。

まさに日韓併合は、内村の嘆きに耳をかすこともなく、キリスト者をふくめ多くの国民が歓呼の声で迎えたのでした。それだけに石川啄木は「地図の上朝鮮国にくろぐろと墨をぬりつつ秋風を聴く」「誰そ我にピストルにても撃てよかし伊藤の如く死にて見せなむ」と詠み、天皇の国で孤絶した単立者たる己の場を確かめるしかなかったのです。

啄木の声に応じたのは「なんじは無惨な力を用いて韓国を併合せんとす。されどそは日本の破滅のはじめなり。われら韓国人はいかなる犠牲を払うともなんじに屈服することなく、銃と剣によつて報いんことを期す」（一九一〇年八月三十日付サンフランシスコ発、統監宛英語電文、中央日韓協会編『朝鮮の保護及び併合』）と挑戦した韓国人の激しい怒りでした。

帝国日本は、いかに「併合」を美挙とみなそうとも、この怒りのみならず天皇を呪詛する声にも対峙せねばなりませんでした。しかも国内の亀裂は、皇室の枠組みを法的に整備しようとも、年ごとに深まっていきます。その状況は、啄木が明治四十三年（一九一〇）八月に「時代閉塞の現状」を書いて告発していますが、閉塞下を生きる知識人に座禅をはじめ、岡田虎二郎の静坐法、二木謙三の呼吸法、藤田霊斎の息心調和法などの健康法の流行をもたらしました。

木下尚江は、天皇という存在を厳しく糾弾し、共和制に想いをはせた社会主義者の一人ですが、明治四十三年五月に岡田虎二郎と出会い、「自分の眼が稍々明いて来る」想いにとらわれ、四十四年に岡田の事業を日本歴史における未曾有の大事件とまで称揚します。足尾鉱毒事件の「義人」田中正造は、木下の紹介で岡田を訪ね、岡田を「再生の恩師」とみなしました。東京新宿の中村屋の相馬愛蔵・黒光夫妻も木下によって岡田の静坐を学び、商売のコツが身についたと回想しています。ここには、閉塞下の時代を生きる途が失われたがために、己の心を凝視する作法に自己再生を託した営みがみられます。

こうした迷妄は、老いたる明治天皇に心を託せないまま、日本をアジアの「公敵」「圧制者」とみなす冷たき目に対峙するために、アトラスが担わされた負荷に耐えねばならない精神の変調にほかなりません。負荷に耐えるには、建国神話が問い語る王朝の物語、万世一系の世界からの救済への祈りが希求されました。この祈りこそは、明治四十四年二月四日に南北朝併立を非難する質問書が帝国議会に出されたことに始まる南北朝正閏論争にみられるように、国体をめぐる言説が時代の帳を打開するとの作法を根付かせ、国体信仰への道を開きます。

かくて日本の植民地統治は、内村鑑三から信仰を学び、新渡戸稲造から殖民政策の講座を受け継いだ矢内原忠雄が「日本国民精神の優越性の信念に基くものであつて、その意味においてフランスの同化政策よりも更に民族的、国民的、国家的であり、従つて軍事的支配との結びつきはフランスにおけるよりも一層容易である」（「軍事的と同化的・日仏植民政策比較の一論」『帝国主義研究』昭和二十三年）と論じたように、「植民地原住民同化政策」を根本的精神としたものでした。そのため「台湾人若しくは朝鮮人、アイヌ若しくは南洋群島島民に先づ日本語を教へ、これによって彼等に日本精神を所有せしめよう。社会的政治的自由は彼等がかくして凡て日本語を語り、日本精神の所有者としての日本人となり終った暁の事」とされたのです。

こうした統治は、国体明徴・内鮮一体・忍苦鍛練を朝鮮教育の三大綱領とする臣民教育を朝鮮で展開し、民族の心を凌辱していきます。この営みは、日本国内にもちこまれ、国民教育の要とみなされたのです。このような営みは、アトラス的負荷に耐えられない苦痛の癒しを天皇に託し、天皇に寄りそうことで自己昇華をはかろうとするものにほかなりません。

いわば日本人は、天皇という外的権威に己の身を託すことで、天皇との距離に己の存在を証してきたのです。この営みは、危機に遭遇するほどに、天皇に神話的粉飾をほどこして聖化し、自己陶酔の境地に導いてきました。このような精神の在り方は、天皇を頂く「赤子」たる人民の水平的関係からなる秩序感覚となり、天皇を相対化する目を生み出しません。そのため日本の社会組織は、この秩序感にうながされ、組織の小「天皇」を誕生させることで安定化がはかられてきました。

ここに「天皇と日本の近代」を問い語るのは、このような精神の構造にひそむ闇をみつめ、一個大地に己の足場を確保する第一歩を踏み出したいがためです。その一歩は、時代と併走するなかで、己の目で天皇なる存在が描き出した世界を問い質す営みから始まりましょう。この営みこそは、河上肇にいわせれば「人格」を、南原繁の言に託せば「一個独立の人間としての人間意識の確立」を可能とするのではないでしょうか。

# あとがき

本書は、同成社が主催した歴史学講座「天皇と日本の近代」の連続講演をもとに、一書としたものです。講座は、二〇〇八年十月から翌〇九年三月まで日本出版クラブ会館で開催されました。講座の主催者からは、『講談日本通史』（同成社　二〇〇五年）の続編を意図し、天皇制として論じられてきた世界とは異なる物語を可能なかぎり語ることを求められました。

「天皇と日本の近代」なる課題で問われたのは、天皇の歴史でもなく、天皇制国家成立史として近代史を描くことでもなく、天皇という存在をめぐる時代人心の在り方を場に、日本と日本人がどのように生きたのか、生きようとしたかを探ることで、現在を生きる者が天皇とどのように向き合うかを提示する素材となりうる歴史です。そこで第一回は、「歴史の読み方」を問い質し、各人が一人の歴史家として時空間を旅し、時代と併走することで己の歴史を手に入れていく作法を語りました。歴史を描く上で問われるのは、真偽論争に血道をあげるイデオロギー論争ではなく、現在ある私の場を確かめ、どのような明日を想い描くかです。この想いを「プロローグ」に認め、各章では時代人心の動向を天皇との距離関係に探ることで日本近代の相貌を語ることに努めました。

「エピローグ　時代と併走する営み」は、二〇一〇年一月に開催された北海道歴史教育者協議会冬の合宿研究会での講演をもとにしたもので、日韓併合一〇〇年に引き寄せて歴史を裁断し、「歴史認識の共有」なる御題目に翻弄されるのではなく、教師のみならず学生生徒一人ひとりが己の目で己の言葉で歴史を問い語るには何が問われているかを問いかけようとしたものです。想うに歴史を「真面目」に問い質す作業は、過去の営みを声高に告発し、現在ある自己の「正義」を主張するアリバイ証明を歴史学の課題とみなすことなのでしょうか。

歴史にある正解を求め、歴史の後知恵よろしき信仰告白をうながし、「正しい歴史」なるものを信じて暗記させることほど愚なるものはありません。学校現場における「歴史離れ」はこのような歴史教育がもたらしたものです。自由に時空間を旅することで、時代と併走し、ある手触り感のある歴史が描けないのでしょうか。一人の歴史家に問われるのは、己という一人称の目とともに、三人称の目で時代を併走し、時代の人心を追体験していくなかに、時代の闇を抉剔することではないでしょうか。

私は、講演を整理し、改稿していくなかで、天皇とどのように向き合い、己の場をどこに築くかに想いいたしました。その時、頭をよぎるのは「体を殺しても、魂を殺すことのできない者どもを恐れるな」（マタイによる福音書　一〇章二八節）という言葉です。「天皇と日本の近代」は、このメッセージが問いかける場から時代と向き合い、歴史として読みとった一つの世界にほかなりません。本書が、時代と併走するなかに、日本の近代が問い語る時空間を己が目で旅する手引きとなれば幸いです。

なお史料等の引用にあたっては、原文のママを原則としましたが、片かなを平がなとなし、漢字を新字体としたことを付記しておきます。

一書をなすにあたり、同成社の山脇洋亮氏、また、史料の校合と校正等で黒井茂氏、郡司美枝氏、内藤一成氏に多大なる労をかけました。ここに記して感謝の意を表し、心よりお礼申す次第です。

二〇一〇年五月

大濱徹也

# 天皇《てんのう》と日本《にほん》の近代《きんだい》


■著者略歴■

**大濱徹也**（おおはま・てつや）

1937年　山口県に生まれる

1961年　東京教育大学文学部卒業

文学博士（東京教育大学）

現　在　筑波大学名誉教授

著　書　『乃木希典』『明治の墓標』『明治キリスト教会史の研究』『天皇の軍隊』『兵士』『日本人と戦争—歴史としての戦争体験—』『講談日本通史』ほか



2010年6月30日発行

著　者　大　濱　徹　也

発行者　山　脇　洋　亮

組　版　㈱富士デザイン

印　刷　モリモト印刷㈱

製　本　協 栄 製 本㈱

発行所　東京都千代田区飯田橋4−4−8　（〒102-0072）東京中央ビル内　㈱同 成 社

TEL　03-3239-1467　振替00140-0-20618





ISBN978-4-88621-500-0 C1021